●収録内容一覧

■2025年度中学受験用

麗澤中学校

3年間スーパー過去問

入試問題と解説・解答の収録内容

2024年度　1回	算数・社会・理科・英語・国語 （英語は解答のみ）
2024年度　3回	算数・国語
2023年度　1回	算数・社会・理科・英語・国語 （英語は解答のみ）
2023年度　3回	算数・国語
2022年度　1回	算数・社会・理科・英語・国語 （英語は解答のみ）
2022年度　3回	算数・国語

※１回のＡＥコースは国語・算数を1.2倍する傾斜配点です。

～本書ご利用上の注意～　以下の点について，あらかじめご了承ください。

★別冊解答用紙は巻末にございます。本書に収録している試験の実物解答用紙は，弊社サイトの各校商品情報ページより，一部または全部をダウンロードできます。

★編集の都合上，学校実施のすべての試験を掲載していない場合がございます。

★当問題集のバックナンバーは，弊社には在庫がございません（ネット書店などに一部在庫あり）。

JN008301

合格を勝ち取るための
『スーパー過去問』の使い方

本書に掲載されている過去問をご覧になって，「難しそう」と感じたかもしれません。でも，多くの受験生が同じように感じているはずです。なぜなら，中学入試で出題される問題は，小学校で習う内容よりも高度なものが多く，たくさんの知識や解き方のコツを身につけることも必要だからです。ですから，初めて本書に取り組むさいには，点数を気にしすぎないようにしましょう。本番でしっかり点数を取れることが大事なのです。

過去問で重要なのは「まちがえること」です。自分の弱点を知るために，過去問に取り組むのです。当然，まちがえた問題をそのままにしておいては意味がありません。

本書には，長年にわたって中学入試にたずさわっているスタッフによるていねいな解説がついています。まちがえた問題はしっかりと解説を読み，できるようになるまで何度も解き直しをしてください。理解できていないと感じた分野については，参考書や資料集などを活用し，改めて整理しておきましょう。

このページも参考にしてみましょう！

◆どの年度から解こうかな　「入試問題と解説・解答の収録内容一覧」

本書のはじめには収録内容が掲載されていますので，収録年度や収録されている入試回などを確認できます。

※著作権上の都合によって掲載できない問題が収録されている場合は，最新年度の問題の前に，ピンク色の紙を差しこんでご案内しています。

◆学校の情報を知ろう!!「学校紹介ページ」

このページのあとに，各学校の基本情報などを掲載しています。問題を解くのに疲れたら息ぬきに読んで，志望校合格への気持ちを新たにし，再び過去問に挑戦してみるのもよいでしょう。なお，最新の情報につきましては，学校のホームページなどでご確認ください。

◆入試に向けてどんな対策をしよう？「出題傾向＆対策」

「学校紹介ページ」に続いて，「出題傾向＆対策」ページがあります。過去にどのような分野の問題が出題され，どのように対策すればよいかをアドバイスしていますので，参考にしてください。

◇別冊「入試問題解答用紙編」

本書の巻末には，ぬき取って使える別冊の解答用紙が収録してあります。解答用紙が非公表の場合などを除き，（注）が記載されたページの指定倍率にしたがって拡大コピーをとれば，実際の入試問題とほぼ同じ解答欄の大きさで，何度でも過去問に取り組むことができます。このように，入試本番に近い条件で練習できるのも，本書の強みです。また，データが公表されている学校は別冊の１ページ目に過去の「入試結果表」を掲載しています。合格に必要な得点の目安として活用してください。

本書がみなさんの志望校合格の助けとなることを，心より願っています。

株式会社　声の教育社　編集部

麗澤中学校

所在地	〒277-8686 千葉県柏市光ヶ丘2-1-1
電　話	04-7173-3700
ホームページ	https://www.hs.reitaku.jp/
交通案内	JR常磐線「南柏駅」東口1番乗り場より東武バス約5分「麗澤幼稚園・麗澤中高前」下車

くわしい情報はホームページへ

トピックス

★アドバンスト叡智(AE)コースとエッセンシャル叡智(EE)コースに分かれる。
★複数回受験した場合，受験料の割引や優遇措置があります(参考：昨年度)。

創立年 平成14年 | 男女共学 | 高校募集あり

応募状況

年度	募集数		応募数	受験数	合格数	倍率
2024	①	AE　30名	344名	331名	83名	4.0倍
		EE　30名	509名	410名	122名	3.4倍
	②	AE　25名	284名	230名	93名	2.5倍
		EE　30名	408名	248名	62名	4.0倍
	③	AE　15名	197名	149名	27名	5.5倍
		EE　15名	301名	201名	40名	5.0倍
	④	AE　5名	78名	50名	8名	6.3倍
		EE若干名	131名	77名	9名	8.6倍
2023	①	AE　25名	392名	376名	64名	5.9倍
		EE　35名	577名	495名	125名	4.0倍
	②	AE　20名	320名	257名	64名	4.0倍
		EE　35名	498名	347名	81名	4.3倍
	③	AE　5名	219名	171名	25名	6.8倍
		EE　15名	357名	264名	33名	8.0倍
	④	AE　5名	89名	63名	6名	10.5倍
		EE　10名	177名	123名	20名	6.2倍

入試情報（参考：昨年度）

・試験日：
　第１回…１月21日午前　第２回…１月25日午前
　第３回…１月28日午後　第４回…２月１日午後
・試験内容：
　第１回・第２回…〈AE〉国算理社
　　　　　　　　　〈EE〉国算理社または国算英
　第３回・第４回…２科型(国語・算数)

学校説明会等日程（※予定）

オープンキャンパス【要予約】
７月14日　9:30～11:30
部活動見学・体験会【要予約】
９月14日／10月12日
各回とも14:30～16:00
学校説明会【要予約】
８月10日／９月22日　10:00～11:00
※各回とも，説明会終了後に希望者対象の施設見学と個別説明があります。
入試説明会【要予約】※小６生対象
10月13日　10:00～11:30
10月19日　14:30～16:00
11月17日　10:00～11:30
※各回とも，全体説明会と小６対象プログラムの２つを並行して行います。
ミニ入試説明会【要予約】※小６生対象
12月15日　10:00～11:00
※入試説明会に参加できなかった方，または再度確認したい方対象。

2024年春の主な大学合格実績

＜国公立大学・大学校＞
京都大，筑波大，千葉大，東京外国語大，東京学芸大，埼玉大，お茶の水女子大，電気通信大，防衛医科大，防衛大，東京都立大
＜私立大学＞
慶應義塾大，早稲田大，上智大，東京理科大，明治大，青山学院大，立教大，中央大，法政大，学習院大，成蹊大，成城大，明治学院大

編集部注―本書の内容は2024年6月現在のものであり，変更されている場合があります。正確な情報は，学校のホームページ等で必ずご確認ください。

算数 出題傾向&対策

◆基本データ(2024年度1回)

試験時間/満点	50分/100点
問題構成	・大問数…4題 計算1題(8問)/応用小問1題(6問)/応用問題2題 ・小問数…18問
解答形式	答えのみを記入する形式が大半だが,応用問題では記述問題もある。
実際の問題用紙	B5サイズ,小冊子形式
実際の解答用紙	B4サイズ

◆出題傾向と内容

▶過去3年の出題率トップ3
1位:四則計算・逆算38% 2位:角度・面積・長さ9% 3位:計算のくふうなど6%
▶今年の出題率トップ3
1位:四則計算・逆算40% 2位:体積・表面積9% 3位:数列など6%

はじめの1題めと2題めに計算問題と応用小問が集められ,そのあとに1~3の小設問を持つ応用問題があるという構成です。

計算問題は,整数・小数・分数の四則計算で,8問とやや多いです。また,応用小問では,速さ,濃度,平面図形の角度・面積などが取り上げられています。

応用問題については,例年,図形に関する問題が出されています。また,数の性質からバラエティーに富んだ内容の出題がめだちます。そのほかでは,規則性,濃度,約束記号なども出題されています。

◆対策~合格点を取るには?~

まず,計算の処理が速く正確にできる力,単位を正しく換算できる力は必要不可欠です。

さらに,全体を通していえることですが,毎日の問題演習のときに,ただ解くのではなく,答えを導くまでの考え方を,式や図にしっかりと残すことが重要です。これは,基本的な解き方をマスターするだけでなく,応用力を身につけるためにも必要なことです。特に,図形(図形の移動,水の深さと体積),割合と比(濃度など),数の性質など,毎年のように出題されるこれらの問題は,応用力・思考力を必要とするものです。

分野	年度	2024		2023		2022	
		1回	3回	1回	3回	1回	3回
計算	四則計算・逆算	●	●	●	●	●	●
	計算のくふう	○	○	○		◎	○
	単位の計算						
和と差	和差算・分配算		○				
	消去算						
	つるかめ算				○		○
	平均とのべ						
	過不足算・差集め算						
	集まり						
	年齢算						
割合と比	割合と比						
	正比例と反比例						
	還元算・相当算						
	比の性質				○		
	倍数算						
	売買損益	○	○	○	○	○	○
	濃度	○	○	○	○	○	○
	仕事算						
	ニュートン算						
速さ	速さ				○		○
	旅人算			○		○	○
	通過算						
	流水算						
	時計算						
	速さと比	○	○				○
図形	角度・面積・長さ	○	○	◎	◎	○	◎
	辺の比と面積の比・相似		○	○	○	○	○
	体積・表面積	◎	○	○	○	○	○
	水の深さと体積						
	展開図						
	構成・分割	○					
	図形・点の移動						
表とグラフ							
数の性質	約数と倍数					○	
	N進数						
	約束記号・文字式		○				
	整数・小数・分数の性質	○	○	○	○		
規則性	植木算						
	周期算						
	数列	○	○	○	○	◎	○
	方陣算						
	図形と規則						
場合の数							
調べ・推理・条件の整理						○	
その他							

※ ○印はその分野の問題が1題,◎印は2題,●印は3題以上出題されたことをしめします。

社会 出題傾向＆対策

◆基本データ（2024年度１回）

試験時間／満点	30分／50点
問題構成	・大問数…５題 ・小問数…35問
解答形式	記号選択と用語の記入が大半をしめるが，記述問題も見られる。
実際の問題用紙	Ｂ５サイズ，小冊子形式
実際の解答用紙	Ｂ４サイズ

◆出題傾向と内容

●地理…あるテーマについて書かれた文章や会話文を読んだり，地図を見たりして，それにまつわる問題を解く形式で出題されています。国土や自然，都道府県や世界の国々の特ちょう，産業や貿易など，さまざまな分野が広く取り上げられています。単に用語を答えるだけではなく，短文記述で答えるものも見られます。

●歴史…あるテーマにもとづいて書かれた文章や史料，写真などをふんだんに用いた設問構成となっています。古代から現代まで，時代にかたよりなく出題されます。取り上げられる分野もはば広く，政治史を中心に，文化，経済，外交などが見られます。特に，明治時代以降では，戦争史や外交史が多く出されています。

●政治…時事的なテーマにからめた文章などを示して問題に答えさせることが多いようです。国会・内閣・裁判所と三権のしくみ，選挙制度，地方自治などが中心に出題されています。ほかに，国際関係や社会保障制度などについても取り上げられています。

分野			年度 2024	2023	2022
日本の地理		地図の見方			
		国土・自然・気候	○	○	
		資源			○
		農林水産業	○	○	○
		工業	○		
		交通・通信・貿易	○		○
		人口・生活・文化			
		各地方の特色	★	★	★
		地理総合	★		★
世界の地理				★	○
日本の歴史	時代	原始～古代	○	○	○
		中世～近世	○	○	○
		近代～現代	★	★	★
	テーマ	政治・法律史			
		産業・経済史			
		文化・宗教史			
		外交・戦争史			
		歴史総合	★	★	★
世界の歴史					
政治		憲法			○
		国会・内閣・裁判所	○		
		地方自治	○		
		経済	○		
		生活と福祉			
		国際関係・国際政治		★	○
		政治総合	★		
環境問題					○
時事問題					
世界遺産				○	
複数分野総合					★

※　原始～古代…平安時代以前，中世～近世…鎌倉時代～江戸時代，近代～現代…明治時代以降

※　★印は大問の中心となる分野をしめします。

◆対策～合格点を取るには？～

問題のレベルは標準的ですから，まず，基礎を固めることを心がけてください。教科書のほか，説明がていねいでやさしい標準的な参考書を選び，基本事項をしっかりと身につけましょう。

地理分野では，地図とグラフが欠かせません。つねにこれらを参照しながら，白地図作業帳を利用して地形と気候をまとめ，そこから産業のようす（もちろん統計表も使います）へと広げていってください。

歴史分野では，教科書や参考書を読むだけでなく，自分で年表をつくって覚えると学習効果が上がります。できあがった年表は，各時代，各分野のまとめに活用できます。本校の歴史の問題にはさまざまな分野が取り上げられていますから，この作業はおおいに威力を発揮するはずです。

政治分野からもはば広い出題がありますので，三権のしくみの基本的な内容，経済，国際関係・国際政治についてはひと通りおさえておいた方がよいでしょう。また，時事問題については，新聞やテレビ番組などでニュースを確認し，国の政治や経済の動き，世界各国の情勢などについて，ノートにまとめておきましょう。

理科　出題傾向＆対策

◆基本データ（2024年度１回）

試験時間／満点	30分／50点
問　題　構　成	・大問数…５題 ・小問数…23問
解　答　形　式	記号選択と用語の記入が大半をしめる。記述問題などは見られない。
実際の問題用紙	Ｂ５サイズ，小冊子形式
実際の解答用紙	Ｂ４サイズ

分野＼年度		2024	2023	2022
生命	植物		○	★
	動物	○		○
	人体	★		○
	生物と環境		★	
	季節と生物			
	生命総合			
物質	物質のすがた			
	気体の性質			○
	水溶液の性質	★	★	★
	ものの溶け方			
	金属の性質			
	ものの燃え方	○		
	物質総合			
エネルギー	てこ・滑車・輪軸		○	○
	ばねののび方			
	ふりこ・物体の運動			
	浮力と密度・圧力		○	
	光の進み方			
	ものの温まり方			
	音の伝わり方	○		
	電気回路		★	★
	磁石・電磁石	★		
	エネルギー総合			
地球	地球・月・太陽系		★	★
	星と星座	★		
	風・雲と天候	○		
	気温・地温・湿度			
	流水のはたらき・地層と岩石		○	○
	火山・地震			
	地球総合			
実験器具				○
観察				
環境問題			○	
時事問題		○	○	
複数分野総合		★	★	★

※　★印は大問の中心となる分野をしめします。

◆出題傾向と内容

各分野から広く出題されています。試験時間と問題量のバランスはちょうどよく，比較的よゆうを持って解き進めることができると思われます。年度によっては計算問題や記述問題，作図問題なども見られるので，注意が必要です。特に記述問題や作図問題については，近年やや多く出題されています。

●**生命**…心臓のつくりと血液の流れ，食物連鎖と生物のバランス，種子のつくりと発芽の条件などについて出題されています。

●**物質**…水溶液の識別，中和と水溶液の性質，塩酸とアルミニウムの反応，ろうそくの燃え方などが取り上げられています。

●**エネルギー**…磁石・電流による磁界，電熱線の発熱，密度，てこのはたらき，電気回路と豆電球の明るさなどが出題されています。やや複雑な計算問題も見られるので注意が必要です。

●**地球**…太陽系の惑星と小惑星，月の動きと月から見た地球，星座の動きなどが取り上げられています。

◆対策～合格点を取るには？～

各分野からまんべんなく出題されており，なかには考えさせる問題もありますが，その内容は基礎的なものがほとんどです。したがって，基礎的な知識をはやいうちに身につけ，そのうえで演習をくり返しながら実力アップをめざしましょう。

「生命」は，身につけなければならない基本知識の多い分野です。動物や植物のつくりと成長などを中心に，環境問題などもふくめて知識を深めましょう。

「物質」では，気体や水溶液，金属などの性質に重点をおいて学習してください。そのさい，表やグラフをもとに計算させる問題にも積極的に取り組むように心がけてください。

「エネルギー」では，作図問題としてよく出される光の進み方や，計算問題としてよく出される力のつり合いに注目しましょう。また，てこや輪軸，電流や磁力などもよく出題される単元ですから，学習計画から外すことはできません。

「地球」では，太陽・月・地球の動き，季節と星座の動き，天気と気温・湿度の変化，地層のでき方，岩石の名前などが重要ポイントです。

国語　出題傾向＆対策

◆基本データ(2024年度１回)

試験時間／満点	50分／100点
問題構成	・大問数…３題 文章読解題２題／知識問題１題 ・小問数…24問
解答形式	記号選択と文中からのことばの書きぬきが多いが，本文のことばを使って書く記述問題も見られる。
実際の問題用紙	Ｂ５サイズ，小冊子形式
実際の解答用紙	Ｂ４サイズ

◆出題傾向と内容

▶近年の出典情報(著者名)
説明文：西　研　汐見稔幸　五木寛之
小　説：まはら三桃　竹西寛子　さだまさし
随　筆：日野原重明
韻　文：金子みすゞ

●説明文…内容的には理由や筆者の考えの読み取り，適語の補充が中心で，そのほかに，文中での語句の意味や文脈・段落構成の理解なども問われることがあります。資料を用いた問題なども見られます。
●文学的文章…登場人物の心情・心情の理由，行動・行動の理由，状況，表現の意味などをとらえさせる問題が中心になっています。
●知識問題…漢字の書き取りが出題されているほか，対義語や漢字が共通する熟語なども見られます。また，読解問題の一部として，語句の意味なども問われます。

◆対策～合格点を取るには？～

読解問題の対策としては，多くの文章に接して，読解力を養うことが重要です。そのさい，登場人物の性格や気持ち，背景などを通してえがかれる，作者が伝えたいことがら(主題)をくみ取りながら読み進めるとよいでしょう。

表現力をつけるのにもっとも大切なことは，要点をとらえた簡潔な文を書く技術を身につけることです。読んだ本の要旨や感想などを短い文章にまとめてみるとよいでしょう。

漢字については，教科書で確認するのはもちろんのこと，標準的な問題集を使って，音訓の読み方や熟語の練習をしましょう。慣用句やことわざにも注意が必要です。

分野		年度	2024		2023		2022	
			1回	3回	1回	3回	1回	3回
読解	文章の種類	説明文・論説文	★		★		★	★
		小説・物語・伝記	★		★	★	★	★
		随筆・紀行・日記		★				
		会話・戯曲				★		
		詩		★				
		短歌・俳句						
	内容の分類	主題・要旨	○	○	○	○	○	○
		内容理解	○	○	○	○	○	○
		文脈・段落構成						
		指示語・接続語	○	○	○		○	
		その他	○	○	○	○	○	
知識	漢字	漢字の読み						
		漢字の書き取り	○	○	○	○	○	○
		部首・画数・筆順		○		○		
	語句	語句の意味	○	○	○		○	
		かなづかい						
		熟語	○	○	○	○	○	
		慣用句・ことわざ	○		○	○		○
	文法	文の組み立て						
		品詞・用法						
		敬語						
	形式・技法							
	文学作品の知識							
	その他							○
	知識総合		★	★	★	★	★	★
表現	作文							
	短文記述							
	その他							
放送問題								

※　★印は大問の中心となる分野をしめします。

カコを追いかけ
ミライをつかめ
「今の説明、もう一回」を何度でも
web過去問
ストリーミング配信による入試問題の解説動画
もっと古いカコモンないの？
カコ過去問
「さらにカコの」過去問をHPに掲載（DL）
声の教育社
詳しくはこちらから

2024年度

麗澤中学校

【算　数】〈第１回試験〉（50分）〈満点：100点〉

1 次の計算をしなさい。

（１） $16-11+13-9+10-7+7-5+4-3+1$

（２） $8\times13+7-629\div17$

（３） $(66\times12-72\times9)\div(59-28-19)$

（４） $14.3\times2.4-9.75-5.67$

（５） $\{2.7\times1.5-(2.5-0.7)\}\div2.5$

（６） $4\frac{1}{5}-3\frac{2}{3}+2\frac{2}{7}$

（７） $\left(1\frac{3}{4}-\frac{7}{9}\right)\div1\frac{1}{6}-1\frac{7}{11}\div2\frac{2}{11}$

（８） $\left(1.2\times1.2+1\frac{2}{5}\div2\frac{1}{2}\right)\div1.25+1.5\times\left(\frac{13}{15}-\frac{1}{3}\right)$

2 次の □ にあてはまる数を答えなさい。

（１）下の数字の列は，ある規則にしたがって並んでいます。

初めて 24 が表れるのは左から □ 番目です。

1，2，3，3，4，5，4，5，6，7，5，6，7，8，9，…

（２）食塩と水の重さの比が 3 : 22 の食塩水 100g に □ g の水を加えると，濃《のう》度 4％の食塩水ができました。

（３）P 地点から出発して □ km 離《はな》れた Q 地点で折り返し，P 地点まで戻るマラソン大会に A さんと B さんが参加しました。A さんは時速 15km で，B さんは時速 10km の速さで走ったところ，Q 地点から 1500m の地点ですれ違いました。

（４）A さんは 500 円の品物を 100 個仕入れました。1 個につき 30％の利益を見こんで定価をつけました。1 日目は 50 個売れたので，2 日目は定価から 100 円値上げしたところ，10 個しか売れなかったので 2 日間で □ 円の損失でした。

（５）下の図のように同じ大きさの 2 つの円がおたがいにもう一方の中心を通っています。図の中にある大きさが違う 2 種類の円のうち，大きいほうの円の半径が 6cm のとき，太線部分の長さの和は □ cm です。ただし，円周率は 3 とします。

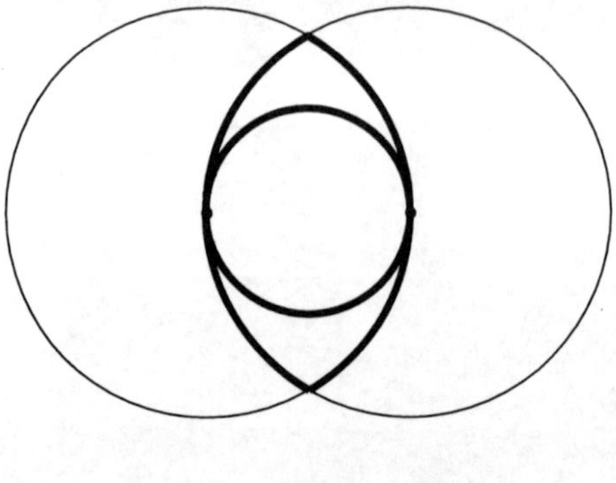

（６）下の図１を上から見た図が図２のおうぎ形です。図２のおうぎ形OABのAからBまでの曲線部分を６等分した点のうち，２点C，DからOBに平行な直線CEとDFを引きました。図１の立体を２点C，Eを通り，底面に垂直な平面で切り，さらに２点D，Fを通り，底面に垂直な平面で切ったときにできる斜線《しゃせん》部分の立体図形の体積は［　　］cm³ です。ただし，円周率は３として，この立体図形の体積は「(底面積)×（高さ)」で求めることができます。

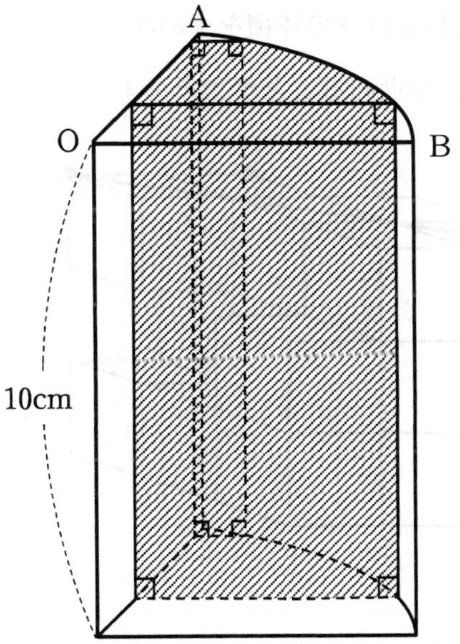

図１

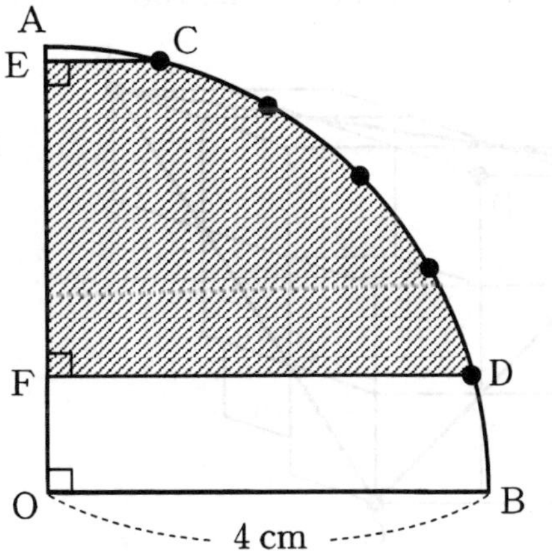

図２

3 １辺の長さが 1cm の立方体を 19 個使って立体図形をつくりました。できた立体図形を前から見ると図１のように，後ろから見ると図２のように見えました。この立体図形を３点 A，B，C を通る平面で切りました。次の問いに答えなさい。

（１）切断面の図形を答えなさい。

（２）１辺の長さが 1cm の立方体のうち，切断されたものの個数を答えなさい。

（３）２つの立体に切断された立体のうち，点 D がふくまれるほうの体積を求めなさい。

ただし，角すいの体積は「(底面積) ×（高さ）÷ 3」で求めることができます。

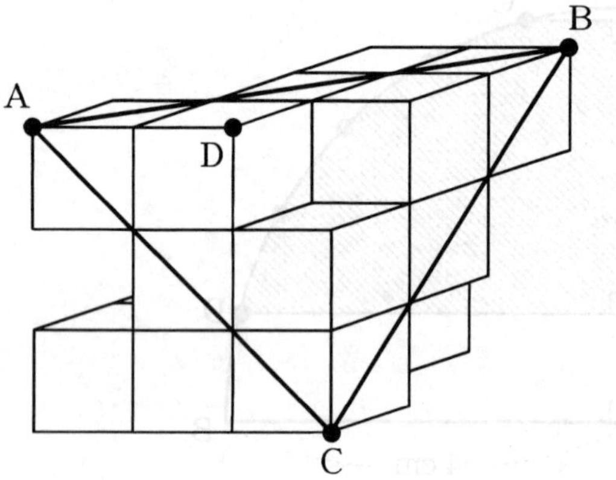

図１　正面から見た図

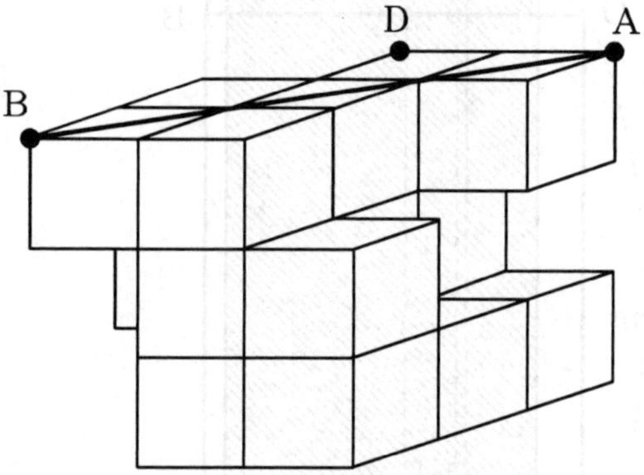

図２　図１の反対側から見た図

4 $8 \div \frac{2}{3} = 8 \times \frac{3}{2} = 12$ と計算しますが，なぜ「÷ 」を「× 」に直し，後ろの数字の分子と分母をひっくり返して計算するのかを，上の計算例を使って初めて分数のわり算を計算する小学生に説明してください。

【社　会】〈第１回試験〉（30分）〈満点：50点〉

1　次の表は，麗澤中学校の１年生が九州・中国・四国・近畿地方の４つの地方区分から都道府県を１つずつ選び，その都道府県の特色について調べ学習を行いまとめたものである。後の問いに答えなさい。

都道府県	地域区分	特色
A	九州地方	○ マンゴーやブランド牛，地どりなどの食材が豊かである。 ○ 暖かい黒潮のおかげで温暖な気候である。 ○ プロ野球やサッカー，ラグビーなどのキャンプが行われる。
B	中国地方	○ お好み焼きが有名。 ○ ①おだやかな海で海産物の養殖がさかんである。 ○ 世界文化遺産である厳島神社や原爆ドームがある。
C	四国地方	○ 郷土料理の鯛めしが有名。 ○ 今治市では伝統的な（　②　）産業が有名である。 ○ 日本有数のかんきつ類の産地である。
D	近畿地方	○ たこ焼きやお好み焼きが有名。 ○ 県庁所在地は，西日本の商工業や交通の中心都市である。 ○ 2025年に日本国際博覧会が開催される。

問１　表中の**A～D**の都道府県名を答えなさい。

問２　次の資料１中の**ア～エ**は表中の**A～D**の都道府県のいずれかにあたる。**ア～エ**の都道府県にあたるものを**A～D**よりそれぞれ１つ選びなさい。

資料１

項目／都道府県	農業産出額（億円）2021年	内訳（%）				製造品出荷額等（2019年）（十億円）			
		米	野菜	果実	畜産	総計	化学工業	鉄鋼業	輸送用機械器具
ア	1,190	19.8	20.8	14.1	40.9	9,742	434	1,187	3,257
イ	3,348	5.2	20.3	3.9	64.4	1,635	152	22	63
ウ	311	20.9	45.3	20.9	6.1	16,938	1,657	1,442	1,562
エ	1,226	12.2	16.1	43.4	21.0	4,309	344	118	431

（『2023Vol.35 データブック オブ・ザ・ワールド』より作成）

問３　下線部①について，この海産物とは何か，次の資料２を参考にして答えなさい。

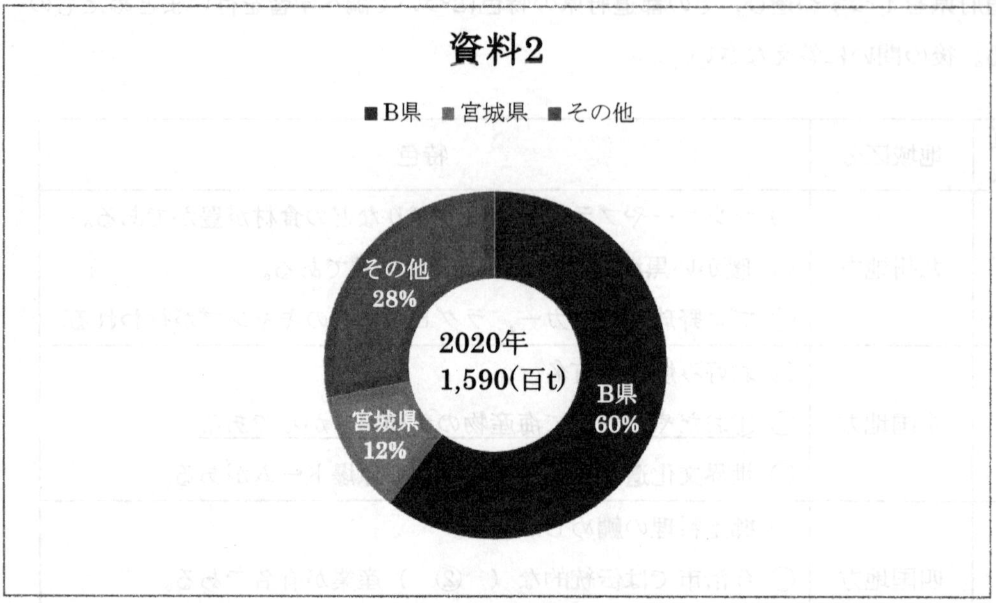

（『2023Vol. 35 データブック オブ・ザ・ワールド』より作成）

問４　表中の（　②　）に適する語句を入れなさい。

問５　次の資料３は地図中の西都市，下関市，出雲市における 30 年間（1991～2020 年）の日照時間の平年値（年・月ごとの値）である。各都市と資料３中 **a～c** との正しい組み合わせを**ア～カ**より１つ選びなさい。

資料３

	1月	2月	3月	4月	5月	6月	7月	8月	9月	10月	11月	12月	年
a	95.8	116.1	162.9	187.6	207.1	146.6	172.4	207.2	161.9	176.3	134.7	102.6	1875.9
b	53.9	80.3	140.4	186.1	208.8	164.2	178.5	207.9	152.5	155.3	107.3	65.4	1697.4
c	184.1	169.3	184	186.2	177.7	111.2	187.3	199.3	153	175	162.7	177.5	2067.3

（気象庁 HP より作成）

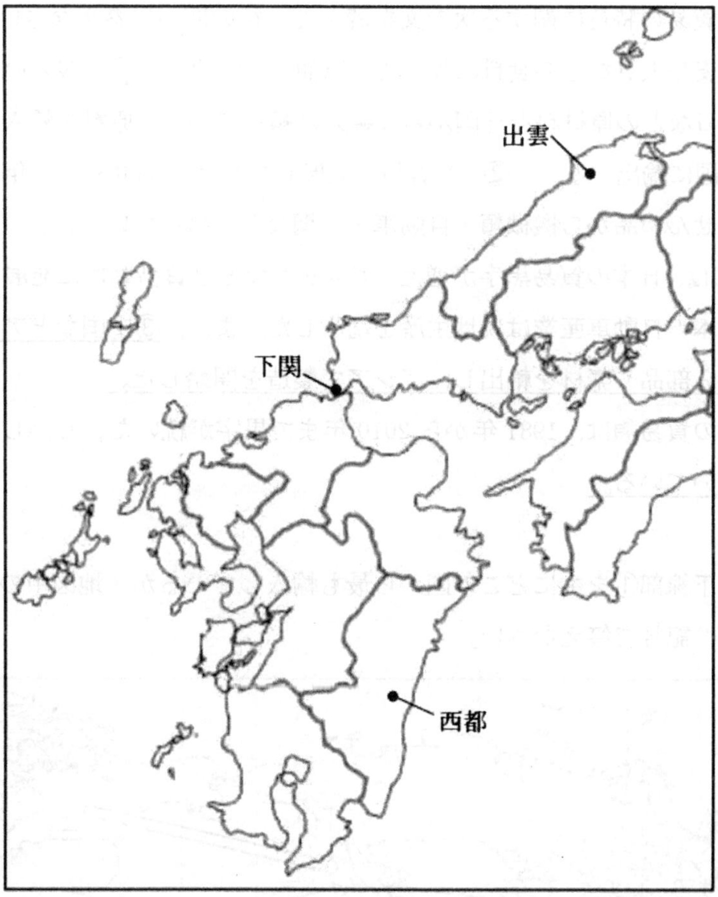

	ア	イ	ウ	エ	オ	カ
西都市	a	a	b	b	c	c
下関市	b	c	a	c	a	b
出雲市	c	b	c	a	b	a

2　わが国の貿易の特色に関する次の文を読んで，後の問いに答えなさい。

日本は，小麦や大豆などの食料に加えて，原油・天然ガス・①石炭といったエネルギー資源，鉄鉱石などの原材料を外国からの輸入に頼っている。原料を輸入して工業製品を生産し，外国に輸出する（　②　）貿易で発展してきた。1960～1980年にかけて輸出品の中心は，せんい品から機械類・自動車・鉄鋼などへ移っていった。

1980年代には，日本の貿易黒字が増え，アメリカなどと貿易摩擦に発展し，1980年代半ばからは日本の自動車産業は現地生産を増やした。また，③中国などアジアに工場を移して日本から部品や素材を輸出し，アジアで製造を開始した。

その後日本の貿易額は，1981年から2010年まで黒字が続いた。しかし，④その後は貿易赤字が続いている。

問１　日本は下線部①を主にどこの国から最も輸入しているか，地図中の**ア～エ**から１つ選び，記号で答えなさい。

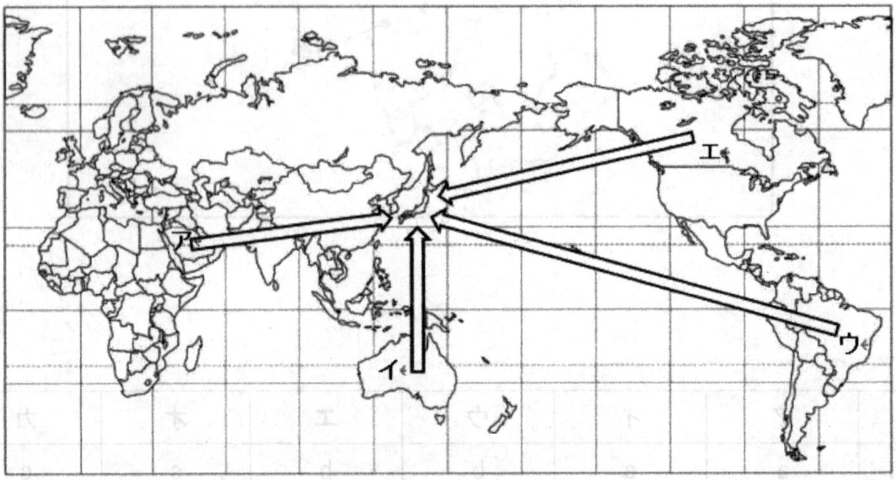

問２　文中（　②　）に適する語句を答えなさい。（**漢字２字で**）

問３　下線部③の結果，日本国内の製造業が衰退する現象が起こったが，これを何というか答えなさい。

問４　下線部④について。資料１を見ると 2022 年は大幅な貿易赤字となっていることが分かり，この原因について経済面と国際情勢の観点から仮説を立ててみた。下の仮説の文中にある（　Ｘ　）と（　Ｙ　）に入る文の組み合わせとして正しいものを，後の**ア～エ**より１つ選びなさい。

資料１　日本の輸出入額の推移（単位　億円）

	輸出	輸入	輸出－輸入
1990 年	414, 569	338, 552	76, 017
2000 年	516, 542	409, 384	107, 158
2010 年	673, 996	607, 650	66, 347
2015 年	756, 139	784, 055	－27, 916
2022 年	981, 860	1, 181, 573	－199, 713

（財務省「貿易統計」より作成）

仮説

2022 年に日本の貿易赤字が大幅に増えた原因として，経済面では（　Ｘ　）があげられ，また国際情勢では（　Ｙ　）からではないかと考える。

ア　Ｘ　石油などの価格の値上がりに加え，円高が拍車をかけたこと
Ｙ　アメリカと中国との対立が深まった

イ　Ｘ　石油などの価格の値上がりに加え，円安が拍車をかけたこと
Ｙ　イギリスがＥＵを離脱した

ウ　Ｘ　石油などの価格の値上がりに加え，円高が拍車をかけたこと
Ｙ　ＷＨＯ（世界保健機関）が新型コロナウイルスのパンデミックを宣言した

エ　Ｘ　石油などの価格の値上がりに加え，円安が拍車をかけたこと
Ｙ　ロシアがウクライナへ軍事侵攻した

3

【１】次の問いに答えなさい。

問１　次の**写真**のような青銅器を何というか答えなさい。

写真

問２　聖徳太子が６０７年に遣隋使として，中国に派遣したのは誰か答えなさい。

問３　鎌倉時代の日本に遠征軍を派遣した元の皇帝は誰か答えなさい。

問４　江戸時代の初期に，海外渡航の許可証をもち，主に東南アジアで貿易を行った船を何というか答えなさい。

問５　江戸時代に箱根などにおかれ，「入り鉄砲に出女」などの取り締まりを行ったところは何か答えなさい。（**漢字２字で**）

【２】次の文章をよく読んで後の問いに答えなさい。

2023年は，家庭用ゲーム機ファミリーコンピュータ（ファミコン）の発売から40周年であった。今日でもゲームは，いわゆるテレビゲームのほか，スマホやタブレット，パソコンなど様々な端末を通して，多くの人に楽しまれている。

では昔の人たちは，どのような遊びを楽しんでいたのだろうか。遊びに関する記録が登場するのはａ７世紀以降であり，宮中《きゅうちゅう》の人々を中心に，相撲《すもう》観戦，矢を用いた射的，蹴鞠《けまり》，囲碁《いご》のほか，盤《ばん》上で行う双六《すごろく》なども行われていたという。ｂ平城京の跡《あと》からも，サイコロ，竹とんぼ，コマなどが見つかっている。ただし，これらのなかには，ｃ天皇制が確立するなかで，純粋《じゅんすい》な遊びというだけでなく，宮中の儀式として行われるようになったものもあった。

また，遊びは多くの場合，賭《か》け事として行われた。鎌倉時代にはｄ武士も双六を愛好するようになったというが，この双六から独立したサイコロ遊びなどでも賭け事が行われていたという。このような風潮に対して，ｅ『徒然草』の著者は，「無益なこと」だと考えを述べていた。

私たちになじみのある将棋《しょうぎ》は，ほかの遊びよりも遅れて登場した。しかし，鎌倉・室町時代にはかなり普及していき，たとえば，f後鳥羽上皇が近臣と将棋の話をしたという記録もあり，室町時代の15世紀には熱心に囲碁や将棋にうちこむ貴族がいたという。こうして，現在の囲碁・将棋文化の基礎が築かれていった。

そして戦国時代へ向かっていく時代のなかで，新しい遊びが生まれた。「あみだくじ」の原点となった「阿弥陀《あみだ》の光」という遊びが行われたほか，gヨーロッパ船が来航するようになると，ポルトガルのカードゲームがカルタとして日本にもたらされた。豊臣秀吉によるh朝鮮出兵の際にも，基地となった九州の名護屋《なごや》で武士たちがカルタに熱中したため，戦国大名の長宗我部《ちょうそかべ》元親《もとちか》がカルタ禁止令を出したという。

これまでは，天皇や朝廷の貴族たちが遊び文化の中心であったが，i江戸時代になると武士や庶民といった幅広い人々が遊び手となっていった。双六も現在のものにより近くなり，各地の名所めぐりや人気の役者などを題材にしたものも作られた。とはいえ，遊びが取り締まりの対象となることもあり，j天保の改革では，色とりどりの華やかな双六が禁止されたという。しかし，こうした苦しいなかでも，人々は新しい遊びを作り出すことをやめず，現在にも様々な遊びが受け継がれているのである。

問６　下線部aについて。７世紀とは西暦何年から何年までか，正しいものを次の**ア～エ**より１つ選びなさい。

ア　600年から700年　　**イ**　601年から700年

ウ　600年から701年　　**エ**　601年から701年

問７　下線部bについて。平城京に都がおかれたのは何年か，西暦で答えなさい。

問８　下線部cについて。天皇の政治に関する次のA～Dを時代順に並べ替えたものとして正しいものを，後の**ア～エ**より１つ選びなさい。

A　日本初の都城である藤原京を都とした。
B　坂上田村麻呂を征夷大将軍に任命して東北へ派遣した。
C　全国に国分寺・国分尼寺を建てるように命じた。
D　皇位継承《けいしょう》をめぐって壬申の乱がおこった。

ア　D→A→C→B　　**イ**　A→D→B→C

ウ　A→B→D→C　　**エ**　D→B→C→A

問９　下線部ｄについて。武士が活躍した保元の乱と平治の乱に関して述べた次のＸ・Ｙの文の正・誤の組み合わせとして正しいものを，後の**ア〜エ**より１つ選びなさい。

Ｘ　保元の乱の結果，源氏が東北の安倍氏をほろぼした。
Ｙ　平治の乱で平清盛が勝利し，平氏が政治の実権を握っていった。

ア　Ｘ－正　Ｙ－正　　**イ**　Ｘ－正　Ｙ－誤
ウ　Ｘ－誤　Ｙ－正　　**エ**　Ｘ－誤　Ｙ－誤

問10　下線部ｅについて。『徒然草』の著者は誰か答えなさい。

問11　下線部ｆに関連して。『新古今和歌集』は後鳥羽上皇の命によって作られた。『新古今和歌集』が成立したころよりも新しい時代の文化の説明として，正しいものを次の**ア〜エ**より１つ選びなさい。

ア　かな文字による文学作品が作られるようになった。
イ　諸国の伝説や産物などが記された『風土記』が成立した。
ウ　須恵器という土器が使われるようになった。
エ　『浦島太郎』などのお伽草子が作られた。

問12　下線部ｇについて。日本とヨーロッパの関わりを説明した文として正しいものを次の**ア〜エ**より１つ選びなさい。

ア　フランシスコ・ザビエルにより日本に初めて鉄砲がもたらされた。
イ　織田信長は，キリスト教宣教師の国外追放を命じた。
ウ　南蛮貿易といわれる，ヨーロッパとの貿易が行われた。
エ　江戸幕府は，ポルトガル船に続いて，スペイン船も来航禁止とした。

問13　下線部**h**について。豊臣秀吉の朝鮮出兵を説明した文として**誤っているもの**を次の**ア～エ**より１つ選びなさい。

ア　清を従わせるため，朝鮮に協力を求めたことがきっかけとなった。

イ　李舜臣の率いていた朝鮮水軍に日本軍は苦戦した。

ウ　秀吉の病死がきっかけとなり，日本は兵を引き上げた。

エ　朝鮮から陶工が連れてこられたことで，有田焼などが日本でおこった。

問14　下線部**i**について。江戸時代の社会を説明した文として正しいものを次の**ア～エ**より１つ選びなさい。

ア　人々を寺院に所属させ，仏教徒であることを寺院に証明させた。

イ　マニュファクチュアともいわれる問屋制家内工業が発達した。

ウ　東回り航路などの海上交通が，伊能忠敬によって整備された。

エ　公地公民制のもと，６歳以上の男女には口分田が与えられた。

問15　下線部**j**について。なぜこの改革によって華やかな双六は禁止されてしまったのか，天保の改革の内容と結び付けて説明しなさい。

4 最近ガソリンの価格が上がっていることに気づいたあるクラスは，燃料について調べ，その内容をまとめました。まとめた文章をよく読んで，後の問いに答えなさい。

【石炭】

日本では，15 世紀に石炭が発見されたと言われている。その後 17 世紀の後半には家庭用燃料として一部で用いられるようになり，18 世紀に入ると産業用としても用いられるようになった。開国後は外国船の燃料として供給されるようになり，a 1857 年には釧路で炭鉱が開発された。また，佐賀藩が英国人のグラバーの指導の下で 1868 年に高島炭鉱を開発するなど，炭鉱の開発は北海道や九州で進んでいった。明治に入ると石炭は蒸気機関を動かす燃料として，船舶などの燃料として，また工場の機械を動かしたり，発電などにも用いられるようになった。福岡県北九州市に建設され，1901 年に操業を開始した［ A ］は日清戦争で得た賠償金を元に，筑豊炭田から鉄道や水運で石炭を大量・迅速に調達できる利点などもあり，この地に建設されたと言われている。石炭はこうして産業を動かしていく原動力となったが，戦後，採掘《さいくつ》時の事故や環境・人体への影響などのリスクなどもあり，石油製品の普及とともに各地の炭鉱は衰退，閉山を余儀なくされた。

【石油】

日本において石油開発産業が進んだのは明治時代になってからで，1871 年に長野県で行われた採掘が最初と言われている。その後，エンジンなどの内燃機関の発達とともに，石油の需要は高まっていき，日本国内の石油採掘は盛んに行われ，b 1920 年ごろには，石油需要の 75%を国内生産で賄っていたとされる。こうした動きは世界各国でも同様で，石油をめぐって「石油の一滴は血の一滴」などと言われるほどであった。のちに日本はアメリカとの戦争に進んでいくが，その背景にはひっ迫した石油貯蓄《ちょちく》量の中，アメリカによる c「対日石油輸出の禁止」の政策によって開戦論が強くなったこともあったと言われ，石油は戦争の一因にもなるほど重要な資源となった。

戦後，石油の需要はさらに高まり，国内生産の割合は下がり，海外油田で生産された石油の割合が増えていった。1970 年代に石油が手に入りにくくなり価格が高騰《こうとう》したが，これは［ B ］によるものである。これにより，世界経済は混乱したが，一方で国内では「省エネ」が叫ばれるようになり，技術革新にもつながった。現在，石油などを燃やすことにより発生する二酸化炭素の排出量を減らす取り組みが進んでいるが，様々な製品に加工することができる石油は未だ需要の多い資源と言える。

問１　下線部 **a** について。ここで採掘された石炭は，幕末に開港した北海道の港に来航する船に供給されたが，その港はどこか。次の**ア～エ**より１つ選びなさい。

ア　札幌　　**イ**　小樽　　**ウ**　根室　　**エ**　函館

問２　空欄 **A** に適語を補いなさい。

問３　下線部 **b** について。このころの日本の様子を述べたものとして適当なものを次の**ア～エ**より１つ選びなさい。

ア　海軍軍縮条約の締結に不満を持った青年将校らによって当時首相だった犬養毅が暗殺された。

イ　盧溝橋《ろこうきょう》事件をきっかけに日中両軍が衝突《しょうとつ》し，政府は不拡大方針をとったが軍部の圧力に屈し，全面戦争へと進んでいった。

ウ　シベリア出兵を当て込んだ米の買い占めにより，米の価格が高くなり，富山県での騒動をきっかけに米の安売りを求める米騒動が起きた。

エ　イギリス船ノルマントン号が沈没し，日本人の乗客が見殺しになった事件をうけて，国内で条約改正を求める声が強まった。

問４　下線部 **c** について。アメリカがこの政策をとったのは，日本が東南アジアのある地域に進出したことによるが，それはどこか。次の**ア～エ**より１つ選びなさい。

ア　ベトナム　　**イ**　タイ　　**ウ**　イラン　　**エ**　ケニア

問５　空欄 **B** に入れる文章として適切なものを次の**ア～エ**より１つ選びなさい。

ア　アメリカがベトナム戦争で石油を大量に必要とし，供給量がおいつかなかったこと

イ　中東地域で戦争が起こり，石油が入ってこなくなることが予想されたこと

ウ　朝鮮戦争で石油を運んでくるルートが危険になり，入手が困難になったこと

エ　インドや中国などの新興国で自動車の販売台数が増え，需要が高まったこと

5 次の文章を読んで後の問いに答えなさい。

「選挙」とは，私たちの意見を政治に反映させるために，私たちの代表を選ぶ仕組みです。その代表を選ぶことができる権利，つまり選挙で投票できる権利を①「選挙権」といい，一定の年齢（選挙権年齢）に達した国民に与えられる権利です。この選挙権年齢が，平成 27 年の公職選挙法の改正により，これまでの 20 歳以上から［　あ　］。

これは，少子高齢化が進むなかで未来の日本に生きていく若い世代に，現在そして未来の日本のあり方を決める政治に関与してもらいたい，という意図があるからです。

我が国では,「有権者」になると, ②衆議院と参議院の国会議員を選ぶ「国政選挙」や，都道府県の知事や市区町村長と，それらの議会の議員を選ぶ「地方選挙」で投票することができます。これらの議員や知事などの仕事は，私たち国民や住民の代表として，国や地方の政治を行うことです。

では，政治とは何かというと，その一番わかりやすい役割は，国民や地域の住民からどのように③税金を集め，その税金をどのように使うか決めることだといえるでしょう。税金の集め方や使い方について個人や団体によって考えが異なるため，異なる様々な意見を調整し，まとめていくことになります。

同様に，法律や制度など国や④社会のルールを作ること，社会の秩序を守り統合を図ることも政治の大きな役割です。こちらも個人や団体によって異なる考え方や意見の対立を調整し，解決を図ることが大切です。

（政府広報オンライン「若者の皆さん！あなたの意見を一票に！」）

問１　下線部①について。日本の選挙の原則のうち，財産や性別などに関係なく，すべての成人に選挙権を保障する原則として正しいものを次の**ア～エ**より１つ選びなさい。

ア　平等選挙　　**イ**　普通選挙　　**ウ**　直接選挙　　**エ**　秘密選挙

問２　［　あ　］にはどのような内容の文章が入るか，答えなさい。(20 字以内で)

問３　下線部②について。次の表は，平成 28 年以降の国政選挙における年代別投票率である。

国政選挙における年代別投票率（総務省）　(%)

	2016 年	2017 年	2019 年	2021 年	2022 年
	A	B	C	衆議院	参議院
10 歳代	46.78	40.49	32.28	43.21	35.42
20 歳代	35.60	33.85	30.96	36.50	33.99
30 歳代	44.24	44.75	38.78	47.12	44.80
40 歳代	52.64	53.52	45.99	55.56	50.76
50 歳代	63.25	63.32	55.43	62.96	57.33
60 歳代	70.07	72.04	63.58	71.43	65.69
70 歳代以上	60.98	60.94	56.31	61.96	55.72
全体	54.70	53.68	48.80	55.93	52.05

（１）表中の空欄**Ａ・Ｂ・Ｃ**にあてはまる語句の組み合せとして正しいものを次の**ア～カ**より１つ選びなさい。

ア　Ａ　衆議院　Ｂ　衆議院　Ｃ　参議院
イ　Ａ　参議院　Ｂ　衆議院　Ｃ　衆議院
ウ　Ａ　参議院　Ｂ　衆議院　Ｃ　参議院
エ　Ａ　衆議院　Ｂ　参議院　Ｃ　衆議院
オ　Ａ　衆議院　Ｂ　参議院　Ｃ　参議院
カ　Ａ　参議院　Ｂ　参議院　Ｃ　衆議院

（２）上の表から読みとれることとして正しいものを次の**ア～エ**より１つ選びなさい。

ア　年代が上がるにつれ，投票率も高くなる。
イ　最も低い投票率でも，最も高い投票率の半分を下回ることはない。
ウ　いずれの選挙でも 10 歳代の投票率が最も低い。
エ　いずれの選挙でも全体の投票率を上回るのは，50 歳代より上の年代である。

問４　次の図は，麗子さんの家族構成と現在の年齢を表したものである。下の文章の空欄**Ｄ・Ｅ**にあてはまる数字を答えなさい。

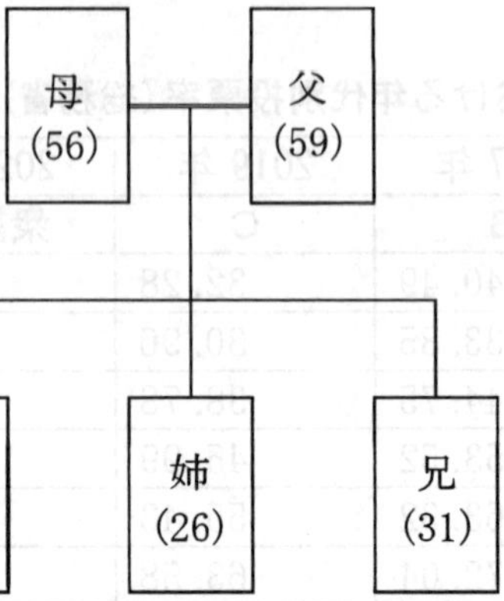

麗子さんの家族の中で，昨年８月の柏市議会議員選挙で被選挙権が認められたのは（　**Ｄ**　）人，来年７月の参議院議員選挙で被選挙権が認められるのは（　**Ｅ**　）人である。

問５　下線部③について。次の表は，所得額に対する税率をまとめたものである。このような所得への課税方法を何というか，正しいものを下の**ア～エ**より１つ選びなさい。

個人の所得税率一覧

課税所得	所得税率
195万円以下	5%
330万円以下	10%
695万円以下	20%
900万円以下	23%
1,800万円以下	33%
4,000万円以下	40%
4,000万円超	45%

ア　インボイス制度　　　**イ**　累進課税
ウ　確定拠出型　　　　　**エ**　マイナ制度

問６　下線部④について。次の文章の空欄**Ｆ・Ｇ**にあてはまる語句を答えなさい。

柏市の住民が（　**Ｆ**　）の制定や改廃を求める時には，有権者の（　**Ｇ**　）分の１以上の署名を集めて市長に提出する。

【理　科】〈第１回試験〉(30分)〈満点：50点〉

1　以下の問いに答えなさい。

(1)　音は，気温が15℃のとき，１秒間に340 m空気中を伝わります。ある地点で音を鳴らしたとき，鳴らしてから６秒後に，音を聞いた人がいます。ある地点から音を聞いた人までの距離は何 m ですか。ただし，音を鳴らしたときの気温は15℃です。

(2)「火のついたろうそくにガラスびんをかぶせると，約10秒後に火が消えた」という実験を適切に説明している文章を，次の**ア**～**オ**から１つ選び，記号で答えなさい。

ア　ガラスびんの中に熱がこもったため，火が消えた
イ　ガラスびんの中の二酸化炭素が増えたため，火が消えた
ウ　ガラスびんをかぶせると，急激に燃えてろうがなくなったので火が消えた
エ　ガラスには，ろうそくの火を消す性質がある
オ　ガラスびんの中の酸素が減ったため，火が消えた

(3)　右図は，ある生物の体温と周囲の温度との関係を表したものです。グラフ**A**，**B**のような体温変化を示す生物の組み合わせとして適切なものを，次の**ア**～**オ**から１つ選び，記号で答えなさい。

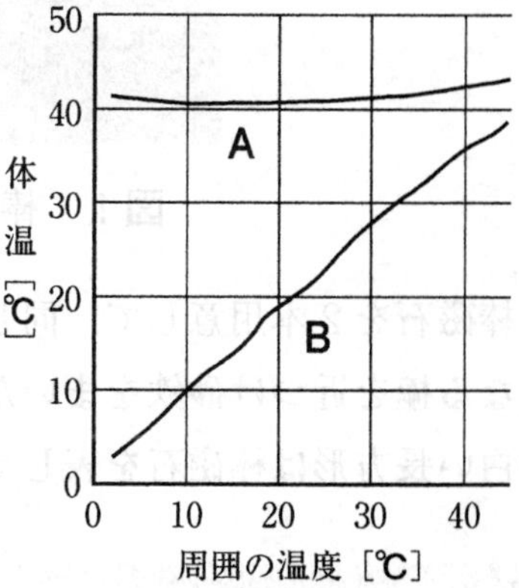

	グラフ**A**	グラフ**B**
ア	ワニ	コイ
イ	ニワトリ	カエル
ウ	キツネ	クジラ
エ	ヒト	トカゲ
オ	コウモリ	ヘビ

(4)　北上する台風で最も風が強まっているのは，台風の中心から見てどの方角の風であるか，次の**ア**～**エ**から１つ選び，記号で答えなさい。

ア　北　　**イ**　南　　**ウ**　東　　**エ**　西

(5)　2023年に発生した，日本では冷夏や暖冬を招く，ペルー沖から太平洋赤道海域までの海面温度が，１年間ほど平年より上昇する現象名を，次の**ア**～**エ**から１つ選び，記号で答えなさい。

ア　エルニーニョ現象　　**イ**　シミュラクラ現象　　**ウ**　ラニーニャ現象
エ　フェーン現象

2　磁力がはたらく空間のことを，磁界《じかい》といいます。磁界について２種類の実験をおこないました。以下の問いに答えなさい。

【実験１】

棒磁石のまわりに砂鉄をまくと，**図１**のように磁界のようすを確認することができます。

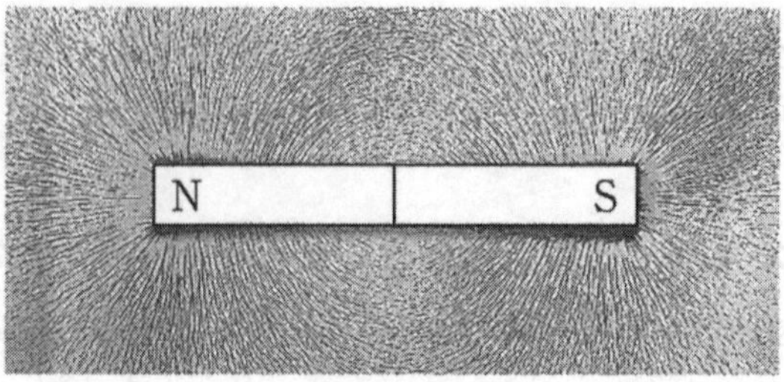

図１　棒磁石まわりの磁界のようす

棒磁石を２本用意して，同じ極を近づけ砂鉄をまいたときのようすが**図２**，異《こと》なる極を近づけ砂鉄をまいたときのようすが**図３**となりました。なお，図中の白い長方形は棒磁石を表しています。

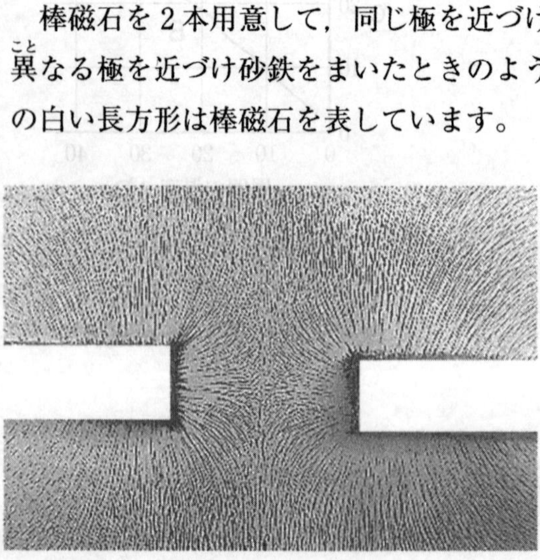

図２　同じ極を近づけたようす

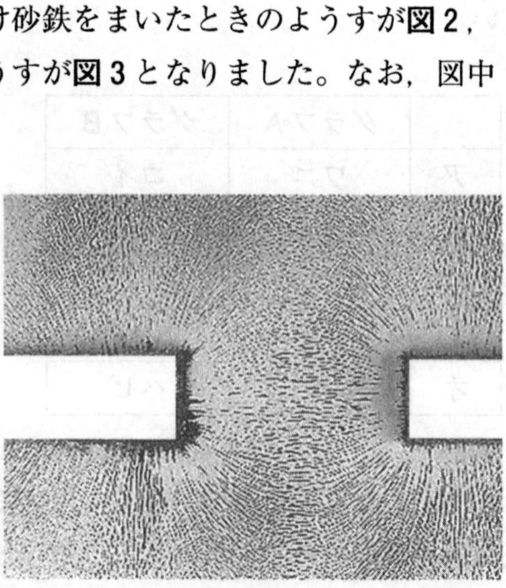

図３　異なる極を近づけたようす

次に，棒磁石を３本及び４本近づけて，砂鉄をまいたところ**図４**，**図５**のようになりました。なお，**図４**，**図５**の**C**は同じ極を示しています。

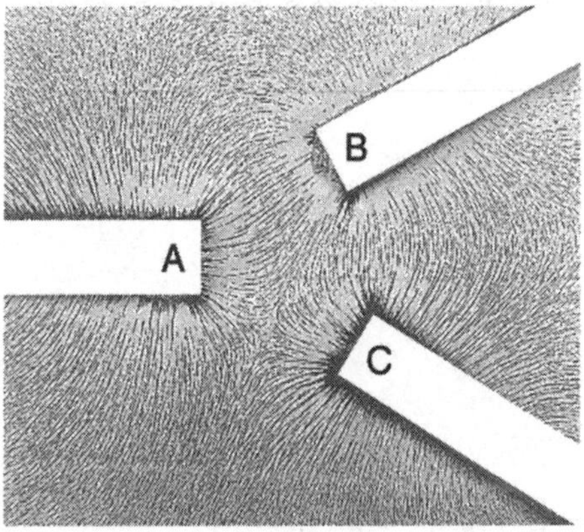

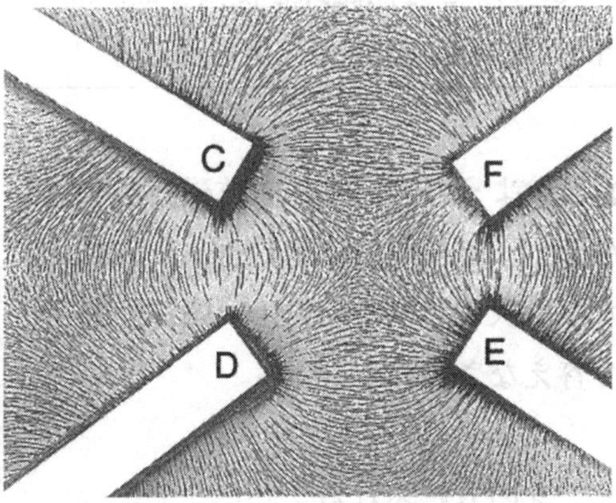

図４　棒磁石を３本近づけたようす　　**図５**　棒磁石を４本近づけたようす

(1)　**図４**の棒磁石の極**A**～**C**のうち，１つだけ異なる極がある。それは**A**～**C**のうちどれか。記号で答えなさい。

(2)　**図４**，**図５**の棒磁石の極**B**～**F**のうち，極**A**と同じ極をすべて選び，記号で答えなさい。

(3)　**図６**のようなＵ字磁石を置いて，上から砂鉄をまいたとき，Ｕ字磁石内の砂鉄の模様として最も適切なものを**ア**～**ウ**から１つ選び，記号で答えなさい。

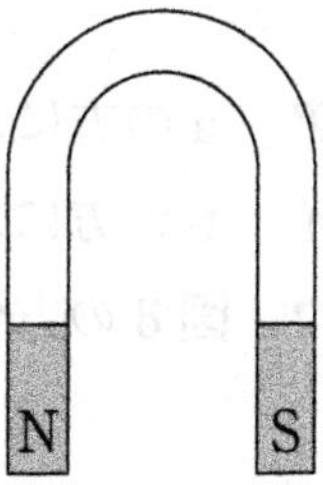

図６　Ｕ字磁石

ア　　**イ**　　**ウ**

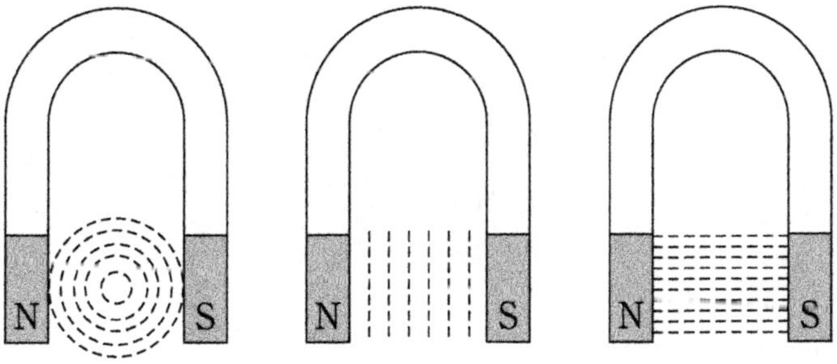

【実験2】

電流を流すと，導線のまわりに磁界ができます。回路中に方位磁針を置き，磁界のようすを方位磁針を使って調べました。なお，この実験で使用した方位磁針は，黒い針が北を指し示します。

(4) 図7のような回路上に方位磁針を置いたとき，方位磁針はどのようにふれますか。次のア～ウから1つ選び，記号で答えなさい。

ア　aの方にふれる
イ　bの方にふれる
ウ　図7の方位磁針の状態のまま

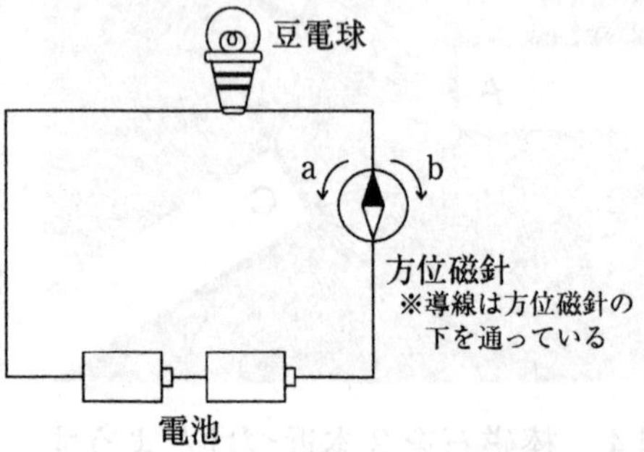

図7　回路上の方位磁針

(5) 図8のような2つの回路の間に方位磁針を置いたとき，方位磁針はどのようにふれますか。次のア～ウから1つ選び，記号で答えなさい。

ア　aの方にふれる
イ　bの方にふれる
ウ　図8の方位磁針の状態のまま

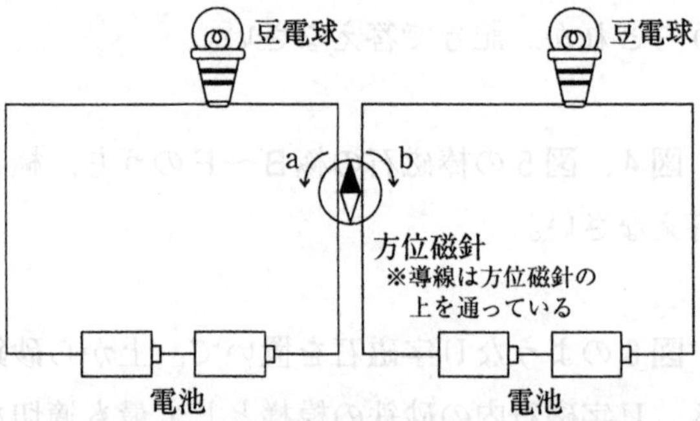

図8　2つの回路の間にある方位磁針

3　**A**～**E**のラベルがついたビーカーに水よう液が入っています。近くに「塩酸」，「炭酸水」，「石灰水」，「食塩水」，「アンモニア水」というメモが置いてあるが，どれが対応しているかは分からなくなっています。これらの水よう液を調べるために，２種類の実験をおこないました。以下の問いに答えなさい。

【実験１】赤色リトマス試験紙につける

リトマス紙	A	B	C	D	E
赤	赤	青	青	赤	赤

【実験２】水を蒸発させる

	A	B	C	D	E
残ったもの	白い固体	白い固体	×	×	×

×：なにも残らなかった

(1)　水よう液の説明として，最も適切なものを，次の**ア**～**オ**から１つ選び，記号で答えなさい。

ア　塩酸は，黄色の液体である
イ　炭酸水は，弱いアルカリ性である
ウ　アンモニア水は，においのない水よう液である
エ　石灰水に，二酸化炭素を吹き込むと白くにごる
オ　食塩水は，強い酸性である

(2)　【実験１】の結果から分かることを，次の**ア**～**カ**から１つ選び，記号で答えなさい。

ア　**A**，**D**，**E**は酸性である
イ　**A**，**D**，**E**は中性である
ウ　**A**，**D**，**E**はアルカリ性である
エ　**B**，**C**は酸性である
オ　**B**，**C**は中性である
カ　**B**，**C**はアルカリ性である

(3) 【実験２】の結果から，C，D，Eの水よう液について分かることを，次のア～ウから１つ選び，記号で答えなさい。

ア　気体がとけていたため，加熱したら空気中に逃げてしまった
イ　なにもとけていなかった
ウ　一度白い固体が出てきたが，それも加熱で蒸発してしまった

(4) Aの水よう液はなにか，メモ中の５つから選んで答えなさい。

(5) 【実験１】と【実験２】ではD，Eを特定することはできません。D，Eを特定する方法として，適切なものを次のア～オからすべて選び，記号で答えなさい。

ア　BTB液を加えると，黄色になるのが炭酸水である
イ　加熱すると発生する気体を集めて石灰水に吹き込むと，白くにごるのが塩酸である
ウ　水酸化ナトリウム水よう液と混ぜると，食塩水になるのが塩酸である
エ　アルミニウムを入れると，とけないのが塩酸である
オ　加熱したときに刺激臭があるのが，塩酸である

4 心臓は全身に血液を押し出すポンプとして働きます。背骨をもつ生物に見られる心臓のはたらきについて，以下の問いに答えなさい。

(1) メダカの心臓はどこにありますか。**図１**の㋐～㋕から１つ選び，記号で答えなさい。

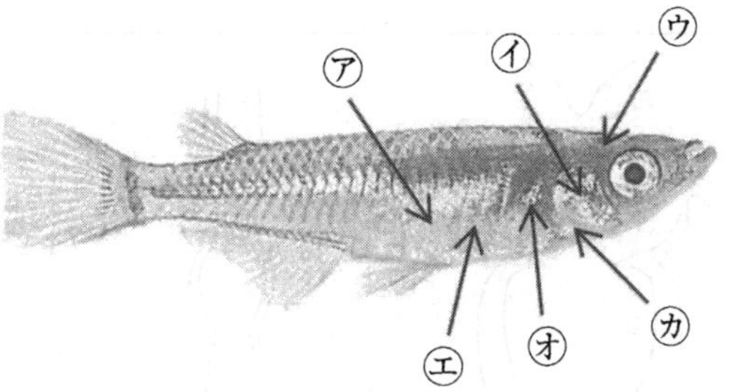

図１

(2) **図２**は，正面から見たときのヒトの心臓の内部を模式的に表したものです。図中のXの部位は何と呼ばれていますか。名称を答えなさい。

(3) **図２**の心臓の模式図には，血液の流れを表す矢印が４本描かれていますが，残念ながら正しい向きが分かりません。そこで，解答用紙の図中に，血液の流れる向きが正しく分かるように矢印（→）を描いて答えなさい。

(4) **図２**で，酸素を多く含む血液が流れる血管は，どれになりますか。㋐～㋔から当てはまるものをすべて選び，記号で答えなさい。

(5) あるヒトの心臓を調べたところ，１分間に80回拍動し，１日に6000 **L** の血液が流れ出ていたことが分かりました。このとき，この心臓は，１回の拍動で何 **mL** の血液を押し出していたことになりますか。計算しなさい。ただし，小数点第一位を四捨五入して整数で答えること。

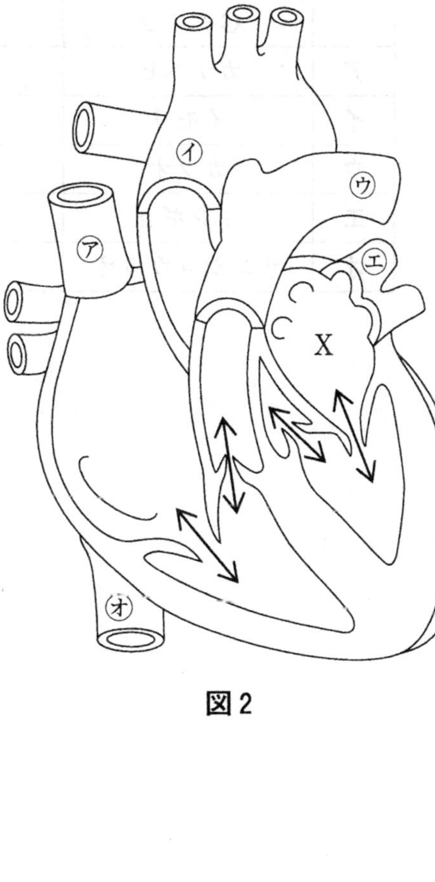

図２

(6) 背骨をもつ生物の心臓にはいくつかのタイプがあり，**図3**は，これらの心臓を模式的に表したものです。心臓という器官は，生物の進化に伴って，その構造やはたらきに違いが生じてきました。**図3**の**C**と**D**のような心臓をもつ生物の組み合わせとして，正しいものはどれになりますか。以下の表の**ア**～**オ**から1つ選び，記号で答えなさい。

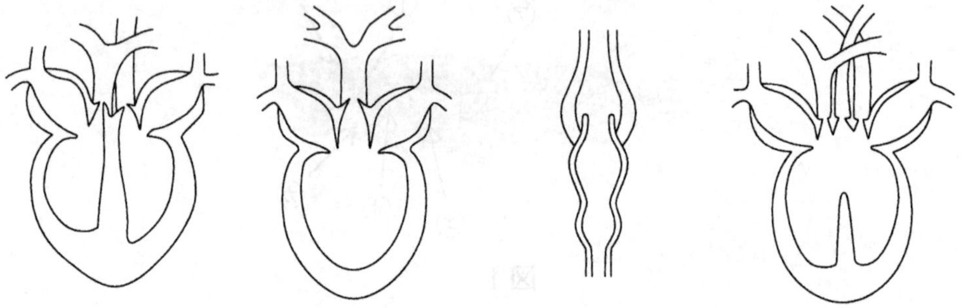

A　B　C　D

図3

	Cタイプ	Dタイプ
ア	カナヘビ	ペンギン
イ	イモリ	スッポン
ウ	カツオ	ヤモリ
エ	キンギョ	ウマ
オ	サンショウウオ	クサガメ

5 ６年生の児童が，「カシオペア座」の夜中（一晩）の見え方について４年生に教えることになりました。以下の問いに答えなさい。

(1) 観察できる方位はどこになりますか，次の**ア**～**エ**から１つ選び，記号で答えなさい。

ア 東　**イ** 西　**ウ** 南　**エ** 北

(2) カシオペア座を観察すると少しずつ位置が変化していくことを説明するためにレーザーポインターを利用して，黒板にカシオペア座の星の配置を示し，それを動かしながら説明することを考えました。

① 星１個映すのにレーザーポインターを１個用いるとすると，何個必要ですか。

② 夜中カシオペア座を観察すると，円運動しているように見えることを説明するために，レーザーポインターを映し出す黒板に，円運動の中心に存在する星をかきました。その星の名称を答えなさい。また，その円運動を説明するときにカシオペア座は「時計回りに運動する」と説明するべきか，「反時計回りに運動する」と説明するべきか答えなさい。

③ 観察による円運動は，あくまで観測者が動くことで見える見かけの運動であることを説明するうえで，その原因となっている運動は何であると説明するべきですか，最も適当なものを，次の**ア**～**エ**から１つ選び，記号で答えなさい。

ア 地球の公転　**イ** 地球の自転　**ウ** 太陽の自転　**エ** 月の公転

【英　語】〈第１回試験〉（60分）〈満点：100点〉

〈編集部注：実際の試験問題では，グラフとイラストはカラー印刷です。〉

Ⅰ～Ⅳはリスニング問題です

Ⅰ

A. これからあなたについて英語で質問します。その答えを３語以上の英語で書いてください。質問は２回ずつ読まれます。数字も英語で書いてください。

(1)

(2)

(3)

B. これから英単語が２回ずつ読まれます。解答用紙の下線部に入れる適切なアルファベットを１文字ずつ書いてください。

(1)

(2)

(3)

(4)

C. これから２人による会話文が流れます。２番目の話者のところでベルの音が鳴ります。その箇所《かしょ》に入れるより適切な文を選び、解答用紙の記号に○をつける問題です。会話は１度しか読まれません。

例題

John: Good morning. How are you, Ken?

Ken: （ベル音）

John: That's good.

ア. I'm fine.　イ. I'm not so good.

(1)

(2)

(3)

(4)

(5)

II

A．これから英文と質問が流れます。その質問の答えとして最もふさわしいものをア～エの中から選び、記号で答えてください。英文と質問は２回ずつ読まれます。

	ア	イ	ウ	エ
(1)			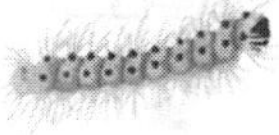	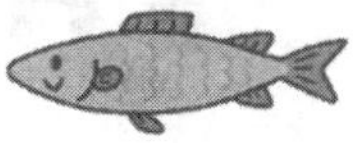

	ア	イ	ウ	エ
(2)				

	ア	イ	ウ	エ
(3)	12	21	17	19

	ア	イ	ウ	エ
(4)		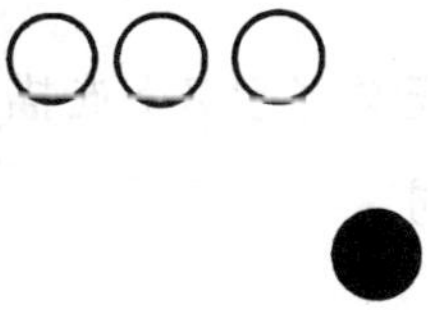		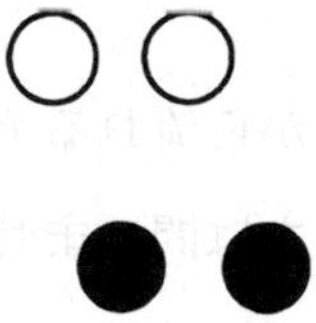

B. これからイラストについて説明する英文が流れます。その説明に最も近いものをア～クの中から選び、記号で答えてください。問題は２問で、英文はそれぞれ２回読まれます。

ア	イ	ウ	エ

オ	カ	キ	ク

(1)

(2)

Ⅲ これから週末の予定について知らせる英文が流れます。次の(1)～(5)の内容を聞き取り、解答用紙に数字または英語で答えてください。英文は２回読まれます。

(1) 出かける日の曜日　＊英単語で
(2) 行きの電車の出発時刻　＊数字で
(3) Kevin の持ち物　＊英単語で
(4) Yuki の持ち物　＊英語で
(5) 南柏駅到着時刻　＊数字で

Ⅳ これから流れる英語の指示を聞きながら、そのイラストを描きなさい。イラストの上手さは問いません。英文は３回読まれます。

※〈リスニングテスト放送原稿〉は問題のうしろに掲載してあります。

V　次の(1)～(4)の質問を読み、指示に従って**英語で**答えてください。(5)~(6)は**数字で**答えてください。

(1) This is a thing that you earn by working and can use to buy things.　What is it?

(2) This is a hard round fruit that has red, light green, or yellow skin and is white inside. What is it? The word begins with "a."

(3) This is a game played indoors between two teams of five players, in which each team tries to win points by throwing a ball through a hoop. What is it?　Answer in ten letters.

(4) This is the top part of your body that has your face at the front and is supported by your neck. Answer in four letters. What is it?

(5) Sarah visited a bookstore and bought 8 books for $5 each and a $12 notebook. How much change will she receive if she pays with a $100 bill?

(6) A book has 10 chapters, and each chapter takes 9 minutes to read. If Tom has already read 4 chapters, how many more minutes does he need to finish the entire book? (Each chapter takes the same amount of time.)

Ⅵ

A.　次の会話文を読み、文中の空所①～②に入る最も適切な文をア～エの中から１つずつ選び、それぞれ記号で答えてください。

Waiter: Good evening. Welcome to ABC restaurant. Just one?

Customer: That’s right. It’s just me. Is it possible for me to sit in the smoking area?

Waiter: I'm sorry, but this restaurant is non-smoking. Is that okay with you?

Customer: (　①　) Non-smoking is OK.

Waiter: Great, thank you. What would you like to drink?

Customer: Just water, please.

Waiter: Sure. (　②　)

Customer: Yes. What's today's special?

Waiter: It is seafood pasta.

Customer: Sounds nice. I’ll have that.

Waiter: Thank you.

①　ア.　I’m sorry, it is not OK with me.

　　イ.　Oh, I see. No problem, then.

　　ウ.　Do you know which seat I sit on?

　　エ.　Well, I didn’t go there this evening.

②　ア.　Are you ready to order your meal?

　　イ.　But the water you drink is really expensive.

　　ウ.　How about your partner?

　　エ.　What kind of water would you like to drink?

B. 全体が意味の通る文章となるように、次のア～オの各文を空所に入れ、その順番を記号で答えてください。

When I went to the United States, I was really surprised by how quiet American baseball fans were. (　　)→(　　)→(　　)→(　　)→(　　) How do you like to watch baseball games?

ア. At the stadium, most of the fans were just sitting there watching the game.

イ. But in Japan, baseball fans sing songs, clap hands, and even dance all through the game.

ウ. I like the Japanese style better.

エ. It was boring to me.

オ. I went to a baseball game in New York.

C. 以下の文章を読み、文中の空所［ a ］～［ e ］に入れるのに最も適した文を、ア～オの中から１つずつ選び、記号で答えてください。

A Good Idea

After university, Mike Jones tried many different jobs. ［ a ］. One day, he bought a ticket to Thailand. Mike traveled to a small village called Naonulok. ［ b ］. After a year, he went back to the United States and got a job at a high school. ［ c ］. He returned to Thailand one year later, and during this trip he bought a pair of flip-flops* made from natural rubber by a local family. He loved the shoes, and then he got an idea. ［ d ］, so he started his own company called Mikeshoez. ［ e ］. Mikeshoez gives one percent of its profits to groups that help people, one percent to help grow new rubber trees, and one percent to groups that help the earth. Mike's company has become successful, and he is now selling flip-flops around the world.

flip-flops*　…サンダル

ア. But he couldn't forget about Naonulok

イ. Mike worked as an English teacher and studied the local culture

ウ. The goal of Mikeshoez is not only to make money, but also to do good things for others

エ. He wanted to sell these shoes in the United States

オ. He tried producing music, selling computers, and even selling hot dogs from a cart on the street

Ⅶ 図書委員の健（Takeshi）と由美（Yumi）、鈴木先生が読書量の世界ランキングや12月の本の貸出数（ジャンル別）の結果を見て話し合っています。対話文を読んで以下の問いに答えてください。

Takeshi: Look at this chart. It's the world ranking of reading time per month.

Yumi: Oh, Japanese people don't read books so much.

Takeshi: People in [X] read more than twice as many books as Japanese.

Ms. Suzuki: It is important to develop the habit of reading when you are young. I want students of this school to read more books.

Yumi: We open this school library during our lunch break every day, but I found only a few students reading books.

Takeshi: How can we get more people to come to the library?

Ms. Suzuki: Well, this is the result of the survey we had last month. It shows what kinds of books the students of this school read.

Yumi: It is surprising to me that mystery is not as popular as fantasy.

Takeshi: I know you like mystery very much. It is not surprising the kinds of books which are read most are adventure books, followed by science fiction.

Ms. Suzuki: Yes. We teachers in this school want the students to read different kinds of books. Do you have any good ideas for that?

Takeshi: How about holding an event like "Biblio battle?"

Yumi: What's that?

Takeshi: It's a kind of game to introduce books to read. We can become interested in the books that our friends introduce in the battle.

Yumi: That sounds nice. For the students to read various kinds of books, I want to try a stamp rally. We can get a stamp for each genre. We read different kinds of books and collect stamps on our card.

Takeshi: It's a good idea! History and science are the least popular books, but I think the students will start to read them to get stamps.

Yumi: Those books are also useful for our studies.

Ms. Suzuki: Both ideas are interesting. Let's talk more in the next committee meeting.

順位	国名	冊数
1	中国	10.1
2	インド	9.4
5	フランス	7.1
13	アメリカ	5.2
15	日本	5.0

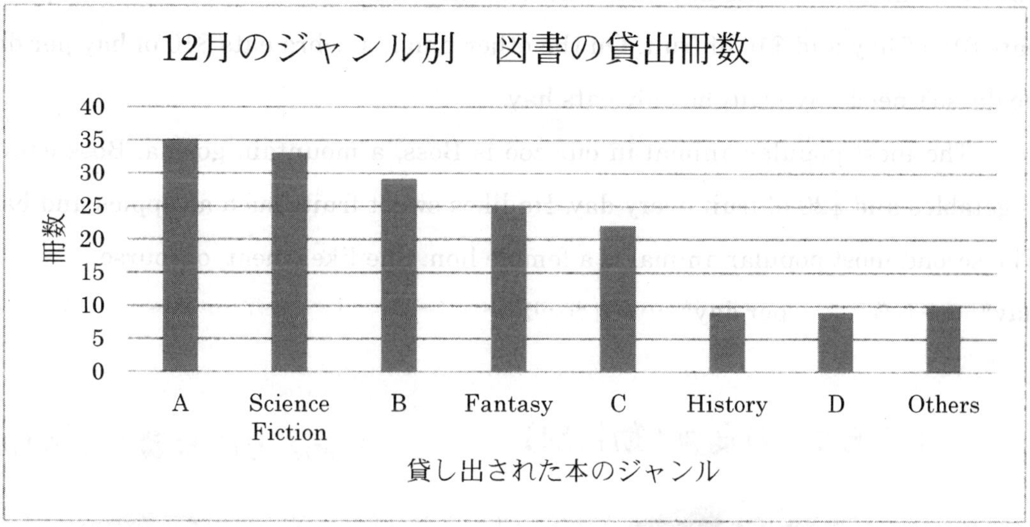

(1) 文中のXに入る適当な国名を**英語で**答えてください。

(2) グラフのA~Dは次のどれを表しますか。最も適切なものを選び、記号で答えてください。

ア. Science　　イ. Adventure　　ウ. Short Stories　　エ. Mystery

(3) 本文や表の内容に合うものを一つ選び、記号で答えてください。

ア. 図書室は毎日放課後にあけている。

イ. ビブリオバトルとは本を紹介するゲームのようなものである。

ウ. ユミさんはいろんな本屋さんをめぐるスタンプラリーを提案している。

エ. この学校の生徒は図書館に熱心に通っている。

Ⅷ　麗澤動物園では、かば、ゴリラ、しまうま、象、ライオンを１頭ずつ飼育しています。円グラフは、１日当たりの食費を表しています。以下の英文を読み、質問に答えてください。

In Reitaku Zoo, we need $190 a day to buy food for the animals. Food for an elephant costs the most because it needs to eat a lot to keep its big body healthy. Hay* for the elephant costs $60 and fruits cost $10, so the elephant eats $70 of food every day. A hippo named Momoko also eats hay and fruit, but she doesn't eat as much as the elephant. She eats $15 of hay and $10 of fruit. On the other hand, a zebra eats $10 of hay per day*and he doesn't need any fruit; he only eats hay.

The most popular animal in our zoo is Boss, a mountain gorilla. Boss eats $30 of vegetables and $20 of fruit every day. He likes sweet fruits such as apples and bananas. The second most popular animal is a female lion. She likes meat, of course.

hay* …干し草　　　per day* …一日当たり

１日あたりの食費（動物別）

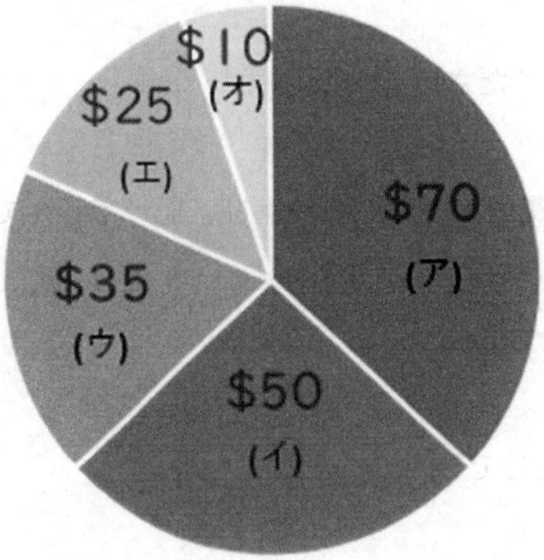

１日あたりの食費（食べもの別）

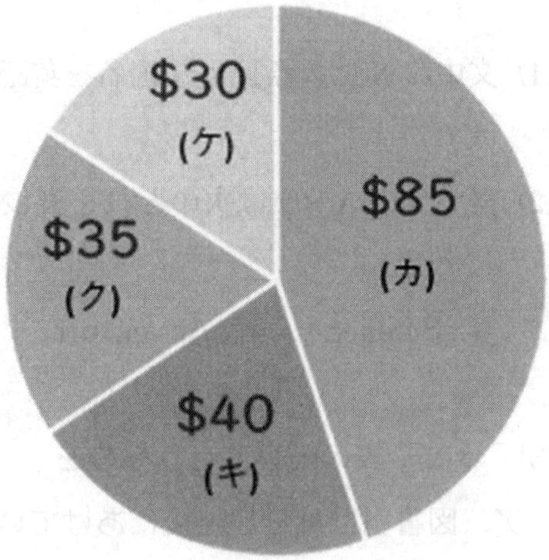

⑴ 次の動物は、グラフの(ア)～(オ)のうち、どれに該当しますか。最も適切なものを１つずつ選び、記号で答えてください。

A. しまうま

B. ゴリラ

⑵ 次の食べ物は、グラフの(カ)～(ケ)のうち、どれに該当しますか。最も適切なものを１つずつ選び、記号で答えてください。

A. 果物

B. 肉

〈リスニングテスト放送原稿〉

これからリスニングのテストを始めます。問題冊子の１ページを開いてください。リスニングテストは、Ⅰから Ⅳ まであります。

Ⅰ A

これからあなたについて英語で質問します。その答えを３語以上の英語で書いてください。質問は２回ずつ読まれます。数字も英語で書いてください。では始めます。

No.1　What season do you like best?　What season do you like best?

No.2　What month is your birthday in?　What month is your birthday in?

No.3　How many sisters do you have?　How many sisters do you have?

次は B です。これから英単語が２回ずつ読まれます。解答用紙の下線部に入れる適切なアルファベットを１文字ずつ書いてください。では始めます。

No.1　paint　paint

No.2　fifth　fifth

No.3　cot　cot

No.4　fork　fork

次は C です。これから２人による会話文が流れます。２番目の話者のところでベルの音が鳴ります。その箇所に入れるより適切な文を選び、解答用紙の記号に○をつける問題です。まず例題を見てください。

M: Good morning. How are you, Ken?
Ken: (bell sound)
M: That's good.

Ken のせりふとしてよりふさわしいのは I'm fine.ですので、正解のアに○をします。会話は１度しか読まれません。では始めます。

No.1
M: Do you want some pizza?
X: (bell sound)
M: Here you are.

No.2
W: Whose pencil case is that?
X: (bell sound)
W: Let's ask the teacher.

No.3
M: Where is your computer?
X: (bell sound)
M: Can I borrow it?

No.4
W: Is your mother an engineer?
X: (bell sound)
W: That's cool. What instrument does she play?

No.5
M: How many times have you been to Kyoto?
X: (bell sound)
M: You should go.

II A

これから英文と質問が流れます。その質問の答えとして最もふさわしいものをア～エの中から選び、記号で答えてください。英文と質問は２回ずつ読まれます。では始めます。

No.1
It is an animal. It can't fly. It doesn't have legs. It lives in water. What is it?
It is an animal. It can't fly. It doesn't have legs. It lives in water. What is it?

No.2

It is a place. You go here when you are sick. There are many beds here. People here wear white coats. What is it?

It is a place. You go here when you are sick. There are many beds here. People here wear white coats. What is it?

No.3

There are thirty-eight students in the class. Nine want to be doctors. Eight want to be athletes. The rest of them want to be teachers. How many students want to be teachers?

There are thirty-eight students in the class. Nine want to be doctors. Eight want to be athletes. The rest of them want to be teachers. How many students want to be teachers?

No.4

I drew four circles. Three circles are white and the other is black. The black one is at the bottom. Which picture is it?

I drew four circles. Three circles are white and the other is black. The black one is at the bottom. Which picture is it?

次はＢです。これからイラストについて説明する英文が流れます。その説明に最も近いものをア～クの中から選び、記号で答えてください。問題は２問で、英文はそれぞれ２回読まれます。では始めます。

No.1

The picture has a house. The house has two windows. Under one window is a flower. A small black dog is on the left of the house.

The picture has a house. The house has two windows. Under one window is a flower. A small black dog is on the left of the house.

No.2

The picture has a house. The house has one window. There is a star above the house. There aren't any flowers.

The picture has a house. The house has one window. There is a star above the house. There aren't any flowers.

III　これから週末の予定について知らせる英文が流れます。次の(1)～(5)の内容を聞き取り、解答用紙に数字または英単語で答えてください。英文は２回読まれます。では始めます。

Hi Kevin, don't forget we're all going to the beach this weekend. I just wanted to tell you the schedule. We're going to meet outside Minami Kashiwa Station at 6:15 am on Saturday. We'll take the 6:21 train. Yuki is bringing rice balls for everyone. I'm bringing a beach ball and a mat, but I don't have a radio. Can you bring one, please? We'll eat lunch there, so you'll need about 3,000 yen. We plan to take the 4:36 train and get back to Minami Kashiwa around seven pm. Call me if you have any questions.

繰り返します。

Hi Kevin, don't forget we're all going to the beach this weekend. I just wanted to tell you the schedule. We're going to meet outside Minami Kashiwa Station at 6:15 am on Saturday. We'll take the 6:21 train. Yuki is bringing rice balls for everyone. I'm bringing a beach ball and a mat, but I don't have a radio. Can you bring one, please? We'll eat lunch there, so you'll need about 3,000 yen. We plan to take the 4:36 train and get back to Minami Kashiwa around seven pm. Call me if you have any questions.

IV　これから流れる英語の指示を聞きながら、そのイラストを描きなさい。イラストの上手さは問いません。英文は３回読まれます。では始めます。

Draw two big chairs in the box. There is a ball on each chair. Under the chair on the left, is a box. The box has a smiling face on it. There is nothing under the chair on the right.

繰り返します。

Draw two big chairs in the box. There is a ball on each chair. Under the chair on the left, is a box. The box has a smiling face on it. There is nothing under the chair on the right.

繰り返します。

Draw two big chairs in the box. There is a ball on each chair. Under the chair on the left, is a box. The box has a smiling face on it. There is nothing under the chair on the right.

これでリスニングテストを終わります。今から残りの問題にとりかかってください。

(1) 空欄 a ・ d に入る言葉を、指定された字数に従って、それぞれ本文中から抜き出して答えなさい。

(2) 空欄 b ・ c に入る内容の組み合わせとして最も適当なものを次の中から一つ選び、記号で答えなさい。

ア　b　宮司に自分のあやまちを知られたことをはずかしく思い、うかつに自分の悩みを打ち明けたことを後悔《こうかい》している
　　c　宮司の激励を通して、神職を選んだ自分の生き方は間違っていなかったと確信し、自分を誇《ほこ》らしく思い始めている

イ　b　希美を高く評価する宮司の言葉に喜びを感じながらも、まだ自分の強さを認められず自分を信じ切れずにいる
　　c　希美の苦しみをやわらげようとしてくれた宮司の真意を理解して感動し、宮司に対する好意をいっそう深めている

ウ　b　問題を根本から解決する方法を教えてくれず、表面的ななぐさめの言葉しか言わない宮司の態度に、がっかりしている
　　c　宮司の有益な助言のおかげで、長年の苦しみから抜け出すことができそうだと感じ、晴れやかな気持ちになっている

エ　b　希美の抱える悩みや迷いにまともに取り合わないまま、無責任な助言をしているように見える宮司に反発している
　　c　希美が過去のあやまちから立ち直ることを願っている宮司の思いを理解し、その思いに応《こた》えようと張り切っている

オ　b　宮司のやさしい言葉に感謝しながらも、その言葉を完全には受け入れることはできず、苦しさを晴らせないでいる
　　c　自分のみにくさや罪悪感に悩む中で、自分がどのように生きるべきかを見いだしたように感じ、前向きになっている

(3) 空欄 e に入る内容を、「魔」・「強さ」という語を必ず使い、五十字以内で説明しなさい（句読点等も字数に含《ふく》む）。

問七　次に示すのは、二人の児童が本文の朗読をするにあたり、内容を確認《かくにん》している場面です。読んで後の問いに答えなさい。

Aさん　上手に朗読するためには、登場人物の心情や人物像をしっかり理解しなければいけないね。まず主人公の希美がどのような人物なのかを確認しよう。

Bさん　希美は、中学時代にいじめのほこ先を他人に向けさせようとするという行動をしてしまったんだよね。その行動は間違っているけれど、今でも自分を責めて、祝詞を読むときも、「正しくない自分」が「心正しく」などとは言えないと考えているよ。

Aさん　自分のあやまちに対して言い訳せずに真剣《しんけん》に悩んでいる様子から考えると、希美は、根は［ a（三字）］で律儀《りちぎ》な感じの人物だね。朗読をするときは、希美のそうした性格をふまえて読むべきだね。ただ、登場人物の心情の変化に合わせて、読む調子も変えていかなければいけないんじゃないかな。

Bさん　なるほど。たとえば、波線部Ⅰの「……、ありがとうございます」という言葉を言ったときと、波線部Ⅱの「……、はい」という言葉を言ったときとでは、希美の心情は変化しているよね。

Aさん　どちらも「うなずいた」というしぐさとともに言っているセリフだけれど、心情は異なるんだね。波線部Ⅰのときの希美は、［ b ］けれど、波線部Ⅱのときは、［ c ］よね。

Bさん　それぞれの心情を表現して読まなければいけないということだね。一方で、希美の心を救う宮司の言葉にも注目したいな。どんな考え方をしている人物なのかをとらえて、朗読の参考にしよう。

Aさん　自分を「弱い人間」だという希美に対して、宮司が自分の弱さと［ d（八字）］ことが大切であることを伝えているところが印象に残ったよ。

Bさん　宮司は、人間は［ e ］存在であるという考え方の持ち主なんだよね。それを希美に話したうえで、希美も今の強い思いを持ち続けていれば、いつかそれを相手に伝えられるはずだとも言っているね。これは希美にとって大きな救いの言葉だったと思う。

Aさん　宮司のそうした人間に対する考え方や、希美に対するあたたかな態度が伝わるような朗読をしたいね。

問三　傍線部Ａに「希美はくちびるをかみしめた」とありますが、このときの希美について説明した次の文の空欄［ a ］～［ c ］に入る言葉を、指定された字数に従って、空欄［ a ］・［ b ］は本文中から抜き出して、空欄［ c ］は本文中の言葉を使い、空欄に合う形で答えなさい。

> 自分の心の中にある［ a （二字）］部分を隠して、自分が［ b （八字）］であるかのような言葉を選んでしまったことを愚かだと自覚し、我ながら［ c （五字以内）］と感じている。

問四　傍線部Ｂに「希美は目を細めた」とありますが、希美がこのような表情をしたのはなぜですか。理由として最も適当なものを次の中から一つ選び、記号で答えなさい。

ア　宮司が一度終わらせた話題を再び持ち出してきた意図がわからず、どのように反応すればよいのか迷ってしまったから。
イ　自分のことを宮司が励《はげ》まし、元気づけてくれているのだと気づいて、その宮司のやさしさを心からうれしく思ったから。
ウ　宮司の口にする言葉が、過去におかしてしまったあやまちに苦しむ自分にとっての心の指針になりそうな気がしたから。
エ　宮司が話を本題にもどして重要なことを話し出したのを見て、ようやく知りたかった答えを聞けると思ったから。
オ　自分がかかえているつらい過去について宮司に気をつかわせ、助言までしてもらっているのを申し訳なく感じたから。

問五　空欄［ Y ］に入る二字熟語を答えなさい。

問六　傍線部Ｃに「希美もくちびるをゆるめる」とありますが、このときの希美の心情の説明として最も適当なものを次の中から一つ選び、記号で答えなさい。

ア　宮司が神社の責任者という立場にありながら、重大な失敗をしてきた経験を気軽に希美に話したことにあきれている。
イ　宮司が大きな失敗を重ねてきたことを聞いて、自分だけが罪悪感をかかえる必要がないことを理解し、安心している。
ウ　宮司が自身の失敗談を笑い話にして、大げさな表現で希美に語る態度をこっけいに感じ、落ち着きを取り戻している。
エ　希美の心を軽くするために、話したくはない宮司自身の失敗の経験をあえて教えてくれたことをありがたく思っている。
オ　かた苦しさのない様子で、数多くの失敗をしてきたことを話す宮司の表情をほほえましく思い、親しみを覚えている。

※注
「神職」…神社の祭事や事務を行う人。
「美里」…希美の妹。
「正野池」…希美の中学時代の同級生。
「祝詞」…神主が読み上げる祈《いの》りの言葉。
「リウマチ」…関節や筋肉が痛み、こわばる病気。
「みさき」…希美の中学時代の同級生。
「ものがたい」…律儀《りちぎ》な。
「波多江」…希美の同僚《どうりょう》。
「チャーミング」…好ましく魅力《みりょく》的であるさま。

問一　傍線部《ぼうせんぶ》①「はぐらかされた」・②「厄介」の本文中の意味として最も適当なものを次の中からそれぞれ一つずつ選び、記号で答えなさい。

①「はぐらかされた」
ア　自分の態度をたしなめられた。
イ　本心を理解してもらえなかった。
ウ　自分の悩《なや》みをからかわれた。
エ　話の重要な部分をごまかされた。

②「厄介」
ア　追いつめられて、どうにもならない。
イ　扱《あつか》いにくくて、わずらわしい。
ウ　理不尽《りふじん》で、絶対にあってはならない。
エ　危険な状態で、余裕《よゆう》がない。

問二　空欄 X に入る言葉として最も適当なものを次の中から一つ選び、記号で答えなさい。
ア　うき足立っていた
イ　手を広げていた
ウ　腹をさぐっていた
エ　息をひそめていた
オ　首をかしげていた

希美は頭を垂れた。

「人間は弱いばかりでもない。強さだってちゃんと持っています。あなたにも強い思いがある。それを伝えられるときが必ず来ます」

……、必ず。

目の前にすっと明かりがさした。思い出すたびに、暗闇《くらやみ》にふさがれていた場所にぽっと、小さな光がともった。まぎれのない真実の光を、希美が見たような気がしたとき、宮司は言った。

「光はね、闇の中で生まれるのです」

すべてを了解《りょうかい》しているような深い目が、そこにあった。

「闇を見た奥山さんには、同時に光も見つけられたはずです」

「Ⅱ……、はい」

希美は深くうなずいた。今自分は、まぎれもなくそこにいる。自分が見つけた光の中にいる。

「私だって、この年になるまでにたくさんの失敗をしてきました。魔が差した、では言い訳できないような醜態《しゅうたい》をさらしたこともあります。ここだけの話ですがね。ふふっ」

くだけた語尾《ごび》に顔を上げると、宮司はにっこりと笑っていた。その笑顔は、少し俗《ぞく》っぽい感じで、なんとも※チャーミングだった。

つられてC希美もくちびるをゆるめる。

「さて、今夜から全職員泊《と》まりこみになりますが、なるべく今日はゆっくりしてください。とはいえ、我《わ》が家ではそうもいかないでしょうが」

毎年、宿直室には男性職員が泊まり、女性職員は、敷地《しきち》内にある宮司の自宅にお世話になることになっていた。

「いいえ。どうぞよろしくお願いします」

文字通り招き入れてくれるような声に、希美はすでにゆっくりした気分になっていた。

すると宮司は思いついたように顔を上げ、またいたずらっぽく笑った。

（まはら三桃《みと》『ひかり生まれるところ』による　※設問の都合により、文章ならびに表記は一部変更《へんこう》されています）

「 Y と対峙」
希美は同音の単語の意味を思い起こした。悪いものを打ちはらうこと、と、相対して向きあうこと。
「では、魔、というのは、本当はないのですか？」
希美は宮司を見つめた。※波多江《はたえ》と同じように、魔の存在そのものを、宮司は認めていないのだろうか。
希美の問いに、宮司は静かに首をふった。
「いいえ、魔はいます。それもそこらじゅうに」
自分の周囲にぐるりと目をやった。
「そこらじゅうに？」
「ええ。ウイルスといっしょです。空気中にはいろんな種類のウイルスがうようよしているでしょう。健康なときには感染《かんせん》しにくいけれども、弱っているときには、病気になりやすい。魔も同じようなものです。我々の周りに無数にいる。しかも、もともと、我々だって魔を持っている。いずれの人もです」
救いを求めるように見つめた目を、宮司はじっと見据《す》えた。
「腸内細菌《さいきん》と同じですよ。ある程度持っておかないと、もっと悪いものが入って来たときに戦えないでしょう」
医学の話のようになったが、かえってわかりやすかった。
「汚い魔が体の中にあったって、バランスが取れていればいいんです。極端《きょくたん》に言えばね。②厄介《やっかい》なのは、人の心が弱っているときです。質《たち》の悪い魔は、そこをねらいすましたように、すっと取りつく。本人にもわからない間にね。魔がさす、という言葉はじつによく言い得ていると思いますよ。まさに蚊《か》にでも刺《さ》されたくらいの、さりげなさなのですから」
希美は泣きたいような気持ちになった。あのときの自分も、魔に操《あやつ》られていたのだろうか。弱っていた心をねらわれたのだろうか。
夕暮れの教室が胸に迫《せま》ってきて、希美はくちびるをかみしめる。
「でも私は、謝罪をしていません。胸のうちで自分がやってしまったことをくりかえすばかりで、誰《だれ》にもあやまっていません」
（中略）
「大丈夫《だいじょうぶ》ですよ、奥山さん」
宮司の言い方は、激励《げきれい》にしては平坦《へいたん》だった。けれどもそれは、祝詞を読み上げるときの、張りのある声だ。すっと心に入ってくる。

「※ものがたいあなたのことだから、真面目《まじめ》に引きこもったのでしょうね」

砂でも払《はら》い落とすような軽い声に、希美はこくんとうなずいた。

「はい。十か月間、家から一歩も出ませんでした」

十一月の半ばに部屋の扉《とびら》を閉めてから、祖母に連れ出される翌年の九月半ばまで。季節は大方ひとめぐりするころだった。外へ出たときには、足がふらついた。筋肉はすっかりそげ落ちていたのだ。

それに日差しもまぶしかった。ほとんど昼夜逆転の生活をしていた希美にとって、自然光の刺激《しげき》は思いがけず強かった。

ともかくとても駅までも歩けそうになかったので、一週間ほどお参りを延ばしてもらい、自宅で筋トレをしたほどだ。生活の習慣も朝型に変えた。

「十か月とは、まるでもう一度お母さんの胎内《たいない》に戻ったようでしたね。よい修行《しゅぎょう》をしました。資格は充分《じゅうぶん》ですよ」

宮司は笑った。なんとなく①**はぐらかされた**ような気になって希美も力なく笑うと、今度は引きしまった声で、包みこむように言った。

「あなたは自分を弱いと言いましたが、人間は、もともと弱く生まれついているものですよ」

希美は顔を上げる。

「それは当たり前のことなのです。人は弱い。善いとか悪いとかの前に、弱いのです。それがずるくあらわれることもあるし、情けなく見えることもある」

宮司の言葉にB**希美は目を細めた**。宮司の口元に、小さな光が見えたような気がしたのだ。木もれ日が揺《ゆ》れるようなやわらかい声で、宮司は続ける。

「まず自分の弱さを自覚している時点で、奥山さんは神職としての充分な資格があると思いますよ」

「I……、**ありがとうございます**」

希美はうなだれるようにうなずいた。

「〝叩《たた》き出し〟の儀式《ぎしき》はね」

宮司はご神木に手を置いた。

「本当は、そんな人間の中の弱さのための儀式だと思うのです。わかりやすいように、私たちを苦しめた『魔《ま》』を退治する物語にしていますが、本当は、私たちの中にある弱さと対峙《たいじ》する儀式なのです。同じたいじでも意味が異なる」

「奥山さんは、中学生のころ神社に行ったのがきっかけで、神職を目指したのだと言っておられましたね」
「はい」
好ましい記憶《きおく》を導き出すような宮司の声に、希美はうなだれるようにうなずいた。
「祖母が連れていってくれたんです」
祖母は、自分の※リウマチが軽くなったお礼参りに行きたいと言っていたが、あれはおそらく表向きの理由だった。当時不登校を続けていた希美を、なんとか外に出したいという思いがあったのだろう。しぶしぶ連れ出された形だったが、まさかそこにあんな衝撃《しょうげき》が待っていようとは思いもよらなかった。希美は帰宅後、高熱を出してしまったくらいだ。久しぶりに日光を浴びたせいだったのかもしれないが、熱が下がったあとは、不思議なほど気持ちが晴れ晴れとしていた。
「私は、中学校二年生から三年生にかけて、学校へ行けない時期があって、見かねた祖母が誘《さそ》い出してくれたんです」
「そうですか」
話すのに、少々力を要したが、宮司のすんなりとした言い方が意外に強い支えとなって、希美の心にわずかなゆるみができたようだった。そのせいか、ずっとからまっていた言葉がほどかれた。
「私は神にお仕えするには、弱い人間かもしれません」
言ってしまったとたん、A希美はくちびるをかみしめた。言葉が違《ちが》う。本当は、汚《きたな》いと言うべきなのだ。自分に降りかかるいじめの刃《やいば》から逃《に》げたくて、ほこ先をほかに向けようとした。そしてそれが見つかるや、引きこもってしまった。しかも、すべてをぶちまけて。
希美はかぶりをふった。弱いなどという言葉は、ずるい隠れ蓑《みの》でしかないのだ。守られるべきものだという錯覚《さっかく》がつきまとう。ここまできても、自分をかばう愚《おろ》かさが、自分ながらに情けなかった。
「ずるいんです。神職の資格なんかないんです」
絞《しぼ》り出すように希美は言った。
中学校二年生のあの時期、いじめの標的になった希美は、なんとか回避《かいひ》したかった。思いついたことは、いじめを分散させることだった。もっと※みさきがやられれば、自分への攻撃《こうげき》が減るのではないかと思った。自己中心的で浅はかな動機だ。
だからあの日、ハエ入りのビニール袋《ぶくろ》をみさきの机の中に入れようとした。
そんな自分に、神に仕える資格などない。声を震《ふる》わせる希美に、宮司はすっと焦点《しょうてん》を外すように言った。

三　**次の文章は、神社で働いている奥山希美《おくやまのぞみ》が、この神社の最高位の神主《かんぬし》である宮司《ぐうじ》と話をしている場面である。読んで後の問いに答えなさい。**

「奥山さんは、※神職に就《つ》かれて四年でしたね」
ふいにたずねられて、希美は見上げていた顔を戻《もど》した。
「はい。そうです」
「だいぶ自信がつきましたか」
「いえ、全然」
答えたとたん、胸がちくりと痛んだ。続いた宮司の言葉で、さらに胸をえぐられたようになった。
「昨年は七五三の行事も一人で立派になさったし、ずいぶん成長されたと思いますよ」
「立派なんかではないです」
希美はかぶりをふった。心の中にあるかさぶたがあぶり出されたように感じた。普段《ふだん》はまるで気にならない、というよりもまんまと忘れおおせているかさぶただ。それが、七五三の行事以降、見え隠《かく》れしている。正確にはそれより少し前、※美里《みさと》から「※正野池《しょうのいけ》」という名前をきいたときからだった。かさぶたは、あんまり長い間姿を見なかったので、うまく治《ち》癒《ゆ》してくれたのかと思っていたが、そうではなかった。確かに希美の中にあって、　X　のだ。そして再び、希美をせせら笑うように脅《おびや》かし始めた。
「※祝詞《のりと》をつっかえてしまいました」
希美は正直に告白した。子どもの成長に対して、「心正しく」と言いたかったのに、「正しく」が出なかった。正しくない自分にそんな資格などないと思ったからだ。
うまく隠していたことが、神職に就いたことで、あぶり出されてしまった。真っ白な世界だからこそ、自分の中にある黒さが際《きわ》立ってしまう。あるいはほかの職業に就いていたのなら、こんなにも気にならなかったのかもしれない。神の前に頭《こうべ》を垂れる時間は、自分を見つめる時間でもある。自分が否応《いやおう》なく突《つ》きつけられる。汚《けが》れた行為《こうい》を思い出す。が、そういったところで、なんの意味も持たない。この職を選んだのは、ほかでもない自分だからだ。そして、自分がかかえていかなければならないものは、神職の世界にふみこめばふみこむほど、汚れて感じられることが、苦しかった。

〔**〈文章１〉・〈文章２〉**の内容で重要だと考えたところ〕

① 「一般意志」にもとづく法をつくるためには、法案についての議論の際に、それぞれが個人の都合や利益を主張することはひかえるように心がけ、全ての人に共通する利益のことだけを考えていかなければならない。

② 個人が心からやりたいと思うことを実行するのが「自分の自己実現」だが、人間は、他者と助け合って全ての人が生き生きと過ごすことを目指す「社会の自己実現」に、「自分の自己実現」を関連づけて考えることができる。

③ 多数決は法の決定のための手段であって、多数決の結果が必ずしも「一般意志」であるというわけではなく、多くの人が賛成したとしても、一部の人にとっては不利益な法が成立してしまうということもありうる。

④ 人間は本能的に争う生物であり、自分さえ幸せであればよいという考えの人が多いので、困っている人がいたら放っておかずに手を差し伸《の》べ、全ての人に利益がいきわたる方法を考える精神を育てなければならない。

⑤ 自分のことだけ考えるのではなく、さまざまな他者の話を聞いて、法案が自分を含めた全ての人にとって本当に利益になるのかどうかを考えることで、真の自治を行わなければならない。

(1) 空欄 a ・ b に入る言葉を、指定された字数に従って、それぞれ**〈文章２〉**の中から抜き出して答えなさい。

(2) 〔**〈文章１〉・〈文章２〉**の内容で重要だと考えたところ〕について、**〈文章１〉・〈文章２〉**に述べられている内容と**合わないもの**を①～⑤の中から**二つ**選び、それぞれ番号で答えなさい。

問五　傍線部Cに「一部の人たちの利益をみんなの利益であり『一般意志』であると称して法にしてしまう」とありますが、このような問題が起こらないようにするためには、どうすることが重要ですか。それを説明した次の文の空欄［a］～［c］に入る言葉を、指定された字数に従って**〈文章１〉**の中から抜き出して答えなさい。

> ［a（八字）］を無視せずに耳を傾け、また特定の［b（五字）］に利益が集中しないように力を分散させる一方で、市民の中に一般意志の実現を目指すような［c（三字）］を育むこと。

問六　空欄［X］に入る語として最も適当なものを次の中から一つ選び、記号で答えなさい。

ア　疑心暗鬼《あんき》　イ　首尾一貫《しゅびいっかん》　ウ　自暴自棄《じき》　エ　温故知新　オ　自業《じごう》自得

問七　次に示すのは、**〈文章１〉**・**〈文章２〉**を読んだ児童がその内容についてまとめたレポートの一部です。読んで後の問いに答えなさい。

> 〔「法による支配」において大切なこと〕
> ◎法案が「一般意志」たり得るかを判断する。
> ↓そのために必要なことは何か。
> ・さまざまな立場の人たちに対して［a（九字）］こと。
> （手本：ルソーの小説『エミール』の主人公・エミール）
> ⇦
> ［b（二十一字）］社会をつくっていくことを目指す。＝互いに救済しあう。

問三　空欄《くうらん》［Ⅰ］・［Ⅱ］に入る語として最も適当なものを次の中からそれぞれ一つずつ選び、記号で答えなさい。ただし、同じ記号は一度しか選べないものとします。

ア　ただし　イ　むしろ　ウ　つまり　エ　それとも　オ　ところで

問四　傍線部Bに「『一般意志』と『全体意志』とは違う」とありますが、これについて二人の児童が話しています。空欄［a］・［b］に入る内容の組み合わせとして最も適当なものを後の中から一つ選び、記号で答えなさい。

Aさん　「一般意志」と「全体意志」は似ているように思えるけれど違うんだね。具体的にはどんな違いがあるのかな。

Bさん　身近な例で考えてみるとわかりやすいんじゃないかな。たとえば、「［a］」という状況で形成されているのが、「一般意志」だよね。

Aさん　うん、そうだと思う。では、「全体意志」の方はどうだろう。

Bさん　「全体意志」は個人の意志や欲求の集計だよね。たとえば「［b］」というようなことではないかな。

Aさん　なるほど。ルソーが重視したのは、「一般意志」の方だね。その社会に属する全ての人が救済される法をつくるためには、私たちは「一般意志」というものをよく理解しなければいけないね。

ア　a　球技大会で行う三種目のうちどれを選ぶかそれぞれの希望を聞いたところ、バスケットボールの希望者が最も多かった
　　b　日曜日に何をするかクラスのみんなに聞いたところ、『ゆっくり自分の趣味《しゅみ》を楽しみたい』という意見が多く集まった

イ　a　旅行で山に行きたい人よりも海に行きたい人が多かったため、山に行きたい人がやむをえず自分の意見を取り下げた
　　b　仲の良い友人四人で遊ぼうとしたが、何をして遊ぶかについて相談したところ、四人はそれぞれ異なる意見を示した

ウ　a　給食の時間に流す音楽についてリクエストを受けつけて、その中から全員が知っていそうな有名な曲を独断で選んだ
　　b　クラブの備品で必要なものを一人一人に聞いたうえで、全員で共有できそうな道具をいくつか購入《こうにゅう》することにした

エ　a　テニスチームを作ったときに予定を確認し、全員が無理なく参加できる活動方針を選手たちが話し合って決めた
　　b　図書室の本を放課後整理しようという提案に、図書委員たちから『用があるので早く帰りたい』という意見ばかりが集まった

オ　a　町をきれいにするためにクラスで意見を出し合い、『毎月第二日曜日にみんなでごみ拾いをする』という結論で一致《いっち》した
　　b　雰囲気《ふんいき》の良いクラスを作るためにすべきことを議論し、『朝、顔を合わせたら声を出してあいさつすること』で合意した

す。長い歴史の中では殺し合いや戦争も繰《く》り返してきましたが、大きな視点で見れば、互いに助け合い、支え合ってきたからこそ、生物として生き残ってきたのです。

「目の前に困っている人がいたら放っておけない」というのはある種の共感能力です。人間には本能的にそれが備わっていると私は考えています。

もしあなたが、とても大変な状況《じょうきょう》に追いやられているとしたら、あるいは、激しい競争のなかで勝ち抜《ぬ》いた人だけが評価され、負けた人は「お前が努力しなかったからだ」と虐《しいた》げられるのを見てきたとしたら、この大切な共感能力が発揮できなくなっているかもしれません。でも、根っこの部分には、きっと共感能力が眠《ねむ》っているはずなのです。

そして、その共感能力を発揮することで、「自分の自己実現」の内実が「社会の自己実現」に近づいていくことになるはずです。

（汐見稔幸《しおみとしゆき》『教えから学びへ　教育にとって一番大切なこと』による　※設問の都合により、文章ならびに表記は一部変更されています）

問一　傍線部《ぼうせんぶ》①「建前」・②「自治」の本文中の意味として最も適当なものを次の中からそれぞれ一つずつ選び、記号で答えなさい。

①「建前」

ア　支持者の少ない思想。

イ　現実に合わない考え方。

ウ　表向きの方針や主張。

エ　時代遅《おく》れの願望や価値観。

②「自治」

ア　自分たちの定めた目標を時間をかけて達成すること。

イ　自分たちに関わる事柄《ことがら》を自分たちの判断で処理すること。

ウ　自分たちが考えた計画をすぐに実行に移すこと。

エ　自分たちが引き受けた任務を効率的に進めること。

問二　傍線部Aに「一般意志の最高指揮」とありますが、これは具体的にどういうことですか。説明として最も適当なものを次の中から一つ選び、記号で答えなさい。

ア　人民が個々に持つ要望は国家にとって最も重視すべきものであり、国家には人民の要望を全てかなえる義務があるということ。

イ　人民によって決定された国家の方針は何よりも正しく、その方針にもとづいて判断すれば人間が間違うことはないということ。

ウ　人民の意志は国家の中で最も優先すべきものであり、人民の意志によって制定された法の内容は変更してはいけないということ。

エ　人民の意志は何よりも国家への影響《えいきょう》力が強く、暴走すれば国家を分裂させる原因にもなるので注意すべきであるということ。

オ　人民の議論によって制定された法は国家で最も拘束《こうそく》力があり、どのような立場の人も等しく従う必要があるということ。

〈文章２〉

「生きているっていいな」と心から思えるようになるために、人間には二つのことが必要です。「自分の自己実現」と、「社会の自己実現」です。

「自分の自己実現」は、自分が心の深いところで本当に「やりたい」と思うことを何らかの形で実現することです。

人間はいろいろな経験をしながら、やりたいことを見つけていきます。

たとえば仕事について考えてみましょう。もちろん、実際に自分がやりたい仕事に就《つ》けるかどうかは偶然《ぐうぜん》もありますから、完全な形で実現することは難しいかもしれません。選択肢《せんたくし》の中で、なるべく自分が面白《おもしろ》いと思える仕事を選んでいるのだと思います。生きていくために、生活のために仕方なく働くこともあるでしょう。最初は満足できない仕事でも、働きながらその仕事の自分にとっての意味を少しでも見つけられれば、自己実現欲求をある程度満たすことができます。

では、自分がやりたいことは、どのようにして見つけられるのでしょうか。何かをしているとき、どうしてかわからないけれど自分が生き生きとしてくるなら、それが、本当にやりたいことだと私は思っています。

そしてもう一つ、「社会の自己実現」です。これは、社会がその構成要員をできるだけ多く幸せにできるような社会になっていくことを指しています。実は人間は、自分の自己実現と社会の自己実現を結びつけて考えられる唯一《ゆいいつ》の動物なのです。

人間は、自分だけが幸せになるのではなく、みんなで上手に支え合って、みんなが生き生きとして幸せになっていけるような社会を目指す努力をしない限り、結局、自分も幸せになれないのです。

みなさんは、「自分だけが幸せ」と、「自分も含むみんなが幸せ」、どちらが幸せだと思いますか。子どもにたずねられたら、どのように答えますか。改めてこう問われると後者だとなるでしょうが、いま、世の中を見渡《みわた》すと、「自分が幸せならいいじゃないか」と思っている人が多いように見えるかもしれません。少し考えてみましょう。

たとえばあなたはお金に困っていないとします。そして目の前に、何日も食事をしていない人や何か苦しみを抱《かか》えている人がいるとします。そのときあなたはどう思うでしょうか。実際にその人を前にして、「お前が苦しいのはお前がちゃんと努力しないからだ」「 X だ」などと言って済ませることができるでしょうか。あなたが困っていなければいないほど、そんなことはできないでしょう。自分に何ができるかを考え、実際に手を差し伸《の》べると思います。

それは本能のようなものです。人間は、周りで苦しんでいる人がいると、自分だけ上手《うま》くいっても幸せだと感じられない動物なのでこれはまた、B「一般意志」と「全体意志」とは違《ちが》うということも意味します。すべての「個別意志」を集計した結果である「全体意志」（これもルソーの言葉です）は、しばしば少数派を犠牲《ぎせい》にした多数派の意志になりがちです。多数派工作をしたり※党派的利害を押《お》し出したりして、C一部の人たちの利益をみんなの利益であり「一般意志」であると称《しょう》して法にしてしまうことが起こりうる。これは、まさしく民主主義の根本問題です。

ルソーはこのことを危惧《きぐ》していました。もし「一般意志」の原則が①建前《たてまえ》だけになり、少数の人びとの声がまったく反映されなくなれば、社会契約自体が解体し、破棄《はき》されかねない。Ⅱ国家の分裂《ぶんれつ》、内乱状態になりかねない、と述べています。さらにぼくなりに想像してみると、何をしてもどうせ無駄《むだ》だという政治的無関心に陥《おちい》ったり、あるいは、強い者が弱い者から奪《うば》うという弱肉強食の状態に舞《ま》い戻《もど》ってしまったりするかもしれません。ですから、このような党派的な利害を押し出すことがないように、ルソーは、議会のなかに階級や党派がないことが最も望ましく、もしあるのなら、四つか五つ以上の複数が並存《へいそん》していて、それぞれの力が分散していたほうがよいだろうと述べています。

しかし何よりも大切なことは、法案が自分を含《ふく》めての「一般意志」たり得《う》るかをちゃんと考えて判断し、それを志向するような道徳性をもった市民がいなくてはならない。そうでなければ真の意味での②自治は成り立たない。だから、※エミールのような人間が必要となるのです。エミールは、いまやいろいろな立場の人間がいることを知り、それぞれの人への共感能力＝あわれみの力をもっています。『エミール』のなかでは、エミールが市民としてじっさいに議会に出るシーンは書かれていませんが、もしそういう場面があれば、彼《かれ》はさまざまな立場の人たちに耳を傾《かたむ》け、「自分も含むみんなにとって利益になること」を実現しようとするでしょう。

（西研《にしけん》『ルソー エミール ～自分のために生き、みんなのために生きる』による
※設問の都合により、文章ならびに表記は一部変更《へんこう》されています）

※注「社会契約」…社会や国家を成立させる、人民どうしの契約。十七世紀に生まれた、人民どうしが契約を結ぶことによって社会や国家が成立するという考え方がもとになっている。
「ルソー」…十八世紀のフランスの哲学《てつがく》者。『社会契約論』、『エミール』などの著者。
「直接民主制」…国民が代表者を立てずに直接政治決定を行う制度。
「契約条項」…ルソーが『社会契約論』の中で挙げている社会契約の内容。
「党派」…思想や主義が同じ人々の集まった団体。
「エミール」…ルソーの教育小説『エミール』の主人公。

二　次の文章を読んで、後の問いに答えなさい。

〈文章１〉

※社会契約《けいやく》で成立している国家においては、「人格による支配」ではなく「法による支配」が行われます。たとえば絶対王政のように、王という人間がいて、その命令にみんなが従うというのではなく、法というルールのもとでみんなが平等に扱《あつか》われるべきだ、ということです。

では、法はいかにつくられるべきかという問題が出てきます。※ルソーは※直接民主制をイメージしているのですが、みんなが参加する人民集会（議会）のなかで、何か対処すべきことが出てきたとします。それを議論するさいには、個々人は自分の都合や利害を率直《そっちょく》に表明する必要があります。互《たが》いの事情がわかったうえで、ではどうすることが一部の人だけではなくどんな人にとっても利益になるのかということを、みんなで考え合って議論し法として決定します。こうして、何かの法案がたしかに共同の利益となり、「みんなが欲《ほっ》すること」、すなわち「一般《いっぱん》意志」だということに合意が得られれば、それが法になる。そうして決められた法以外のことは、もちろん個々人の自由にゆだねられます。「一般意志」の原語は volonté générale（ヴォロンテ・ジェネラール）、「みんなが欲すること」という意味なのです。

そして、議会で話し合って取り出される「一般意志」は法として具体化されますが、これは国家の最上位の規範《きはん》となって、行政の長である国王も法に従わなくてはなりません。ですから、「A**一般意志の最高指揮**」という※契約条項《じょうこう》の言葉は、じつは「人民の主権」を表す言葉だったのです。

この考え方のポイントは、法の正当性の根源は「一般意志」であって、多数の賛成がそのまま正当であることを意味しない、というところです。もちろんいろいろと話し合った結果、一つに結論がまとまらないことも当然あるわけで、そのときは最終的に多数決で決めるしかありません。［Ⅰ］多数決というのは、あくまでも「決めるための方法」でしかないのです。ぼくなりにこの考え方を意味を広げたり易しく言いかえたりして説明してみると、こんなこともいえそうです。――ある法について、それは一部の人たちを苦しめるものであって「一般意志」に反する悪法であると考える人がいるかもしれません。その場合には、「とりあえず多数決で決まったその法には従うけれど、それは一般意志ではないと私は考える」と主張を続けて、それに同意する人が増えていけば法が変わることもありうる、ということにもなるでしょう。

2024年度 麗澤中学校

【国語】〈第一回試験〉（五〇分）〈満点：一〇〇点〉

一 **次の①～⑧の各文について、傍線部《ぼうせんぶ》のカタカナを漢字に直しなさい。また、⑨・⑩については、二字の熟語が四つ完成するように、空欄《くうらん》に当てはまる漢字を書きなさい。**

① 困難を乗りこえようと勇気をフルい起こす。

② 資格試験の合格通知がユウソウされてきた。

③ この辺りは実り豊かなコクソウ地帯だ。

④ 競歩大会でオウフク二十キロの道を歩きとおした。

⑤ ジョウシキあるふるまいができる人物でありたい。

⑥ 彼《かれ》の人がらの良さは私がホショウします。

⑦ ソンケイする人にほめてもらえて心がうき立つ。

⑧ 全員で力を合わせてジョセツ作業を行った。

⑨
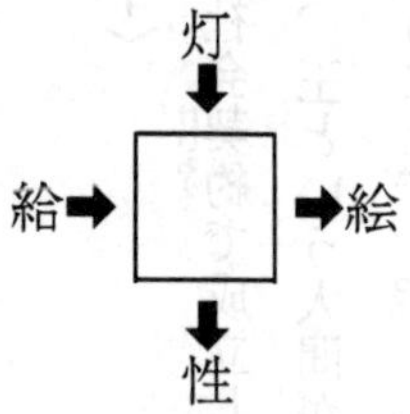

⑩
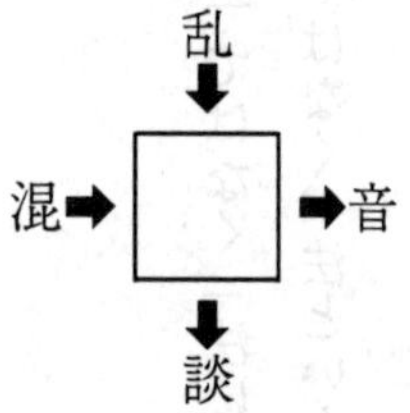

2024年度

麗澤中学校　▶解説と解答

算数　＜第１回試験＞（50分）＜満点：100点＞

解答

[1] (1) 16　(2) 74　(3) 12　(4) 18.9　(5) 0.9　(6) $2\frac{86}{105}$　(7) $\frac{1}{12}$　(8) $2\frac{2}{5}$　[2] (1) 90　(2) 200　(3) 7.5　(4) 10000　(5) 42　(6) 80　[3] (1) 正三角形　(2) 9個　(3) 3.5cm^3　[4]（例）解説を参照のこと。

解説

[1] 四則計算，計算のくふう

(1) $16-11+13-9+10-7+7-5+4-3+1=(16-11)+(13-9)+(10-7)+(7-5)+(4-3)+1=5+4+3+2+1+1=16$

(2) $8\times13+7-629\div17=104+7-37=111-37=74$

(3) $(66\times12-72\times9)\div(59-28-19)=(792-648)\div(31-19)=144\div12=12$

(4) $14.3\times2.4-9.75-5.67=34.32-9.75-5.67=24.57-5.67=18.9$

(5) $\{2.7\times1.5-(2.5-0.7)\}\div2.5=(4.05-1.8)\div2.5=2.25\div2.5=0.9$

(6) $4\frac{1}{5}-3\frac{2}{3}+2\frac{2}{7}=4\frac{3}{15}-3\frac{10}{15}+2\frac{2}{7}=3\frac{18}{15}-3\frac{10}{15}+2\frac{2}{7}=\frac{8}{15}+2\frac{2}{7}=\frac{56}{105}+2\frac{30}{105}=2\frac{86}{105}$

(7) $\left(1\frac{3}{4}-\frac{7}{9}\right)\div1\frac{1}{6}-1\frac{7}{11}\div2\frac{2}{11}=\left(\frac{7}{4}-\frac{7}{9}\right)\div\frac{7}{6}-\frac{18}{11}\div\frac{24}{11}=\left(\frac{63}{36}-\frac{28}{36}\right)\div\frac{7}{6}-\frac{18}{11}\times\frac{11}{24}=\frac{35}{36}\times\frac{6}{7}-\frac{3}{4}=\frac{5}{6}-\frac{3}{4}=\frac{10}{12}-\frac{9}{12}=\frac{1}{12}$

(8) $\left(1.2\times1.2+1\frac{2}{5}\div2\frac{1}{2}\right)\div1.25+1.5\times\left(\frac{13}{15}-\frac{1}{3}\right)=\left(\frac{6}{5}\times\frac{6}{5}+\frac{7}{5}\div\frac{5}{2}\right)\div\frac{5}{4}+\frac{3}{2}\times\left(\frac{39}{45}-\frac{15}{45}\right)=\left(\frac{36}{25}+\frac{7}{5}\times\frac{2}{5}\right)\div\frac{5}{4}+\frac{3}{2}\times\frac{24}{45}=\left(\frac{36}{25}+\frac{14}{25}\right)\div\frac{5}{4}+\frac{4}{5}=\frac{50}{25}\times\frac{4}{5}+\frac{4}{5}=\frac{8}{5}+\frac{4}{5}=\frac{12}{5}=2\frac{2}{5}$

[2] 数列，濃度《のうど》，速さと比，売買損益，長さ，体積

(1) 1／2，3／3，4，5／4，5，6，7／5，6，7，8，9／…のように組に分けることができる。各組の最後には，1，3，5，…のように奇数《きすう》が小さい順に並ぶから，初めて24が現れるのは，/…，24，25/という組の終わりから２番目とわかる。また，25は１からかぞえて，(25＋１)÷２＝13(番目)の奇数なので，この組は13組目である。さらに，１組目から13組目までに並んでいる個数の合計は，１＋２＋…＋13＝(１＋13)×13÷２＝91(個)だから，13組目の終わりから２番目の数は，左からかぞえて，91－１＝90(番目)の数とわかる。

(2) はじめの食塩水にふくまれていた食塩の重さは，$100\times\frac{3}{3+22}=12$(g)である。また，食塩水に水を加えても食塩の重さは変わらないので，水を加えて濃度が４％になった食塩水にも12gの食塩がふくまれている。よって，水を加えた後の食塩水の重さを□gとすると，□×0.04＝12(g)と表すことができるから，□＝12÷0.04＝300(g)と求められる。したがって，加えた水の重さは，

300－100＝200(g)である。

(3)　AさんとBさんの速さの比は，15：10＝３：２なので，２人がすれ違《ちが》うまでにAさんとBさんが走った距離《きょり》の比も３：２である。そこで，右の図①のように，２人がすれ違うまでにAさんが走った距離を$\boxed{3}$，Bさんが走った距離を$\boxed{2}$とすると，PQ 間の距離は，($\boxed{3}$＋$\boxed{2}$)÷２＝$\boxed{2.5}$となる。すると，$\boxed{2.5}$－$\boxed{2}$＝$\boxed{0.5}$にあたる距離が1500mとわかるから，$\boxed{1}$にあたる距離は，1500÷0.5＝3000(m)と求められる。したがって，PQ 間の距離は，3000×2.5＝7500(m)，7500÷1000＝7.5(km)である。

図①

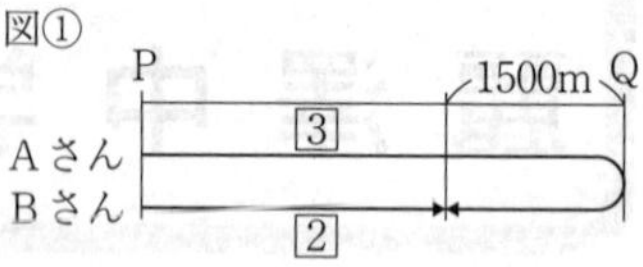

(4)　仕入れ値の合計は，500×100＝50000(円)である。また，１個あたりの定価は，500×(１＋0.3)＝650(円)なので，１日目の売り上げは，650×50＝32500(円)となる。さらに，２日目の１個あたりの値段は，650＋100＝750(円)だから，２日目の売り上げは，750×10＝7500(円)とわかる。よって，２日間の売り上げの合計は，32500＋7500＝40000(円)なので，50000－40000＝10000(円)の損をしたことになる。

(5)　右の図②で，点線部分はすべて円の半径で長さが等しいから，三角形 ABC と三角形 ABD は正三角形である。よって，角 CAD と角 CBD の大きさはどちらも，60×２＝120(度)なので，弧《こ》CD ２つ分の長さは，$6\times2\times3\times\frac{120}{360}\times2=24$(cm)とわかる。また，AB を直径とする円のまわりの長さは，６×３＝18(cm)だから，太線部分の長さの和は，24＋18＝42(cm)と求められる。

図②

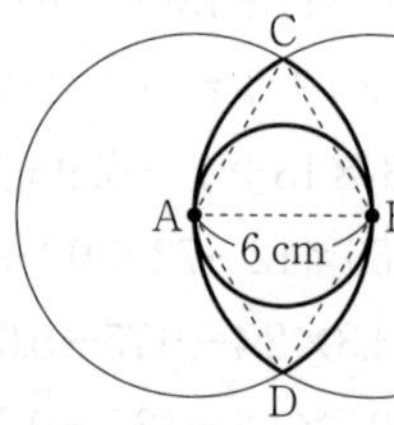

(6)　右の図③のようにOとC，OとDをそれぞれ結ぶと，角 AOC と角 DOB の大きさはどちらも，90÷６＝15(度)になる。また，FD と OB は平行なので，角 FDO の大きさも15度である。すると，三角形 OCE と三角形 DOF で，角OEC ＝角 DFO，角 COE＝角 ODF，OC＝DOとなるから，この２つの三角形は合同とわかる。よって，両方から共通部分の三角形 OFG を取り除くと，台形 EFGC と三角形 ODG の面積は等しくなるので，斜線《しゃせん》部分の面積はおうぎ形 ODC の面積と等しくなる。このおうぎ形の中心角は，15×４＝60(度)だから，斜線部分の面積は，$4\times4\times3\times\frac{60}{360}=8$ (cm^2)となり，立体の体積は，８×10＝80(cm^3)と求められる。

図③

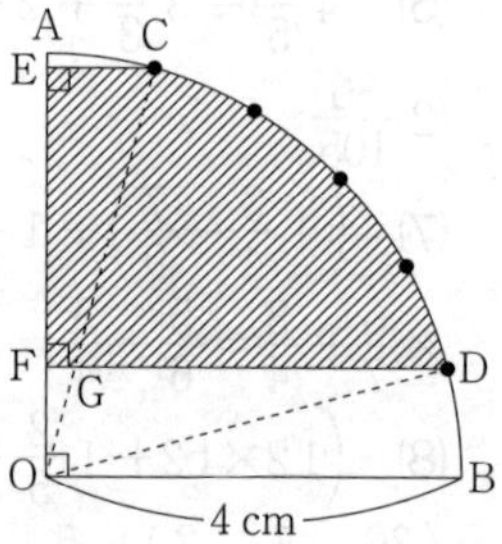

3　立体図形―分割，体積

(1)　切断面は三角形 ABC である。ここで，AB，BC，CA はすべて１辺の長さが３cmの正方形の対角線になっているから，長さは等しい。よって，三角形 ABC は正三角形である。

(2)　下の図①のように，上段には６個，中段には６個，下段には７個の立方体が使われている。また，それぞれの段の切り口について，上の面の切り口は太実線，下の面の切り口は太点線のようになり，これらにはさまれた立方体が切断される。よって，切断されるのはかげをつけた立方体であり，全部で，５＋３＋１＝９(個)ある。

図①

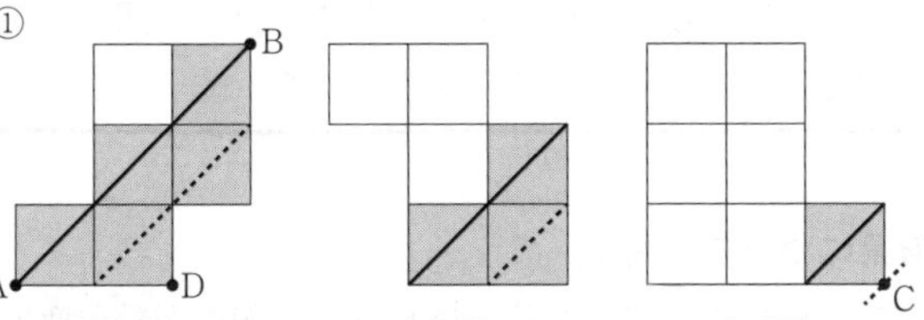

（上段）　（中段）　（下段）

図②

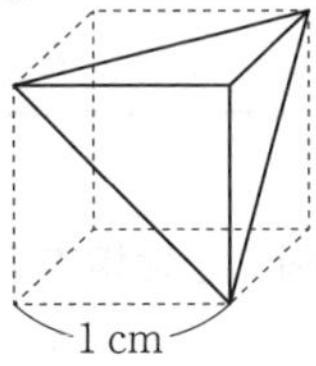

図③

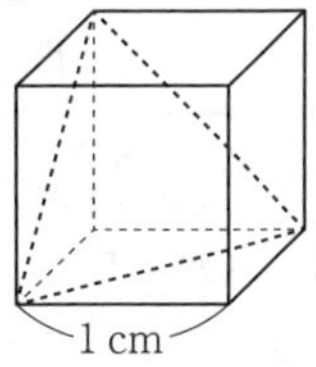

⑶　図①のかげをつけた９個の立方体のうち，太実線をふくむ立方体は，上の図②のように切断面の手前の三角すいが点Ｄ側になる。また，太点線をふくむ立方体は，上の図③のように切断面の手前の立体が点Ｄ側になる。ここで，図②の三角すいの体積は，$1\times1\div2\times1\div3=\frac{1}{6}$(cm³)なので，図③の立体の体積は，$1\times1\times1-\frac{1}{6}=\frac{5}{6}$(cm³)とわかる。図①の中に，太実線をふくむ立方体は６個，太点線をふくむ立方体は３個あるから，点Ｄがふくまれるほうの立体の体積は，$\frac{1}{6}\times6+\frac{5}{6}\times3=3.5$(cm³)と求められる。

4　分数の性質

８枚のピザを$\frac{2}{3}$枚ずつあげると何人に分けられるかを考える。はじめに，ピザ１枚を３等分すると$\frac{1}{3}$の大きさのピザが３つできる。ピザは８枚あるから，$\frac{1}{3}$の大きさのピザが合計で，$8\times3=24$(枚)できる。また，$\frac{1}{3}$の大きさのピザを１人に２枚ずつあげると，１人分の枚数は$\frac{2}{3}$枚になり，$24\div2=12$(人)がもらうことができる。つまり，８枚のピザをすべて$\frac{1}{3}$の大きさに分けて，１人２枚ずつ分けたと考える。これらの考え方を１つの式にまとめると，$8\div\frac{2}{3}=(8\times3)\div2=8\times(3\div2)=8\times\frac{3}{2}=12$と求められる。

〔ほかの考え方〕　わり算は，わられる数とわる数に同じ数をかけてから計算しても，答えは変わらない。よって，$8\div\frac{2}{3}$を計算するとき，わられる数とわる数に$\frac{3}{2}$をかけてから計算すると，$8\div\frac{2}{3}=\left(8\times\frac{3}{2}\right)\div\left(\frac{2}{3}\times\frac{3}{2}\right)=8\times\frac{3}{2}\div1=8\times\frac{3}{2}$となる。

社　会　＜第１回試験＞（30分）＜満点：50点＞

解　答

1　**問１**　**Ａ**　宮崎県　**Ｂ**　広島県　**Ｃ**　愛媛県　**Ｄ**　大阪府　**問２**　**ア**　Ｂ　**イ**　Ａ　**ウ**　Ｄ　**エ**　Ｃ　**問３**　かき　**問４**　タオル　**問５**　オ　**2**　**問１**　イ　**問２**　加工　**問３**　産業の空洞化　**問４**　エ　**3**　**問１**　銅鐸　**問２**　小野妹子　**問３**　フビライ(・ハン)　**問４**　朱印船　**問５**　関所　**問６**　イ　**問７**　710年　**問８**　ア　**問９**　ウ　**問10**　吉田兼好(兼好法師)　**問11**　エ　**問12**　ウ　**問13**　ア　**問14**　ア　**問15**　(例)　天保の改革では，倹約令で派手な生活を取りしまったため，華美な双六も禁止となった。　**4**　**問１**　エ　**問２**　八幡製鉄所　**問３**　ウ　**問４**　ア

問5 イ　**5** **問1** イ　**問2** (例) 18歳以上に引き下げられました　**問3** (1) ウ
(2) エ　**問4** **D** 4　**E** 3　**問5** イ　**問6** **F** 条例　**G** 50

解説

1 九州，中国，四国，近畿地方の都道府県についての問題

問1 **A** 宮崎県は，マンゴーの生産が沖縄県に次いで第2位，肉用若鶏《わかどり》の飼養羽数が鹿児島県に次いで第2位(2020年)で，沖合を暖流の日本海流(黒潮)が流れている。　**B** 広島県には，平清盛が崇拝《すうはい》した厳島《いつくしま》神社や，1945年にアメリカによって落とされた原子爆弾《ばくだん》の焼け跡《あと》として残っている原爆ドームがある。　**C** 愛媛県は，みかんの生産量が和歌山県に次いで第2位(2022年)で，伊予柑《いよかん》やポンカンなどのかんきつ類の栽培《さいばい》がさかんである。瀬戸内海ではマダイの養殖《ようしょく》が行われている。　**D** 大阪府では2025年に日本国際博覧会(万博)が開催《かいさい》される予定で，大阪は江戸時代から商工業の中心として発展し，「天下の台所」と呼ばれた。

問2 アは輸送用機械器具の出荷額が多いので自動車製造がさかんなB(広島県)，イは農業産出額が多く，そのうち畜産《ちくさん》の割合が大きいのでA(宮崎県)，ウは農業産出額が少なく，製造品出荷額が多いのでD(大阪府)，エは果実の割合が大きいのでC(愛媛県)となる。

問3 広島湾は，島や岬《みさき》に囲まれ波が静かで，山林から栄養豊富な川の水が流れこむことなどから，北部の海域を中心にかきの養殖がさかんである。

問4 今治《いまばり》市は，愛媛県北東部の瀬戸内海に面した都市で，江戸時代より綿栽培が行われ，綿織物の一大産地となった。明治時代終わりに始まったタオル生産が地場産業として発展し，現在では日本一の生産量をほこっている(2020年)。

問5 12～2月の日照時間に着目すると，bが最も短く，cが最も長い。よって，bは日本海側に位置し，北西の季節風の影響《えいきょう》で冬の降水量が多くなる島根県出雲《いずも》市，cは太平洋側に位置し，冬に晴天の日が続く宮崎県西都《さいと》市と判断できる。

2 日本の貿易の特色についての問題

問1 1970年代に2度の石油危機が起こると，石炭は石油に代わるエネルギーとして見直され，火力発電の燃料に再び多く使われるようになったが，そのほとんどを輸入に頼《たよ》っている。石炭の輸入先第1位はオーストラリア(67.2%)で，第2位はインドネシア(11.3%)，第3位はロシア(10.2%)となっている(2021年)。

問2 資源に恵《めぐ》まれない日本は，原油・石炭・鉄鉱石などの燃料や原材料を輸入し，それを工場で工業製品に仕上げてから輸出する加工貿易を中心として発展してきた。

問3 日本国内で工業製品を生産するよりも，中国などの海外で生産する方が土地代や人件費が安かったため，工場を国内から海外に移す企業《きぎょう》が増えた結果，日本国内の製造業が衰退《すいたい》する産業の空洞《くうどう》化が進んだ。

問4 2022年に日本の貿易赤字が大幅《おおはば》に増えたのは，第一に，為替《かわせ》レートが1ドル＝110円台から140円台となり，急速に円安が進んだことがあげられる。第二に，2月にロシアが隣国《りんごく》のウクライナに攻《せ》めこんだことにより，世界的にエネルギー源や穀物の価格が高騰《こうとう》したことがあげられる。

3 各時代の歴史的なことがらについての問題

問1 銅鐸《どうたく》は，弥生時代に宗教的な儀式《ぎしき》に用いられたと考えられているつり鐘《かね》の形をした青銅器で，

表面には建物や人物などの絵が描《えが》かれており，近畿地方を中心に発見されている。

問２　小野妹子は，聖徳太子の命令により607年に遣隋《けんずい》使として隋(中国)に派遣され，太子の手紙を中国の皇帝にわたしたことが『隋書』倭国伝に書かれている。

問３　フビライ・ハンは，モンゴル帝国の創始者チンギス・ハンの孫で，1260年に第５代モンゴル皇帝となり，中国を征服《せいふく》して国号を元と改めた。その後，日本をその支配下に置こうとしてたびたび使者を送ったが，鎌倉幕府に拒否《きょひ》されたため，大軍を率いて日本を攻めた(元寇《げんこう》)。

問４　江戸時代の初期に，朱印状と呼ばれる幕府の海外渡航《とこう》許可証を持ち，主に東南アジアで貿易を行った船を朱印船，その貿易を朱印船貿易という。

問５　関所は，防備などのために交通上の要所や国境に置かれた，荷物の検査などを行う施設《しせつ》で，特に「入り鉄砲に出女」を取り締《し》まった。「入り鉄砲に出女」は，江戸に鉄砲などの武器が持ちこまれること，参勤交代の制によって人質として江戸に住まわされている大名の妻が逃げ出すことを指す言葉である。

問６　世紀は西暦《せいれき》を100年単位で区切った範囲《はんい》で，１世紀は西暦１～100年にあたるので，７世紀は601～700年となる。

問７　710年，元明天皇は平城京に都を移した。この都は，唐《とう》(中国)の都である長安をまねてつくられ，都の北部には天皇の住まいである大内裏《だいり》があり，道は東西南北に碁盤《ごばん》の目のように走っていた。

問８　Ａは694年(藤原京)，Ｂは797年(坂上田村麻呂の征夷大将軍就任)，Ｃは741年(国分寺・国分尼《に》寺を建てさせる命令)，Ｄは672年(壬申《じんしん》の乱)のことなので，年代の古い順に，Ｄ→Ａ→Ｃ→Ｂとなる。

問９　保元の乱は，上皇と天皇の対立や摂政《せっしょう》・関白をめぐる争いから1156年に京都で起こった乱であるが，源氏が東北の安倍氏を滅《ほろ》ぼしたのは，1051年に東北で起こった前九年合戦においてである(Ｘ…誤)。保元の乱でともに勝利した平清盛と源義朝の権力争いから1159年に平治の乱が起こり，勝利した平氏が政治の実権を握《にぎ》った(Ｙ…正)。

問10　『徒然草《つれづれぐさ》』は，鎌倉時代末期に吉田兼好(兼好法師)が著《あらわ》した全243段の随筆《ずいひつ》で，日常生活の感想や世間に対する意見などがつづられている。

問11　『新古今和歌集』が成立したのは鎌倉時代初期で，絵入りの物語である『浦島太郎』や『一寸法師』などのお伽《とぎ》草子がつくられたのは室町時代である(エ…○)。なお，かな文字による文学作品が生まれたのは平安時代(ア…×)，『風土記』が成立したのは奈良時代(イ…×)，須恵器《すえき》が使われ始めたのは古墳時代である(ウ…×)。

問12　1543年にポルトガル人を乗せた中国船が種子《たねが》島(鹿児島県)に漂着《ひょうちゃく》して鉄砲を伝えて以来(ア…×)，ポルトガル人と貿易が行われるようになり，1584年にはスペイン人が平戸(長崎県)に来航し，日本との貿易を開始した。この貿易を南蛮《なんばん》貿易という(ウ…○)。なお，1587年のバテレン追放令によって宣教師の国外追放を命じたのは豊臣秀吉である(イ…×)。1624年にスペイン船，1639年にポルトガル船を来航禁止とした(エ…×)。

問13　豊臣秀吉は，明を征服しようと考え，その先導を朝鮮に依頼《いらい》したが断られたため，朝鮮に出兵した(ア…×)。

問14　江戸幕府はキリスト教の禁止を徹底《てってい》するため，人々を必ずどこかの寺院に所属させ，仏教徒であることを記した寺請《てらうけ》証文を発行させた(ア…○)。なお，問屋制家内工業に続き，マニュファクチュアともいわれる工場制手工業が発達した(イ…×)。東回り航路，西回り航路などの海上交通は，河村瑞賢《ずいけん》によって整備された(ウ…×)。公地公民制が行われたのは飛鳥～平安時代初めのことである(エ…×)。

問15　老中の水野忠邦が行った天保の改革では，悪化した財政を立て直すために倹約令が出され，華美《かび》な服装やぜいたくな食事が禁止されたので，色とりどりの華《はな》やかな双六《すごろく》も禁止の対象となった。

4 石炭と石油に関する江戸時代以降の歴史についての問題

問1　1854年，アメリカ東インド艦隊《かんたい》司令長官ペリーが軍艦7隻《せき》を率いて浦賀(神奈川県)に来航し，日本はアメリカとの間に日米和親条約を結んだ。これにより，下田(静岡県)・函館《はこだて》(北海道)の2港を開くこと，アメリカ船に水・食料・燃料などを提供することが約束された。

問2　八幡《やはた》製鉄所は，日清戦争の講和条約である下関条約によって得た巨額《きょがく》な賠償《ばいしょう》金などをもとに，ドイツ人技師の指導を受けて福岡県北部に設立された官営工場で，1901年に鉄鋼《てっこう》の自給を目指して操業を開始した。

問3　シベリア出兵を見越《みこ》した米の買い占《し》めによって米の価格が高くなったため，1918年に米騒動が起きた(ウ…○)。なお，ロンドン海軍軍縮条約の締結《ていけつ》と満州国を承認しないことに不満を持った青年将校が五・一五事件を起こしたのは，1932年である(ア…×)。日中戦争が始まったのは1937年である(イ…×)。ノルマントン号事件が起こったのは1886年である(エ…×)。

問4　1939年に第二次世界大戦が始まり，ヨーロッパでドイツの勢力が増すと，日本はドイツと結んで植民地であるベトナムに軍隊を進め，石油やゴムなどの資源を得ようとした。これに対し，アメリカは対日石油輸出の禁止の政策をとった(ア…○)。

問5　1973年に第四次中東戦争が起こると，アラブ諸国は欧米《おうべい》の国々や日本に対して原油価格を引き上げ，輸出量を減らすという行動に出た。これにより，石油危機(オイルショック)が起こった。

5 選挙についての問題

問1　性別や納税額などによって制限や差別されることがなく，一定年齢《ねんれい》以上の全ての国民に選挙権を与《あた》える選挙を普通選挙という。

問2　2015(平成27)年6月，選挙権が得られる年齢を「20歳以上」から「18歳以上」に引き下げる改正公職選挙法が成立し，2016年夏の参議院議員選挙から適用されることになった。

問3　(1)　参議院議員の任期は6年で，解散はなく，3年ごとに半数が改選されるため，3年ごとに参議院議員選挙が実施される。2022年に参議院議員選挙が行われているので，その3年前の2019年と，さらにその3年前の2016年にも参議院議員選挙が行われている。　(2)　5回の選挙とも，50歳代，60歳代，70歳代以上の投票率は全体の投票率を上回っている(エ…○)。なお，20歳代から60歳代にかけては，年代が上がるにつれ投票率も高くなっているが，70歳代はいずれの選挙でも60歳代の投票率より低い(ア…×)。最も低い投票率は2019年の20歳代の30.96%で，最も高い投票率である2017年の60歳代の72.04%の半分を下回っている(イ…×)。いずれの選挙でも20歳代の投票率が最も低い(ウ…×)。

問4　市議会議員の被選挙権は25歳以上，参議院議員の被選挙権は30歳以上であるので，昨年の市議会議員選挙で被選挙権が認められたのは，父，母，兄，姉の4人，来年の参議院議員選挙で被選挙権が認められるのは，父，母，兄の3人となる。

問５　累進《るいしん》課税は，収入が多くなるほど税率を高くすることで，収入の多い人から多く税金を集める仕組みで，調整をはかって格差を小さくするために，所得税などで採用されている。

問６　憲法と法律の範囲内で地方議会が制定し，その地方公共団体だけに適用される規則を条例という。住民には直接請求《せいきゅう》権が認められているため，有権者数の50分の１以上の署名を集めれば，条例の制定・改正・廃止《はいし》を請求することができる。

理　科　＜第１回試験＞（30分）＜満点：50点＞

解　答

1 ⑴ 2040m　⑵ オ　⑶ イ　⑷ ウ　⑸ ア　2 ⑴ Ｂ　⑵ Ｃ，Ｅ　⑶ ウ　⑷ イ　⑸ ウ　3 ⑴ エ　⑵ カ　⑶ ア　⑷ 食塩水　⑸ ウ，オ　4 ⑴ ㋕　⑵ 左心房　⑶ 解説の図を参照のこと。　⑷ ㋑，㋓　⑸ 52mL　⑹ ウ　5 ⑴ エ　⑵ ① 5　② **星の名称**…北極星　**円運動の向き**…反時計回り　③ イ

解　説

1 小問集合

⑴　気温が15℃のとき，音は１秒間に340m空気中を伝わるから，ある地点から音を聞いた人までの距離《きょり》は，340×６＝2040(m)となる。

⑵　ものが燃えるためには酸素が必要である。火のついたろうそくにガラスびんをかぶせると，ろうそくが燃えるときにガラスびん中の酸素が使われて減り，ろうそくが燃え続けるために必要な酸素が不足する。このため，ろうそくの火が消える。

⑶　グラフＡのように，周囲の温度が変化しても体温がほぼ一定に保たれる動物を恒《こう》温動物といい，ほ乳類と鳥類が当てはまる。また，グラフＢのように，周りの温度の変化にともなって体温が変化する動物を変温動物といい，は虫類，両生類，魚類が当てはまる。ワニ，トカゲ，ヘビはは虫類，コイは魚類，ニワトリは鳥類，カエルは両生類，キツネ，クジラ，ヒト，コウモリはほ乳類である。ここで，ヒトの体温は約36℃なので，ふつう，グラフＡのように40℃以上にはならない。また，冬眠中のコウモリは体温が下がっているので，グラフＡのようにはならない。よって，イが選べる。

⑷　台風は発達した低気圧で，中心に向かって風が反時計回りに吹《ふ》き込《こ》んでいる。北上する台風の場合，中心から見て東側では台風の進行方向と台風に吹き込む風の向きが一致《いっち》するため，風が強まる。

⑸　南アメリカのペルー沖から太平洋赤道海域までの海面温度が平年より上昇《じょうしょう》し，その状態が１年くらい続く現象をエルニーニョ現象という。エルニーニョ現象は世界中の異常気象の要因になると考えられている。

2 磁石の性質と電流による磁界についての問題

⑴　極Ａと極Ｂ，極Ｂと極Ｃの間の鉄粉のようすは，それぞれ図３のようになっているから，極Ａと極Ｂ，極Ｂと極Ｃは異なる磁極とわかる。また，極Ａと極Ｃの間の鉄粉のようすは図２のようになっているので，極Ａと極Ｃは同じ極とわかる。これより，図４では極Ｂだけが異なる極と考えら

れる。

(2)　極Ｃと極Ｄ，極Ｃと極Ｆの間の鉄粉のようすはそれぞれ図３のようになっているから，極Ｃは極Ｄ，極Ｆとは異なる極である。また，極Ｃと極Ｅの間の鉄粉のようすは図２のようになっているので，極Ｃと極Ｅは同じ極とわかる。(1)より，極Ａと極Ｃは同じ極だから，極Ｅも極Ａと同じ極となる。

(3)　Ｕ字磁石は両はしが異なる極になっているので，上から砂鉄をまくと図３のようになる。したがって，砂鉄の模様としてウが最も適切と考えられる。

(4)　導線に電流を流すと，導線のまわりに導線を中心として，電流が流れる向きに対して時計回りの磁界ができる。また，方位磁針の黒い針は北を示すのだから，黒い針はＮ極とわかる。図７で，方位磁針の近くでは電流は下から上の向きに流れていて，方位磁針は導線の上に置かれているので，方位磁針の黒い針は磁界の向きにそってｂの方にふれる。

(5)　方位磁針の上の導線を流れる電流の向きは，左側の回路と右側の回路で逆になっている。また，両方の回路とも電池が２個直列につながれているので，回路を流れる電流の大きさは等しい。よって，左側と右側の導線のまわりに生じる磁界が打ち消し合って，方位磁針は図８の状態のまま動かない。

3　水よう液の性質についての問題

(1)　石灰水に二酸化炭素を吹き込むと水にとけない炭酸カルシウムという物質ができるため，石灰水は白くにごる。なお，塩酸は無色とう明の液体で，炭酸水は弱い酸性を示し，アンモニア水には鼻をさすようなにおいがあり，食塩水は中性である。

(2)　赤色リトマス試験紙につけたとき青色に変化するのは，アルカリ性の水よう液である。したがって，ＢとＣはアルカリ性の水よう液とわかる。なお，赤色リトマス試験紙につけたとき，赤色のまま変化しないのは酸性と中性の水よう液である。よって，実験１だけではＡ，Ｄ，Ｅの水よう液が酸性か中性か判断できない。

(3)　気体がとけている水よう液を加熱して水を蒸発させると，とけていた気体が空気中ににげていくので，あとになにも残らない。なお，塩酸は気体の塩化水素，炭酸水は気体の二酸化炭素，アンモニア水は気体のアンモニアがとけている。すると，Ｃの水よう液はアルカリ性だからアンモニア水とわかる。

(4)　Ａの水よう液は固体がとけていて，アルカリ性の水よう液ではないので中性の食塩水とわかる。なお，Ｂの水よう液は固体がとけたアルカリ性の水よう液だから，固体の水酸化カルシウムがとけた石灰水となる。

(5)　(3)より，ＤとＥの水よう液は塩酸か炭酸水となる。塩酸を水酸化ナトリウム水よう液と混ぜると，中和がおきて食塩水になるが，炭酸水に水酸化ナトリウム水溶液を混ぜると中和は起こるが食塩水はできない。また，塩酸を加熱したときに出てくる塩化水素には刺《し》激《げき》臭《しゅう》があるが，炭酸水を加熱したときに出てくる二酸化炭素にはにおいがない。なお，塩酸も炭酸水も酸性の水よう液だからBTB液を加えると黄色になる。石灰水に吹き込むと白くにごるのは炭酸水で，塩酸にアルミニウムを入れると，アルミニウムがとけて気体の水素が発生する。

4　動物の心臓と血液の流れについての問題

(1)　メダカの心臓は，えらのすぐ後ろの腹側にある。

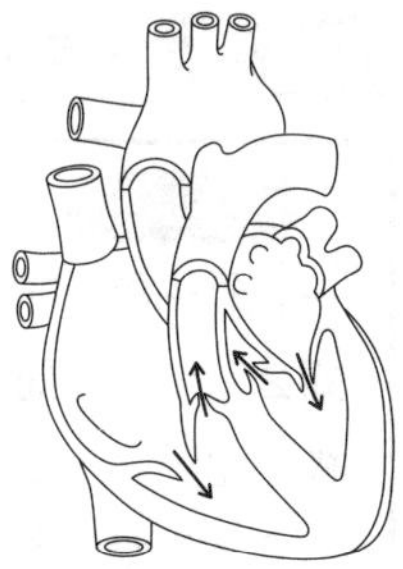

(2)　心臓の上側の部屋を心房《しんぼう》といい，Ｘはそのヒトの左側にある心房で左心房という。

(3)　心臓の下側の部屋を心室という。大静脈から右心房に送られた血液は，右心室に運ばれたあと肺に送られ，肺から左心房を通って左心室に送られる。したがって，血液の流れる向きを矢印で示すと，右の図のようになる。

(4)　肺で酸素を受け取った血液は，㋓の肺静脈を通って心臓に入り，㋑の大動脈を通って全身に送られる。したがって，酸素を多く含《ふく》む血液が流れる血管は㋑と㋓である。

(5)　6000Lは，6000×1000＝6000000(mL)で，１日の拍動数は，80×60×24＝115200(回)だから，１回の拍動で，6000000÷115200＝52.0…より，52mLの血液を押《お》し出したことになる。

(6)　Ａは２心房２心室だからほ乳類と鳥類，Ｂは２心房１心室なので両生類，Ｃは１心房１心室だから魚類，Ｄは不完全な２心房２心室なのでは虫類の心臓を表している。カナヘビ，スッポン，ヤモリ，クサガメはは虫類，ペンギンは鳥類，イモリとサンショウウオは両生類，カツオとキンギョは魚類，ウマはほ乳類のなかまである。よって，ウが選べる。

5　北の空の星についての問題

(1)　カシオペア(カシオペヤ)座は北の空の星座で，一晩じゅう見ることができる。

(2)　①　カシオペア座はＷの形に並んだ２等星と３等星の５個の星がよく目立つ。　②，③　地球は１日に１回西から東に向かって自転している。このため，北の空の星は，北極星を中心に反時計回りに運動しているように見える。このような見かけの運動を日周運動という。

英　語　＜第１回試験＞(60分)＜満点：100点＞

※　編集上の都合により，英語の解説は省略させていただきました。

解　答

Ⅰ　**A**　(1)　(例)　I like summer best.　(2)　(例)　It is in April.　(3)　(例)　I have two sisters.(I don't have any sisters.)　**B**　(1)　ai　(2)　th　(3)　o　(4)　or　**C**　(1)　ア　(2)　イ　(3)　イ　(4)　ア　(5)　イ　Ⅱ　**A**　(1)　エ　(2)　イ　(3)　イ　(4)　イ　**B**　(1)　イ　(2)　キ　Ⅲ　(1)　Saturday　(2)　6，21　(3)　radio　(4)　rice balls　(5)　7　Ⅳ　(例)　右の図　Ⅴ　(1)　money(cash)　(2)　apple　(3)　basketball　(4)　head　(5)　＄48　(6)　54　Ⅵ　**A**　①　イ　②　ア　**B**　オ→ア→エ→イ→ウ　**C**　**a**　オ　**b**　イ　**c**　ア　**d**　エ　**e**　ウ　Ⅶ　(1)　China　(2)　**A**　イ　**B**　ウ　**C**　エ　**D**　ア　(3)　イ　Ⅷ　(1)　**A**　(オ)　**B**　(イ)　(2)　**A**　(キ)　**B**　(ク)

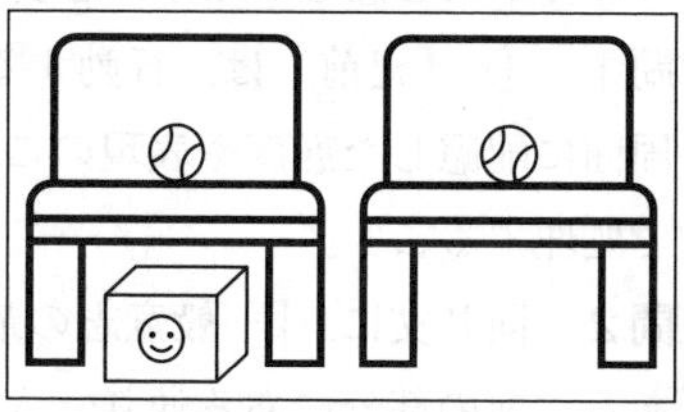

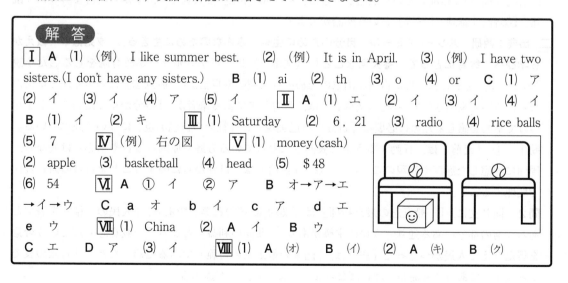

国　語　＜第１回試験＞（50分）＜満点：100点＞

解　答

一　①～⑧　下記を参照のこと。　⑨　油　⑩　雑　二　問１　①　ウ　②　イ　問２　オ　問３　Ⅰ　ア　Ⅱ　ウ　問４　エ　問５　a　少数の人びとの声　b　階級や党派　c　道徳性　問６　オ　問７　⑴　a　共感能力を発揮する　b　構成要員をできるだけ多く幸せにできるような　⑵　①，④　三　問１　①　エ　②　イ　問２　エ　問３　a　汚い　b　守られるべきもの　c　情けない　問４　ウ　問５　退治　問６　オ　問７　⑴　a　真面目　d　相対して向きあう　⑵　オ　⑶　（例）弱さがあり，魔がさしてあやまちをおかしてしまうこともあるが，同時に強さもきちんと持っている

●漢字の書き取り

一　①　奮(い)　②　郵送　③　穀倉　④　往復　⑤　常識　⑥　保証　⑦　尊敬　⑧　除雪

解　説

一　漢字の書き取り，熟語の完成

①　音読みは「フン」で，「奮起」などの熟語がある。　②　郵便で送ること。　③「穀倉地帯」は，たくさんの穀物が産出される農業地域のこと。　④　行きと帰り。　⑤　一般《いっぱん》人が共通に持っている普通《ふつう》の知識や分別。社会的にあたり前の意見や行為《こうい》。　⑥　人格や品質について間違《まちが》いがないと認め，責任を持つこと。　⑦　その人の人格や行為などを尊いものとして敬うこと。　⑧　積もった雪を取り除くこと。　⑨「油」を入れると，上から時計まわりに「灯油」「油絵」「油性」「給油」という熟語ができる。　⑩「雑」を入れると，上から時計まわりに「乱雑」「雑音」「雑談」「混雑」という熟語ができる。

二　出典：西研《にしけん》『ルソー エミール―自分のために生き，みんなのために生きる』，汐見稔幸《しおみとしゆき》『教えから学びへ　教育にとって一番大切なこと』。〈文章１〉は，哲学《てつがく》者ルソーが教育論をしるした小説『エミール』をもとに，真に自由な国家のための社会契約《けいやく》や自治，「一般意志」に基づく法とは何かなどについて説明されている。〈文章２〉は，教育学者である筆者が，「自分がやりたいこと」を見つけて幸せを感じるために必要な「自分の自己実現」と「社会の自己実現」について述べている。

問１　①「建前」は，行動するうえで表向きにとっている方針や原則。本音や本心とは異なる，周囲に配慮《はいりょ》した態度や表現のこと。　②「自治」は，自分たちに関することを自らの力と責任で処理すること。

問２　同じ文に，「一般意志の最高指揮」は「契約条項《じょうこう》の言葉」であり，「人民の主権」を表すとある。前の部分にある通り，人民に主権があり，「共同の利益」となる「一般意志」だという合意を得たうえで人民がつくった「法」は，「国家の最上位の規範《きはん》」であるため，たとえ「行政の長である国王」であっても従わなければならない。よって，オが選べる。

問３　Ⅰ「結論がまとまらない」ときには「最終的に多数決で決める」ことになるが，多数決はあくまでも「決めるための方法」でしかない，という文脈になる。よって，前のことがらに，ある

条件をつけ加えなければならない場合に用いる「ただし」が入る。　Ⅱ　前の「社会契約自体が解体し，破棄《はき》されかねない」ということを「国家の分裂《ぶんれつ》，内乱状態になりかねない」と，言いかえて説明している。よって，前に述べた内容をわかりやすくまとめて言いかえるときに用いる「つまり」が入る。

問４　「一般意志」は，互《たが》いの事情を表明してみんなで議論したうえで，「みんなが欲《ほっ》すること」として合意を得たものである。つまり，誰《だれ》かが独断で決定したり，自分の意見を取り下げるような人がいたり，話し合うことなく希望者の多さで決めようとしたりするものは「一般意志」にはならない。これに対して「全体意志」は，「すべての『個別意志』を集計した結果」であり，どのような意見が多かったのかということを示すものである。よって，ａとｂについて，どちらもあてはまるエがふさわしい。

問５　**ａ～ｃ**　同じ段落と，その前後で，多数決で法を決めてしまうと「少数派」が「犠牲《ぎせい》に」なり，「一部の人たちを苦しめる」ことになりかねないので，「少数の人びとの声」が反映されるように，その人たちの意見も聞く必要があると書かれている。また，法をつくる議会は「党派的な利害」を押《お》し出してはならず，ある特定の「階級や党派」の利益になるような法を成立させないようにしなければならないとあり，筆者は，もし「階級や党派」があっても「四つか五つ以上の複数が並存《へいぞん》」している状態で「それぞれの力が分散」する方がよいとルソーが述べていることにもふれている。そして，最後の段落で「何よりも大切なこと」として，筆者は，法案が「一般意志」であるかどうかを考え，その実現を目指せるような「道徳性をもった市民」がいなければならないと主張している。

問６　直前に，「お前が苦しいのはお前がちゃんと努力しないからだ」とあるので，“自分の行いの報《むく》いを自分自身が受けること”という意味の「自業自得」が入る。

問７　⑴　**ａ，ｂ**　〈文章１〉では，ルソーの小説の主人公であるエミールについて，「いろいろな立場の人間がいることを知り，それぞれの人への共感能力＝あわれみの力」を持っている人間だと説明されている。この「共感」することの大切さは〈文章２〉でも述べられ，最後の一文に，「自分の自己実現」が「社会の自己実現」へと近づくためには「共感能力を発揮すること」が必要であると筆者は書いている。そして「共感能力」があれば，「みんなで上手に支え合って」互いに救済し合うような社会，その社会の「構成要員をできるだけ多く幸せにできるような社会」にしていくことが可能になると述べられている。　⑵　〈文章１〉の第二段落にあるように，「一般意志」に基づく法をつくるためには，「みんなが欲すること」について議論し合うことが大切で，個人の都合や利益を主張するのをひかえるべきではないので，①は〈文章１〉の内容と合わない。また，多数決は法を決定する一つの手段ではあるが，それによって決められた法が「一部の人たちを苦しめる」こともあり，「多数の賛成がそのまま正当である」とは限らないので，③は〈文章１〉の内容と合う。そして，⑤のように，法をつくるさいには自分の利益や「党派的な利害」ばかりを考えるのではなく，「いろいろな立場の人間がいること」を考慮し，法案が「どんな人にとっても利益になるのか」を考えることが「真の意味での自治」につながるので，これも〈文章１〉の内容と合う。また，②は，「自分が心の深いところで本当に『やりたい』と思うこと」を実現するのが「自分の自己実現」であり，「人間は，自分の自己実現と社会の自己実現を結びつけて考えられる唯一《ゆいいつ》の動物」だと書かれた〈文章２〉の内容と合っている。〈文章２〉の筆者によれば，「人間は，周りで苦しんでいる人がいると，自分だけ上手《うま》くいっても幸せだと感じられない動物」であり，困っている人に「手を差し伸《の》べる」のは，人間の「本能」ともいえるので，④は合わない。よって，①と④が選べる。

三 **出典：まはら三桃《みと》『ひかり生まれるところ』**。神社で神職として働いている希美《のぞみ》は，過去におかしたあやまちをくやんで苦しみ続けていたが，宮司《ぐうじ》と話すうちに，心の中に希望を見いだす。

問１ ①「はぐらかされた」は，“大事なところをぼかされたり，ずらしたりして話をそらされた”という意味。　②「厄介《やっかい》」は，手数がかかって面倒《めんどう》なこと。

問２ 希美の「心の中」の「かさぶた」はしばらく姿を見せなかったが「確かに希美の中にあって」，「再び，希美をせせら笑うように脅《おびや》かし始めた」と書かれているので，気づかれないように息をおさえてじっとしているさまを表す，エの「息をひそめていた」が入る。

問３ **a～c** 直前にある通り，希美は，自分のことを「弱い人間」と言ったが，「自分に降りかかるいじめの刃《やいば》から逃《に》げ」るために，その「ほこ先」を同級生に向けようとしたことがあるので，「弱い」ではなく「汚《きたな》い」と表現するべきだと思った。そして，自分が「守られるべきものだ」と受け取られるような「弱い」という言葉を使うことで自分をかばおうとした「愚《おろ》かさ」を，希美は我ながら「情けな」いと感じたのである。

問４ 人間はもともと「弱い」存在で，その弱さが「ずるくあらわれることもあるし，情けなく見えることもある」と語る宮司の口元に，希美は「小さな光が見えたような気がした」と書かれている。自分の汚さになやむ希美が，これからどうあるべきかの糸口を宮司の言葉に感じたと考えられるので，ウが合う。

問５ 直前で，宮司が「〝叩《たた》き出し〟の儀式《ぎしき》」は「『魔《ま》』を退治する」儀式であり，「私たちの中にある弱さと対峙《たいじ》する儀式」だと述べ，「同じたいじでも意味が異なる」と発言していることや，直後で希美が「悪いものを打ちはらうこと」と「相対して向きあうこと」という「同音の単語の意味」を思い起こしていることから，「対峙」の同音異義語の「退治」が入ると考えられる。

問６ 「魔が差した，では言い訳できないような醜態《しゅうたい》をさらしたこともあります」などと語る宮司の「チャーミング」で「俗《ぞく》っぽい感じ」の笑顔を見て，思わず心がなごんだ希美は，宮司に親しみを感じたと読み取れるので，オが選べる。

問７ ⑴ **a**，**d** 宮司は「ものがたい」という言葉を使い，希美について「真面目《まじめ》に引きこもったのでしょうね」と，その律儀《りちぎ》な性格を言い当てている。また，問５でみたように，宮司は「〝叩き出し〟の儀式」について，「もともと弱く生まれつい」た人間が，自分の中にある「弱さと対峙する儀式」だと希美に言った。その言葉を受けて希美は，自分の弱さと「相対して向きあうこと」が大切だということに気がついたのである。　⑵ 希美は，自分に「神職としての充分《じゅうぶん》な資格がある」と言ってくれた宮司に「ありがとうございます」と言ったものの，まだそれを受け入れることができず，苦しみをかかえたままなので，波線部Ｉのあとでは「うなだれるようにうなずいた」のだと考えられる。しかし，宮司の「闇《やみ》を見た奥山《おくやま》さんには，同時に光も見つけられたはずです」という言葉によって，希美は，今まぎれもなく「自分が見つけた光の中にいる」と実感し，前向きな気持ちになりはじめたので，「はい」と言いながら「深くうなずいた」のだと考えられる。よって，オがふさわしい。　⑶ 宮司は，人間は弱いものなので「魔」が差したときには，失敗したり，あやまちをおかしたりすることもあるが，「弱いばかり」ではなく「強さだってちゃんと持って」いると考えている。このことから，「弱さにつけこむ『魔』のせいであやまちをおかすこともあるが，『弱さ』だけでなく『強さ』も持っている」などとまとめるとよい。

2024年度 麗澤中学校

【算　数】〈第３回試験〉（50分）〈満点：100点〉

1　次の計算をしなさい。

（１）　$1 + 4 + 10 + 19 + 31 + 46 + 64$

（２）　$6 \times 17 - 9 - 546 \div 13$

（３）　$(45 \times 7 - 21 \times 11) \div (71 - 28 - 29)$

（４）　$28.46 + 5.57 - 14.07$

（５）　$1.23 \times 5 - 2.1 \times 1.2 - 2.69$

（６）　$5\frac{1}{3} + 2\frac{3}{4} - 4\frac{2}{5}$

（７）　$\left(3\frac{3}{13} - 2\frac{4}{11}\right) \div 1\frac{5}{26} \times 2\frac{3}{4}$

（８）　$\left(3\frac{5}{6} + 1\frac{2}{9}\right) \div 3.25 \div \left(1.5 \times 1.5 - \frac{1}{2}\right)$

2 次の □ にあてはまる数を答えなさい。

（１） 下の数字の列は，ある規則にしたがって並んでいます。

0，2，6，12，20，□，42，…

（２） 濃《のう》度 12％の食塩水 300 g と濃度５％の食塩水 400 g を混ぜました。この食塩水 □ g の中に，食塩は 16 g 含まれています。

（３） A さんは家から □ m 離《はな》れた本屋まで分速 180 m で行き，本屋に 30 分いたあと，本屋から自宅まで分速 135 m で戻ったところ，家を出てから１時間 26 分後に家に帰ってきました。

（４） ある商品を１個だけ仕入れて，その商品に３割の利益を見こんで定価をつけました。しかし，売れなかったので定価の 20％引きで売ったところ，利益は仕入れ値の □ ％になりました。

（５） 半径５cm の４つの円が下の図のように重なっています。斜線《しゃせん》部分の面積は □ cm^2 です。ただし，円周率は 3.14 とします。

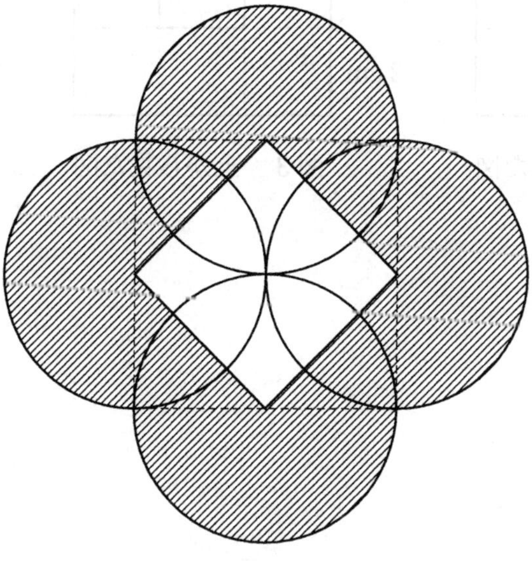

（６） 下の図１は１辺の長さが６cmの立方体から図２，図３，図４のように正面と上，横からそれぞれの面の反対側までまっすぐにくりぬいた図形です。残った部分の立体の体積は □ cm^3 です。

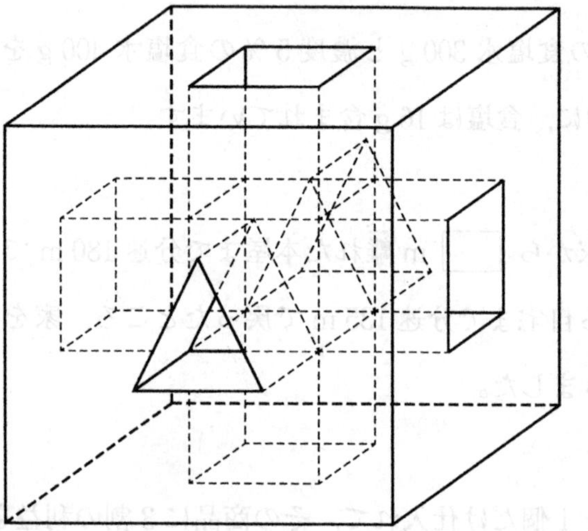

図１

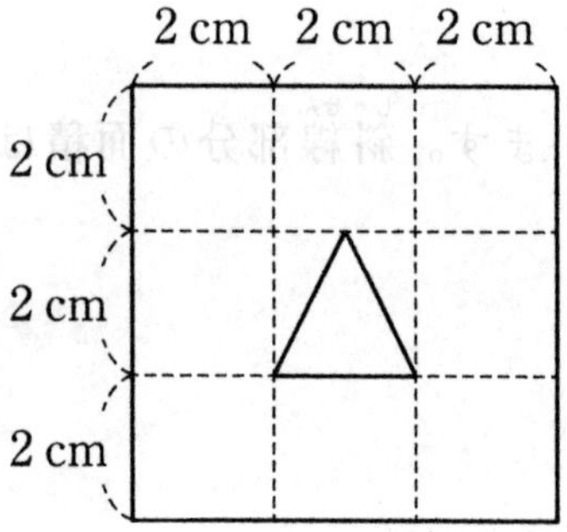

図２　正面から見た図

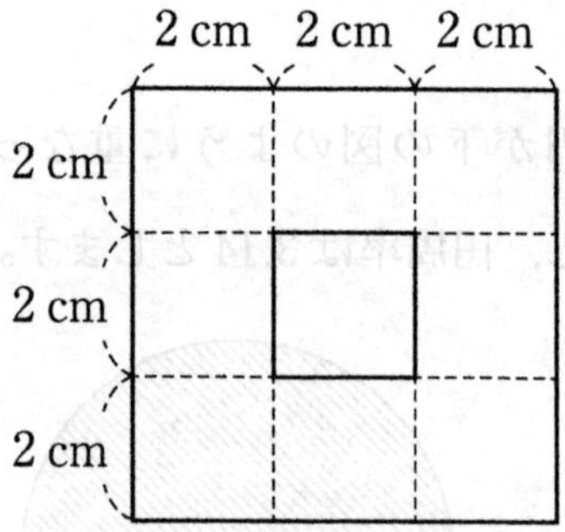

図３　上から見た図

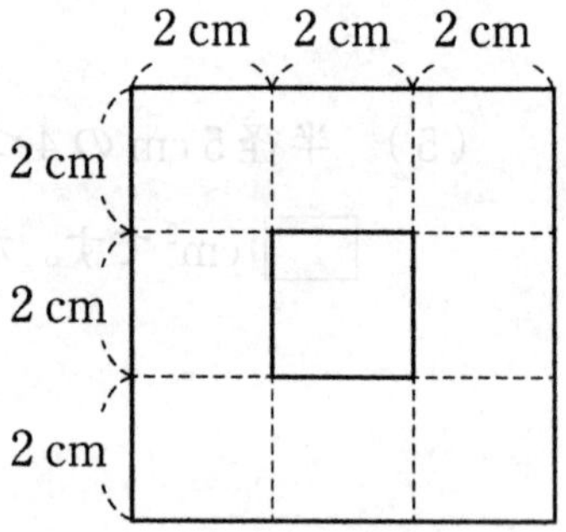

図４　横から見た図

3　れい太さんとれい子さんは，下の問題について話しています。次の問いに答えなさい。

問題

右の図において，辺 AB，BC，CA の長さはそれぞれ 7 cm，6 cm，5 cm です。このとき，BD：CD を求めなさい。ただし，同じ印の角は等しい角度です。

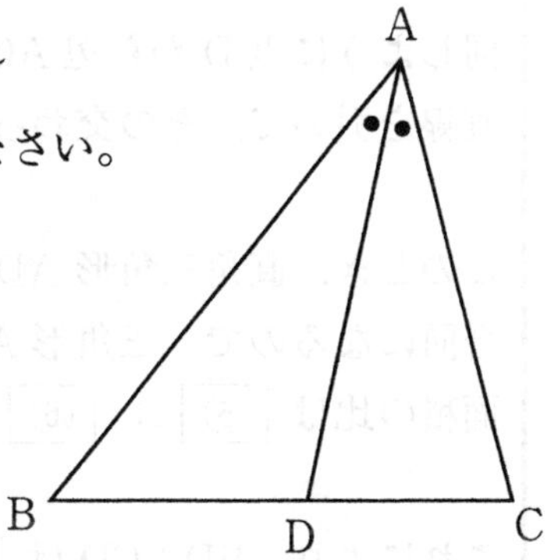

〔れい太さんの考え〕

点 C を通り，AD に平行な直線と，BA を延長した直線が交わった点を E とします。

AD と CE は平行なので，角アと角イは●と等しくなります。

よって，AE の長さは ① cm です。

さらに AD と CE は平行なので，

BD の長さは ② cm です。

したがって，BD：CD は ③ ： ④ です。

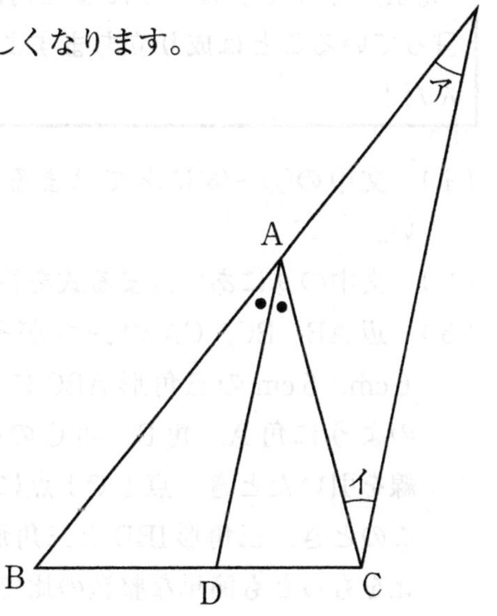

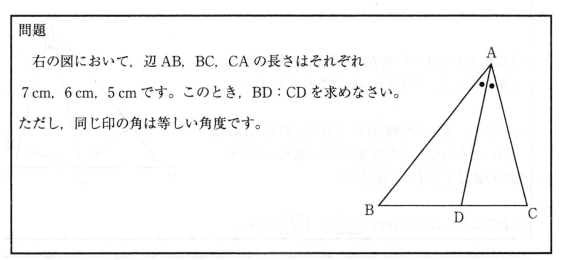

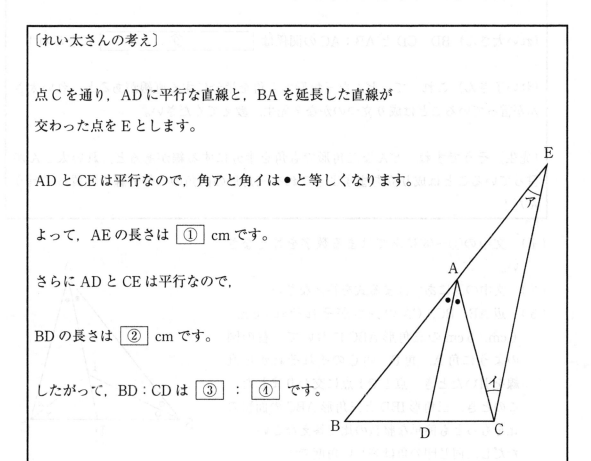

〔れい子さんの考え〕

点Ｄから辺ABに垂直に交わるように直線を引いて，その交わった点をＦとします。

同じように点Ｄから辺ACに垂直に交わるように直線を引いて，その交わった点をＧとします。

このとき，直角三角形ADFと直角三角形ADGは合同になるので，三角形ABDと三角形ACDの面積の比は ⑤ ： ⑥ です。

これにより，BD：CDは ⑦ ： ⑧ です。

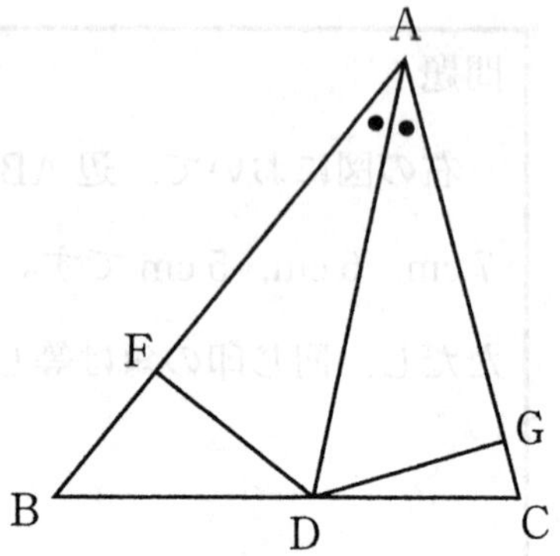

〔れい太さんとれい子さんによるまとめ〕

(れい太さん) BD：CDとAB：ACの関係は ⑨ になるね！

(れい子さん) これって，どんな三角形でも角を半分にする直線があると，れい太さんが言っていることは成り立つのかな？先生，教えてください。

(先生) そうですね。どんな三角形でも角を半分にする線があると，れい太さんが言っていることは成り立ちますよ！これを三角形の内角の二等分線の性質って言うんだ！

（１） 文中の①～⑧にあてはまる数字を答えなさい。

（２） 文中の⑨にあてはまる式を答えなさい。

（３） 辺AB，BC，CAの長さがそれぞれ７cm，６cm，５cmの三角形ABCにおいて，右の図のように角Ａ，角Ｂ，角Ｃのそれぞれから直線を引いたとき，点Ｉで１点に交わりました。このとき，三角形IBDと三角形ABCの面積の比をもっとも簡単な整数の比で答えなさい。ただし，同じ印の角は等しい角度です。

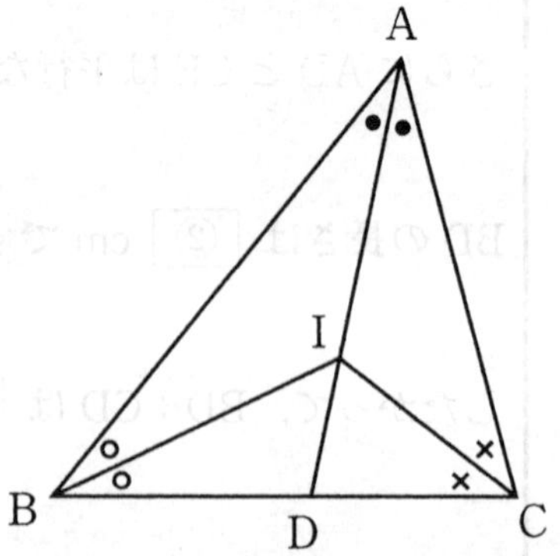

4　A △ B と A ▼ B を以下のように計算をするものとします。

$$A \triangle B = (A - B) \times (A + B),\quad A \blacktriangledown B = A \times A - B \times B$$

例えば，$3 \triangle 2 = (3 - 2) \times (3 + 2) = 5$，$3 \blacktriangledown 2 = 3 \times 3 - 2 \times 2 = 5$ です。このとき，次の問いに答えなさい。

（１）　13 △ 5，13 ▼ 5 をそれぞれ求めなさい。

（２）　2025 の約数のうち，８番目に大きいものを求めなさい。

（３）　A △ B ＝ 2024 となる A と B を１組答えなさい。ただし，A より B のほうが小さいとします。

先生　鑑賞とはあくまで作品を味わうことが目的ですから、どのようなことを感じるかは自由です。けれど、いろいろな知識を身につけることで、味わい方が変わることもあるかもしれません。たとえば**【文章2】**の筆者は、同じく金子みすゞさんが書いた他の詩を知っていて、このように書いたと考えることもできます。

(1) 空欄[a]〜[c]に入る言葉を、それぞれ指定された字数に従って、**【文章1】**・**【文章2】**の中から抜き出して答えなさい。

(2) 空欄[X]・[Y]に入る言葉を、それぞれ二十字以内で考えて書きなさい（句読点等も字数に含《ふく》む）。

(3) 傍線部《ぼうせんぶ》に「他の詩」とありますが、ここで先生が示す詩として最も適当なものを次の中から一つ選び、記号で答えなさい。

ア

草原

露《つゆ》の草原
はだしでゆけば、
足があおあお染《そ》まるよな。
草のにおいもうつるよな。

草になるまで
あるいてゆけば、
私のおかおはうつくしい、
お花になって、咲《さ》くだろう。

（『金子みすゞ全集Ⅰ』による）

イ

蜂《はち》と神さま

蜂はお花のなかに、
お花はお庭のなかに、
お庭は土塀《どべい》のなかに、
土塀は町のなかに、
町は日本のなかに、
日本は世界のなかに、
世界は神さまのなかに。
そうして、そうして、神さまは、
小ちゃな蜂のなかに。

（『金子みすゞ全集Ⅱ』による）

ウ

箱庭

私のこさえた箱庭を
誰も見てはくれないの。
お空は青いに母さんは
いつもお店でせわしそう。
祭りはすんだにかあさんは
いつまであんなに忙《いそが》しい。
蟬《せみ》のなく声ききながら
私はお庭をこわします。

（『金子みすゞ全集Ⅰ』による）

問一　空欄《くうらん》［Ⅰ］に入る部首の名前を、ひらがな四字で書きなさい。

問二　空欄［Ⅱ］に入る言葉を、【詩】の中から抜《ぬ》き出して書きなさい。

問三　次は、あるクラスの国語の授業で、【詩】と【文章１】・【文章２】について、［表］を用いながら話し合ったものです。これを読んで、後の問いに答えなさい。

先生　鑑賞文とは、芸術作品や文学作品を味わい、その作品が表現したいことについて、自分の考えをまとめた文章のことです。【文章１】・【文章２】は、それぞれ異なる人が書いています。

Aさん　二つの文章は、どちらも似たことを言っているようだけれど、少しちがう点があるように思いました。

先生　よいところに気がつきましたね。確かにこの二つの文章では、【詩】のとらえ方が異なっています。わかりやすいように、［表］にまとめてみましょう。

［表］

<table>
<tr><td rowspan="2">【文章１】</td><td>お母さん</td><td rowspan="2">かなしみやつらさに寄りそってくれる［a（四字）］存在。＝［b（四字）］の存在。</td></tr>
<tr><td>仏さま</td></tr>
<tr><td rowspan="2">【文章２】</td><td>お母さん</td><td>［a］けれど、さびしさは消してくれない存在。</td></tr>
<tr><td>仏さま</td><td>［c（十字）］くれる存在。</td></tr>
</table>

Bさん　こうしてまとめてみると、ちがいがよくわかります。【文章１】では、［X］であるけれど、【文章２】では、［Y］であるということだと思います。同じ詩なのに、とらえ方が異なってしまってもよいものなのでしょうか。

三　次は、金子《かねこ》みすゞ《ず》さんの【詩】と、それについての鑑賞《かんしょう》文【文章１】・【文章２】です。これらを読んで、後の問いに答えなさい。ただし、設問の都合により、文章ならびに表記は一部変更《へんこう》されています。

【詩】

さびしいとき

私がさびしいときに、
よその人は知らないの。

私がさびしいときに、
お友だちは笑うの。

私がさびしいときに、
お母さんはやさしいの。

私がさびしいときに、
仏さまはさびしいの。

【文章１】

わたしがさびしいときに、仏さまは自分のことのように、「さびしいな」と、こだましてくださるのです。

「私がさびしいときに、／お母さんはやさしいの。」

わたしがさびしいときに、お母さんはやさしくしてくれるのです。やさしいとは、どういうことでしょうか。漢字を見るとわかります。

「やさしい」は、「優《やさ》しい」と書きます。 Ⅰ に憂《うれ》いという字です。つまり、つらい人、かなしい人がいたら、その隣《となり》に人が寄りそって、「つらいね」「かなしいね」と、こだましてあげる、うなずいてあげることがやさしいのです。ですから、ちがうことばでいうと、「私がさびしいときに、／お母さんは Ⅱ 。」ということです。

お母さんも仏さまも、きちんとこだましてくれる、最善最良の存在なのですね。

（矢崎節夫《やざきせつお》 選・鑑賞『矢崎節夫と読む金子みすゞ 第二童謡集 空のかあさま』による）

【文章２】

みすゞの寂《さび》しさを、まわりの他人は知らない。寂しいといえば、友だちは寂しいなんておかしいと笑うだけ。誰《だれ》も自分の胸中の切なさをわかってはくれない。でも、母は優しくしてくれた。寂しさは消えなくても、母からは優しさをもらった。それでも、深い寂しさは、いよいよ胸に※沈潜《ちんせん》してゆく。その寂しい胸のうちを「仏さま」にうち明けると、「仏さま」は「さびしいね」とこたえてくれたのであった。

「仏さま」は、一緒《いっしょ》に寂しさを分かちあってくれたのである。私が寂しいというと、「仏さま」も「さびしいね」とこだましてくれたのである。それによって、みすゞの寂しさも哀《かな》しみや痛みも、ほろりと溶《と》けていったことであろう。

（上山大峻《うえやまだいしゅん》・石川教張《いしかわきょうちょう》『金子みすゞ 祈《いの》りのうた』による）

※注 「沈潜して」…深くしずんで。

問八　傍線部Eに「私と音楽とのかかわりあい」とありますが、次に示すのは、この文章を読んだ児童がその内容について、筆者が音楽に救われたことに着目してまとめたノートの一部です。空欄［ a ］・［ b ］に入る言葉を、それぞれ指定された字数に従って、本文中から抜き出して答えなさい（句読点等も字数に含む）。

> 「私と音楽とのかかわりあい」
>
> 小学生時代から、筆者は音楽の楽しさを知って、常に音楽とかかわってきた。
>
> つらい闘病で［ a （十字） ］時、筆者の心を救ってくれた。
>
> ←
>
> ◎音楽には［ b （七字） ］がある。
>
> ←
>
> 医師になり、「音楽療法」を知って、日本の医療の場に取り入れた結果、患者さんの治療にさまざまな効果があることがわかってきた。

問九　次の文はこの文章で筆者が伝えたいことをまとめたものです。空欄に入る言葉を、本文中の言葉を用いて、四十字以内でわかりやすく説明しなさい（句読点等も字数に含む）。

> 自分にとってマイナスに思える体験であっても、［　　　　　　　　］ことを覚えておいてほしい。

問五　傍線部Bに「患者さん自身を診る」とありますが、その説明として最も適当なものを次の中から一つ選び、記号で答えなさい。

ア　患者さんの話をよく聞いて精神の安定をはかり、積極的な医療行為《こうい》は行わずに自然な治癒《ちゆ》を目指す。

イ　患者さんの病状で一般《いっぱん》的によく痛みが出るところをさすってあげたり、温めてあげたりする。

ウ　患者さんの検査結果のデータをきちんと管理し、試行錯誤《さくご》をくり返しながら治療する。

エ　患者さんの症状についてさまざまな文献《ぶんけん》を調べ、新薬があれば積極的に使って治療する。

オ　患者さんの気になっていることを聞き、その人の不安な気持ちに寄り添《そ》って治療する。

問六　傍線部Cに「肺結核にかかったおかげ」とありますが、ここには筆者のどのような考えが表れていますか。説明として最も適当なものを次の中から一つ選び、記号で答えなさい。

ア　肺結核にかかるという悲惨《ひさん》な体験が結果的に自分を戦死から救ってくれたというところに人生の皮肉を感じるという考え。

イ　難病の肺結核を克服しただけでなく、軍隊への召集もまぬかれて戦死せずにすんだ自分の運の強さを誇《ほこ》るという考え。

ウ　肺結核にかかったことはつらかったが、それにより軍隊への召集をまぬかれて戦死せずにすんだことを感謝するという考え。

エ　結果的に軍隊への召集をまぬかれて戦死せずにすんだため、つらくはあったが肺結核になってよかったと喜ぶという考え。

オ　肺結核という不幸が戦死をまぬかれるという幸福につながり、人生の幸不幸はわからないものだと受け入れるという考え。

問七　傍線部Dに「私はきみたちに、できるだけ幅広い趣味を持つことをすすめます」とありますが、次の文は筆者にとっての「趣味」についてまとめたものです。空欄［ａ］・［ｂ］に入る言葉を、それぞれ指定された字数に従って、本文中から抜き出して答えなさい（句読点等も字数に含《ふく》む）。

> 筆者の人生を豊かにし、つらく苦しいときに［ａ（十四字）］ものであり、やがて本来の仕事と結びついて、［ｂ（十字）］になっていった。

問二　傍線部Ａに「こんな体験」とありますが、これについて二人の児童が話しています。空欄《くうらん》［ａ］・［ｂ］に入る言葉を、それぞれ指定された字数に従って、本文中から抜《ぬ》き出して答えなさい。

Ａさん　筆者は憧れの大学に合格して、充実した学生生活を送り始めたのに、突然《とつぜん》の病気で、療養のために休学せざるをえなくなったんだね。

Ｂさん　それまで順調だったぶん、挫折感は大きかっただろうな。［ａ（十七字）］気持ちになるわけだね。

Ａさん　あせりと絶望にさいなまれるとともに、死の恐怖におそわれたとも言っているね。

Ｂさん　うん。それにせっかく治ったのに、喜びより失意や不安のほうが大きかったなんて、つらいよね。

Ａさん　でもその後、医師として患者さんの「つらい心」を察するうえで自分の大病の経験が役立つことに気づいて感謝しているね。

Ｂさん　筆者は実際に、つらく苦しい闘病体験が自分を医師として成長させてくれた［ｂ（七字）］ものに変わったという体験をしたんだね。この一連の出来事を「こんな体験」と言っているんだね。

問三　空欄［Ⅰ］に入る語として最も適当なものを次の中から一つ選び、記号で答えなさい。

ア　真っ青　　イ　真っ平ら　　ウ　真っ白　　エ　真っ二つ　　オ　真っ暗

問四　空欄［Ⅱ］・［Ⅲ］に入る語として最も適当なものを次の中からそれぞれ一つずつ選び、記号で答えなさい。ただし、同じ記号は一度しか選べないものとします。

ア　あるいは　　イ　ところで　　ウ　だから　　エ　しかも　　オ　なぜなら

※注　「満喫」…満足するまで味わうこと。
「ミッションスクール」…キリスト教の精神にもとづいて設立された学校。
「コロニアル風」…建築様式の一つ。
「悶々とした」…もだえ苦しむ様子。
「徴兵検査」…一定の年齢《ねんれい》の男子に対して、兵役に服する資格の有無を判断する検査。
「蓄音機」…レコードの音を再生する装置。
「ダビデ」…第二代イスラエル王。本文の話はサウル王に仕え始めた若いときのこと。

問一　傍線部《ぼうせんぶ》①の「原始的な」・②の「からくも」の本文中の意味として最も適当なものを次の中からそれぞれ一つずつ選び、記号で答えなさい。

①「原始的な」
ア　乱暴で非常識な。　イ　自然のままで単純な。
ウ　素朴《そぼく》で頼《たの》もしい。　エ　本能に期待するような。

②「からくも」
ア　幸いなことに。　イ　奇跡《きせき》的にも。
ウ　意外にも。　エ　やっとのことで。

音楽には人を「癒《いや》す」力があるのだと、そのとき私は実感しました。

闘病生活が半年を超え、日によっていくらか体が楽に感じられるときは、レコードを聴《き》きながら、メロディーを音符《おんぷ》に書き写し、Ⅲ、頭の中に生まれる旋律を譜面《ふめん》に書き取って勉強し、和音についての勉強もして、自分で作曲するようになりました。そうすることで、沈《しず》んでいく心を奮い立たせ、なんとか心の平静を保とうとしたのです。

私がゆっくりとでも病気回復の道をたどることができたのは、出口の見えない闘病生活の中で、音楽が心のよりどころになってくれたからこそでした。

医師になってからも、E**私と音楽とのかかわりあい**は途切《とぎ》れることがありませんでした。

三十年前、病気のつらさを音楽でやわらげる「音楽療法」というものが外国にあるのを知ったときは「これだ！」と思い、さっそく日本に取り入れることを考えました。そういう大きな決断ができたのも、病床で音楽を聴き「自分は救われた」と感じた切実な体験があったからです。そもそも、古代ローマの時代から音楽は人の心だけでなく、体の不調をも癒してくれるものとして知られていました。たとえば、『旧約聖書』には初代イスラエル王・サウルが患《わずら》っていたうつ病を、※ダビデが竪琴《たてごと》を奏《かな》でて癒したという話が載《の》っていますし、これと似たような話はほかにも数多く伝わっています。

実際、音楽を医療の場に取り入れてみると、患者さんの治療にさまざまな効果があることがわかってきました。いま私は、日本音楽療法学会の理事長として、音楽の癒しの力を科学的データにするための研究にも力を注いでいます。

最初は趣味だった音楽が、次第に私の中で大きくなり、私の本来の仕事である医療と結びついた「音楽療法」として、ライフワークのひとつになっています。そして今、日本音楽療法学会の理事長の役を引き受けています。これも、なにかの縁《えん》としか言いようがありません。

人生最悪の体験が、さまざまな経験を経ることで、あれはかけがえのない体験だったとわかってくる——それが人生というものの思いがけなさであり、おもしろさでもあります。

きみたちも、何かに失敗したり、つらい目に遭《あ》ったりしても、くよくよするのはやめましょう。どんなにつらくても、人生に無駄《むだ》な失敗などひとつもありません。失敗や、つらい体験のなかにこそ、貴重なことを学べるチャンスが必ず隠《かく》されていることを、どうか忘れないでください。

（日野原重明『15歳の寺子屋　道は必ずどこかに続く』による　※設問の都合により、文章ならびに表記は一部変更《へんこう》されています）

「ああ、ありがとうございます。とても楽になりました」

と喜んでくれます。こうした動作がごく自然に患者さんにできるのも、私が病気をして、床ずれがどんなにつらいものかを、身をもって知っていたからでしょう。

いまとなっては、あれほどつらかった自分の闘病生活に感謝したい気持ちです。もし、あの過酷《かこく》な体験をすることなく、順調に出世コースを歩んで医学部教授になっていたら、私は患者さんの痛みやつらさを理解できない尊大な医者になっていたかもしれません。

つけ加えれば、私が九十七歳《さい》のいままで命をながらえ、元気でいられるのは、C**肺結核にかかったおかげ**なのです。

大学に復学した私はまもなく※徴兵《ちょうへい》検査を受けましたが、結核の後遺症のため丙種《へいしゅ》合格（甲種《こうしゅ》、乙種《おつしゅ》につぐ最下位の合格順位。当時、現役《げんえき》の兵役には不適格とされた）の診断がくだされ、軍隊への召集《しょうしゅう》をまぬかれることができました。

第二次世界大戦に出征《しゅっせい》した私の同級生たちの三分の二近くは戦死しましたから、もし、私が病気にならなかったら、おそらく異国の戦場で彼《かれ》らと同じ運命をたどったはずです。私は自分の幸運に感謝するとともに、戦地で亡《な》くなった多くの同級生のためにも、戦争で生き残ったものの義務として、「いのち」の大切さをいまも、訴えつづけています。

ところで、きみたちは何か趣味《しゅみ》を持っていますか？

D**私はきみたちに、できるだけ幅広《はばひろ》い趣味を持つことをすすめます**。趣味は、きみたちの人生を豊かにし、苦しいときには、きみの心の支えになってくれるからです。

私の場合は音楽を趣味に持ったことで、人生がずいぶん豊かなものになりました。

小学生時代、クラスメートたちから冷やかされながらもピアノの練習に夢中になり、音楽の楽しさを知った私は、中学から大学まで合唱団に所属するなど、常に音楽とかかわってきました。

肺結核で寝たきりだった私の、たったひとつの楽しみも音楽でした。ベッドであお向けになったままで、本を読むことすらままならない私のために、家族が枕元《まくらもと》でレコードをかけてくれました。

昔のレコードというのはいまのCDより、はるかに音質が悪く雑音も多く、一枚の円盤《えんばん》に一曲だけ録音されていたのですが、その※蓄音機《ちくおんき》から流れ出る美しい旋律《せんりつ》に、ふさぎこみがちだった私の心は、大いになぐさめられました。ときには胸膜炎の言葉にできない苦しさや、床ずれの不快きわまりない痛みすら、忘れることができたのです。

灯のあかりを見るだけでゾッとなり、気が滅入《めい》りました。

長い長い絶望的な夜を二百日以上も過ごし、ようやく、熱が下がりだして、なんとかベッドから起き上がることができるようになったのは、結核の療養生活に入って八か月もたってからでした。私は②**からくも**死の危機を脱《だっ》することができたのです。

しかし、当の私には病気を克服《こくふく》した喜びより、勉強で友人たちに完全におくれをとってしまったという失意のほうがはるかに大きかった。［Ⅱ］、病後の体調は思わしくなく、せっかく一年遅《おく》れて大学に復学したのに、なかなか授業に集中できません。今度は「こんな体調で本当に医師になれるのだろうか?」という不安感にさいなまれるようになりました。

大学入学までは、きわめて順調にきていただけに、初めて体験した挫折《ざせつ》感は、私に計り知れないほど大きな精神的ダメージを与《あた》え、一時はうつ状態になったほどです。

ところが、いい思い出などなにひとつなかったはずの、この病気の体験が、のちに私にとってかけがえのないものとなったのだから、人生というのは不思議ですね。

そのことがわかったのは、なんとか大学を卒業し、医師としてさまざまな患者《かんじゃ》さんを診察するようになってからでした。

体の不調を訴《うった》えて病院に来る患者さんは十人が十人、肉体的な痛みと精神的な不安を抱えこんでいます。そんなとき、患者さんの病気だけを診《み》ても、患者さんの持つ不安は決して解消されることはありません。

多くの患者さんと接し、その人たちがどんなときに喜び、元気になるかを見ているうちに私は、診察で大切なのは患者さんの不安な心を察し、できるだけ不安感を取り除いてあげることなのだ、と気がつきました。それは「病気を診る」のでなく、「B**患者さん自身を診る**」ということです。そして、自分には同じ不安にさいなまれた大病の経験があったことを思い出したのです。

たとえ医師であっても、患者さんの抱えている痛みや不安をそっくりそのまま感じることはできません。しかし、八か月間も寝たきり生活を送り、激しい痛みとそれ以上の強い不安感に日夜苦しめられた私は、患者さんの「つらい心」を、他のお医者さんよりも察することができるのではないだろうかと思ったのです。

さっき、自分が寝たきりのときに床ずれに悩《なや》んだ話をしましたね。その経験から私は、寝たきりで長期入院している患者さんを診察するときは、患者さんの腰《こし》の下に自分の腕《うで》をそっと差し入れるようにしています。そうすると、腰とベッドの間に隙間《すきま》ができ、腰の痛みがやわらぐので、ベッドの患者さんは誰もが、私は※コロニアル風の広い木造の院長館の二階にある寝室《しんしつ》で療養生活を送ることになり、大学を休学するのがつらくてなりませんでした。生来の負けずぎらいで、同級生の誰よりも勉強し、誰よりも早く医学部の教授になってやろうという野心を抱《いだ》いていたのに、レースのスタートラインに立ったとたん、自分から転倒《てんとう》してしまったのです。計画がすっかりくるってしまった私は、あせりと絶望で目の前が［Ⅰ］になりました。

あせりにつづいてやってきたのは死の恐怖《きょうふ》です。

毎日、三十八度を超《こ》す熱がつづいて意識が朦朧《もうろう》となり、胸のあたりが疼《うず》くように痛みました。肺を包んでいる胸膜が結核菌におかされて炎症をおこしていたのです。痛みをおさえる温湿布《しっぷ》を胸や背にしてもらっても、なんの効果もありません。胸水がたまってしまった肺の重圧感も、たとえようのない苦しさで、食欲はなくなり、体は日に日に衰弱《すいじゃく》していきました。

病床《びょうしょう》の私は「もしかしたら、自分はこのまま死んでしまうのではないか」という激しい恐怖にかられるようになりました。体が弱り切っているため、自力でトイレに行くことさえできません。やむなく、床《とこ》に横になったまま便器をあてがってもらって用を足すのですが、我ながら情けなくて涙《なみだ》がこぼれそうでした。

三か月たち四か月たっても、病状はいっこうに良くなりません。朝方、熱を測ると下がっているので、「ひょっとしたら、午後にはもっとよくなっているのではないか？」と淡《あわ》い期待を抱くのですが、午後になると体温は急激に上がり、夕方にはいつもどおりの高熱に戻《もど》ってしまうのです。その繰《く》り返しが延々とつづきました。

私は二十歳《はたち》の若さで「寝《ね》たきり」状態になってしまい、赤ん坊《ぼう》のように食事を食べさせてもらい、風呂《ふろ》にも入れないので、横になったまま体を拭《ふ》いてもらっていました。感じやすい若者にとって、それは言葉に表せないほどの屈辱《くつじょく》でした。

常にあお向けになったままの生活なので、腰部《ようぶ》の皮膚《ひふ》がベッドとすれて赤くなりました。床ずれです。背中の痛みを少しでも軽減しようと、必死で体をずらそうとするのですが、どうしてもうまくいきません。自分の体を思うように動かせない情けなさ。夜も眠《ねむ》れないほどの背中の痛み。私のあせりと絶望は、さらに倍加していきました。

そのころは夕暮れどきを迎《むか》えると、なんともいえず重苦しい気分になったものです。当時の日本は電力制限が行われており、昼の間、電力供給がストップされていたのですが、夕方になると解除されて、町の家々のあかりが灯《とも》ります。

私が横になっている寝室のあかりも夕方にポッと灯るのですが、この瞬間《しゅんかん》が私はひどく苦痛でした。電球が灯るのは、今夜もまた、熱でほてった体を抱《かか》え、※悶々《もんもん》とした気持ちで長い夜を過ごさねばならないという合図のようなものだったからです。黄色く濁《にご》った電

二 **次の文章は、医師の日野原重明《ひのはらしげあき》さんが、救い（救済）の体験について書いたエッセイである。読んで、後の問いに答えなさい。**

人は誰《だれ》でも頭の中から消してしまいたいような、恥《は》ずかしい体験や、つらい記憶《きおく》を持っています。きみたちだって、きっと、そのことを思い出すと、恥ずかしさで体中がカッと熱くなったり、身悶《みもだ》えしたくなるような失敗の体験がひとつやふたつはあるでしょう。どんな偉大《いだい》な人、すばらしい人物だって、必ずそうした経験があるはずです。

人はつらく、悲しく、恥ずかしい体験の記憶を頭の片隅《かたすみ》に追いやって、二度と触《ふ》れまいとします。しかし、失敗やつらい体験の中からも、多くを学び取ることができます。二度と思い出したくない、つらく苦しい体験が、実は自分を成長させてくれる貴重な体験に変わることだってあるのです。

自信を持ってそう言えるのは、私にA**こんな体験**があるからです。

中学時代、医師になろうと決心した私は、京都《きょうと》の第三高等学校理科から京都帝国《ていこく》大学の医学部に入学しました。私は勉学のかたわら、フランス語の学校に通ったり、その一方で混声合唱の聖歌隊に入って練習に明け暮れたりして、毎日、充実《じゅうじつ》した学生生活を※満喫《まんきつ》していました。

ところが、一年を終えた春休み、友人たちと出かけた琵琶湖《びわこ》北岸の奥牧野赤坂山《おくまきのあかさかやま》のスキー場で、私は原因不明の高熱を発して倒《たお》れてしまいました。

肺結核《はいけっかく》と胸膜炎《きょうまくえん》――それが医師の診断《しんだん》結果でした。

肺結核は結核菌《きん》によって引き起こされる感染症《かんせんしょう》です。ストレプトマイシンなどの抗生《こうせい》物質が発見され、子どものころにワクチンの注射をすることが義務づけられている現在では、結核はこわい病気ではありません。

しかし、私の時代には、そうした有効な治療《ちりょう》薬はなく、結核は一度かかったら長い闘病《とうびょう》生活の末、死に至る確率のきわめて高い、おそろしい「不治の病」でした。そのころの治療法といったら、できるだけ栄養をとってひたすら安静にしているだけ、という①**原始的**なもので、あとは病状が回復するもしないも、本人の運まかせだったのです。

憧《あこが》れの大学に入学し、毎日を飛び跳《は》ねるような気持ちで過ごしていた私にすれば、まるで天国から地獄《じごく》に突《つ》き落とされたようなものでした。

当時広島で、広島女学院という※ミッションスクールの学院長として勤めていた父は、校舎近くの院長館に家族と住んでいました。

2024年度

麗澤中学校

【国　語】〈第三回試験〉（五〇分）〈満点：一〇〇点〉

一　次のそれぞれの問いに答えなさい。

問　次の①〜⑫の各文について、傍線部《ぼうせんぶ》のカタカナを漢字に直して書きなさい。

①研究のリョウイキを広げて論文を書く。

②学校のエンカクを調べて記念誌に掲載《けいさい》する。

③コウテツの意志で勉学にはげむ。

④アルミニウムや金は、ジシャクにつかない。

⑤祝賀会に恩師がリンセキされる。

⑥祖父母がタクハイ便でみかんを送ってくれた。

⑦ミンシュウの意見を反映した政治を行う。

⑧チームワークを発揮して試合でユウショウした。

⑨ドクソウ的なアイデアがうかぶ。

⑩町の人たちが協力して自然保護活動をスイシンする。

⑪会場の受付に荷物をアズける。

⑫グラフや図を用いて説明をオギナう。

問　次の⑬〜⑮の四字熟語の空欄《くうらん》に当てはまる言葉を、（　）内の意味を参考にして漢字で答えなさい。

⑬一挙□（一つのことによって二つの利益をえること。）

⑭□一転（あることをきっかけにして気持ちが良い方向に変わること。）

⑮大器□（立派な人になるには時間がかかること。）

問　次の例にならって、⑯〜⑱にある各漢字（部分）すべてと組になることができる漢字を答えなさい。

例　彳　亻　氵　木　↓　答え　主　（※それぞれ「往」「住」「注」「柱」になる。）

⑯工　且　幺　𭕄

⑰次　禾　子　市

⑱田　𠫓　𡿺　良

2024年度

麗澤中学校 ▶解説と解答

算数 ＜第３回試験＞（50分）＜満点：100点＞

解答

[1] (1) 175　(2) 51　(3) 6　(4) 19.96　(5) 0.94　(6) $3\frac{41}{60}$　(7) 2　(8) $\frac{8}{9}$　[2] (1) 30　(2) 200　(3) 4320　(4) 4　(5) 207　(6) 168　[3] (1) ① 5　② 3.5　③ 7　④ 5　⑤ 7　⑥ 5　⑦ 7　⑧ 5　(2) BD：CD＝AB：AC　(3) 7：36　[4] (1) **13△5**＝144，**13▼5**＝144　(2) 45　(3) (例) A＝45，B＝1

解説

[1] 四則計算，計算のくふう

(1) 1＋4＋10＋19＋31＋46＋64＝(1＋19)＋(4＋46)＋(31＋64)＋10＝20＋50＋95＋10＝175

(2) 6×17－9－546÷13＝102－9－42＝93－42＝51

(3) (45×7－21×11)÷(71－28－29)＝(315－231)÷(43－29)＝84÷14＝6

(4) 28.46＋5.57－14.07＝34.03－14.07＝19.96

(5) 1.23×5－2.1×1.2－2.69＝6.15－2.52－2.69＝3.63－2.69＝0.94

(6) $5\frac{1}{3}+2\frac{3}{4}-4\frac{2}{5}=5\frac{20}{60}+2\frac{45}{60}-4\frac{24}{60}=3\frac{41}{60}$

(7) $\left(3\frac{3}{13}-2\frac{4}{11}\right)\div1\frac{5}{26}\times2\frac{3}{4}=\left(3\frac{33}{143}-2\frac{52}{143}\right)\div\frac{31}{26}\times\frac{11}{4}=\left(2\frac{176}{143}-2\frac{52}{143}\right)\div\frac{31}{26}\times\frac{11}{4}=\frac{124}{143}\times\frac{26}{31}\times\frac{11}{4}=2$

(8) $\left(3\frac{5}{6}+1\frac{2}{9}\right)\div3.25\div\left(1.5\times1.5-\frac{1}{2}\right)=\left(3\frac{15}{18}+1\frac{4}{18}\right)\div3\frac{1}{4}\div\left(\frac{3}{2}\times\frac{3}{2}-\frac{1}{2}\right)=4\frac{19}{18}\div\frac{13}{4}\div\left(\frac{9}{4}-\frac{2}{4}\right)=\frac{91}{18}\times\frac{4}{13}\div\frac{7}{4}=\frac{91}{18}\times\frac{4}{13}\times\frac{4}{7}=\frac{8}{9}$

[2] 数列，濃度《のうど》，速さと比，売買損益，面積，体積

(1) 0＝0×1，2＝1×2，6＝2×3，12＝3×4，20＝4×5，…のように連続する２つの整数の積が並んでいるから，□にあてはまる数は，5×6＝30である。

(2) (食塩の重さ)＝(食塩水の重さ)×(濃度)より，12％の食塩水300gに含《ふく》まれている食塩の重さは，300×0.12＝36(g)，5％の食塩水400gに含まれている食塩の重さは，400×0.05＝20(g)とわかる。よって，これらの食塩水を混ぜると，食塩の重さの合計は，36＋20＝56(g)，食塩水の重さの合計は，300＋400＝700(g)になるので，この食塩水の濃度は，56÷700＝0.08，0.08×100＝8(％)と求められる。したがって，□×0.08＝16(g)より，□＝16÷0.08＝200(g)とわかる。

(3) 行きと帰りにかかった時間の和は，1時間26分－30分＝56分である。また，行きと帰りの速さの比は，180：135＝4：3だから，行きと帰りにかかった時間の比は，$\frac{1}{4}:\frac{1}{3}$＝3：4となる。この和が56分なので，行きにかかった時間は，$56\times\frac{3}{3+4}$＝24(分)となり，家から本屋までの距離《きょり》は，180×24＝4320(m)と求められる。

(4)　仕入れ値を１とすると，定価は，１×(１＋0.3)＝1.3となるから，定価の20％引きは，1.3×(１－0.2)＝1.04とわかる。よって，利益は，1.04－１＝0.04であり，これは仕入れ値の４％にあたる。

(5)　下の図①のように，４個の半円と４個の三角形に分けて求める。４個の半円の面積の合計は，５×５×3.14×$\frac{1}{2}$×４＝50×3.14＝157(cm^2)である。また，４個の三角形の面積の合計は，５×５÷２×４＝50(cm^2)とわかる。よって，斜線《しゃせん》部分の面積は，157＋50＝207(cm^2)と求められる。

図①

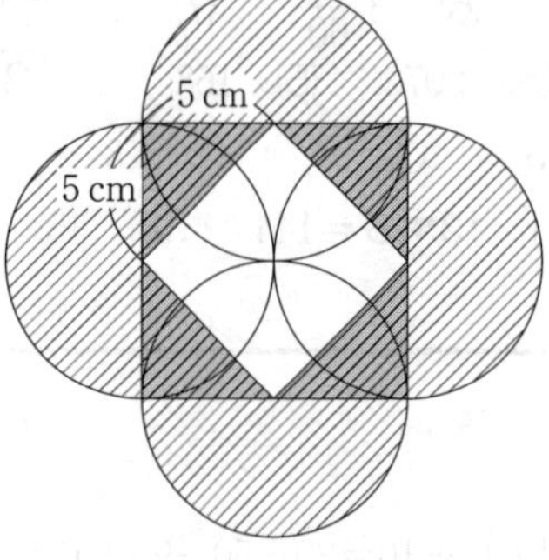

図②

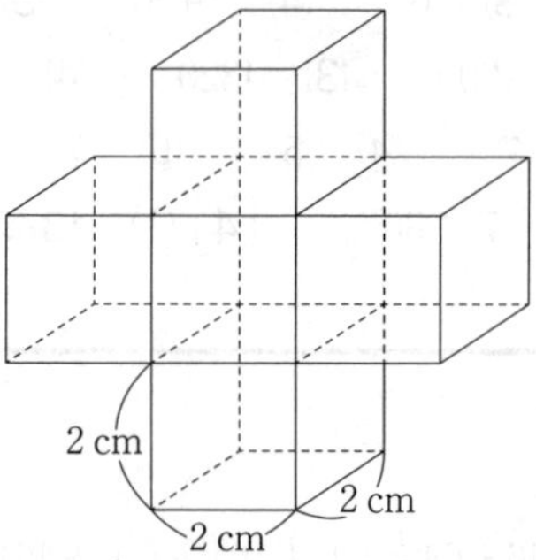

図③

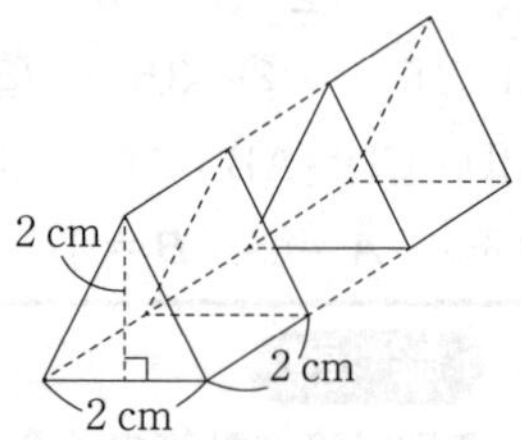

(6)　もとの立方体の体積は，６×６×６＝216(cm^3)である。また，くりぬいた部分は上の図②と図③を組み合わせた形をしている。図②は１辺の長さが２cmの立方体を５個組み合わせたものなので，体積は，２×２×２×５＝40(cm^3)となる。また，図③は２個の三角柱に分かれており，１個の体積は，２×２÷２×２＝４(cm^3)だから，２個合わせると，４×２＝８(cm^3)になる。よって，くりぬいた部分の体積は，40＋８＝48(cm^3)なので，残った部分の体積は，216－48＝168(cm^3)と求められる。

３　平面図形―相似，辺の比と面積の比

(1)　右の図１で，ADとCEは平行だから，角アの大きさは角BADの大きさと等しい。また，角イの大きさは角DACの大きさと等しいので，角アと角イの大きさはどちらも●になり，三角形ACEは二等辺三角形とわかる。よって，AEの長さは5cm(…①)である。さらに，ADとCEは平行だから，三角形BADと三角形BECは相似になる。このとき，相似比は，BA：BE＝７：(７＋５)＝７：12なので，BD：BC＝７：12となり，BD＝６×$\frac{7}{12}$＝3.5(cm)（…②)と求められる。すると，CD＝６－3.5＝2.5(cm)になるから，BD：CD＝3.5：2.5＝７：５(…③，④)とわかる。次に，右上の図２で，２つの直角三角形ADFとADGは合同なので，DFとDGの長さは等しい。したがって，２つの三角形ABDとACDの底辺をそれぞれAB，ACとすると，この２つの三角形の高さは等しいから，面積の比は底辺の比と等しく，７：５(…⑤，

図１

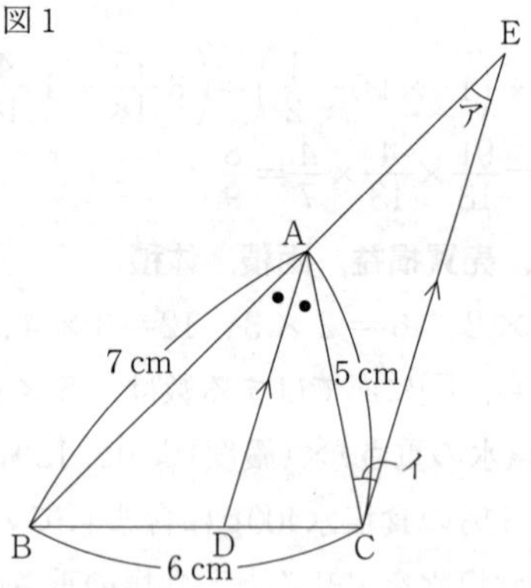

図２

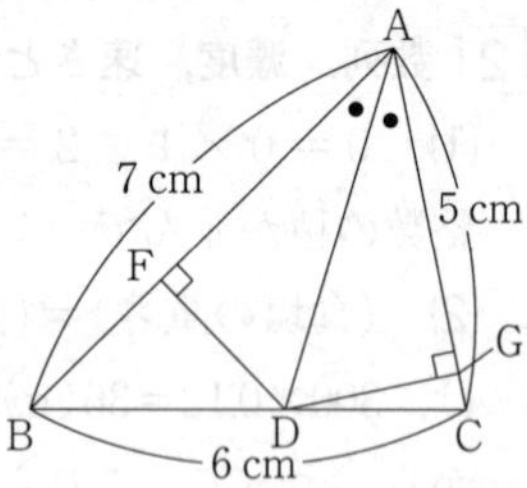

⑥)となる。また，この２つの三角形の底辺をそれぞれBD，CDとすると，この２つの三角形の高さは等しいので，底辺の比は面積の比と等しくなり，BD：CD＝７：５(…⑦，⑧)とわかる。

(2)　(1)より，BD：CD＝AB：ACとなることがわかる。

(3)　右の図３で，BD：CD＝７：５だから，三角形IBDの面積を⑦とすると，三角形IDCの面積は⑤になる。また，三角形BDAで，BD：BA＝DI：AIという関係がある。よって，DI：AI＝3.5：７＝１：２なので，三角形ABIの面積は，⑦×$\frac{2}{1}$＝⑭，三角形AICの面積は，⑤×$\frac{2}{1}$＝⑩とわかる。したがって，三角形ABCの面積は，⑦＋⑤＋⑭＋⑩＝㊱だから，三角形IBDと三角形ABCの面積の比は７：36と求められる。

図３

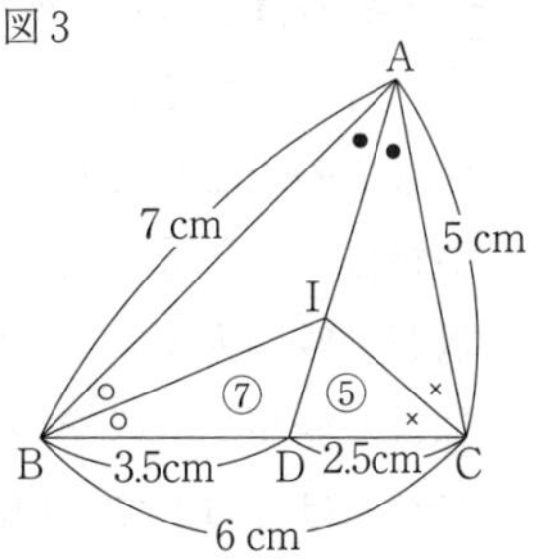

4　約束記号，整数の性質，和差算

(1)　約束にしたがって計算すると，13△５＝(13－５)×(13＋５)＝144，13▼５＝13×13－５×５＝144となる。

(2)　右の図１の計算から，2025を素数の積で表すと，2025＝３×３×３×３×５×５となることがわかるから，2025の約数は３と５をかけ合わせてできる数になる。これを利用して，2025を２つの整数の積で表すと右の図２のようになるので，2025の約数のうち８番目に大きいものは45とわかる。

図１

3) 2 0 2 5
3) 6 7 5
3) 2 2 5
3) 7 5
5) 2 5
5

図２

2025	
1	2025
3	675
5	405
9	225
15	135
25	81
27	75
45	45

(3)　図２より，45×45＝2025となるから，2024＝2025－１＝45×45－１×１と表せる。また，(1)より，$(A\times A)-(B\times B)=(A-B)\times(A+B)$となるので，45×45－１×１＝(45－1)×(45＋1)とわかる。よって，$(A\triangle B)=2024$となるA，Bの組は，$A=45$，$B=1$である。なお，$(A，B)$＝(57，35)，(255，251)，(507，505)も考えられる。

国　語　＜第３回試験＞（50分）＜満点：100点＞

解　答

一　①～⑫　下記を参照のこと。　⑬　両得　⑭　心機　⑮　晩成　⑯　力　⑰　女　⑱　月　二　**問１**　①　イ　②　エ　**問２**　**a**　天国から地獄に突き落とされたような　**b**　かけがえのない　**問３**　オ　**問４**　Ⅱ　エ　Ⅲ　ア　**問５**　オ　**問６**　ウ　**問７**　**a**　心のよりどころになってくれた　**b**　ライフワークのひとつ　**問８**　**a**　ふさぎこみがちだった　**b**　人を「癒す」力　**問９**　（例）　無駄ではなく，その中には自分を成長させてくれる貴重なチャンスが隠されている　三　**問１**　にんべん　**問２**　さびしいの　**問３**　(1)　**a**　やさしい　**b**　最善最良　**c**　寂しさを分かちあって　(2)　**X**　（例）　お母さんも仏さまも自分を救ってくれる存在　**Y**　（例）　仏さまだけが自分を救ってくれる存在　(3)　ウ

●漢字の書き取り

一　①　領域　②　沿革　③　鋼鉄　④　磁石　⑤　臨席　⑥　宅配

⑦ 民衆　⑧ 優勝　⑨ 独創　⑩ 推進　⑪ 預(ける)　⑫ 補(う)

解　説

一　漢字の書き取り，四字熟語の完成，漢字の完成

① 対象となる範囲《はんい》や分野。　② ものごとの移り変わり。　③ 鉄と炭素の合金。かたく強いもののたとえとして用いられることがある。　④ 二つの極を持ち，鉄を引きつける磁力を持つ物体。　⑤ 会や式典などに出席すること。　⑥ 荷物を個々の家に配達すること。　⑦ 世間一般《いっぱん》の人々。　⑧ 競技や試合などで第一位になること。　⑨ ほかの人のまねをせず，独自の発想でものをつくり出すこと。　⑩ ものごとがはかどるように前進させること。　⑪ 音読みは「ヨ」で，「預金」などの熟語がある。　⑫ 音読みは「ホ」で，「補足」などの熟語がある。　⑬ 「一挙両得」は，一つの行動や動作で，二つの利益を得ること。　⑭ 「心機一転」は，新しく気持ちを切りかえること。　⑮ 「大器晩成」は，年を取ってから成功すること。　⑯ 「力」と組み合わせると，「功」「助」「幼」「労」という漢字になる。　⑰ 「女」と組み合わせると，「姿」「委」「好」「姉」という漢字になる。　⑱ 「月」と組み合わせると，「胃」「育」「脳」「朗」という漢字になる。

二　出典：日《ひ》野《の》原重明《はらしげあき》：『15歳《さい》の寺子屋　道は必ずどこかに続く』。筆者は，若いころの病気の体験や幼いころから趣味《しゅみ》にしていた音楽が，現在の医師としての仕事に役立っているとし，自分らしく豊かな人生を送るための心がまえについて述べている。

問１　①　ここでの「原始的な」は，自然の形に近く単純なさま，進歩や発達が十分でないようす。　②「からくも」は，“ぎりぎりのところで”という意味。

問２　a，b「憧《あこが》れの大学に入学」し，「充実《じゅうじつ》した学生生活を満喫《まんきつ》して」いた筆者は，「不治の病」といわれていた病気におかされて大学を休学しなければならなくなったときの挫折《ざせつ》感を，「天国から地獄《じごく》に突《つ》き落とされたような」気持ちだったと思い起こしている。しかし，この経験によって筆者は，「診察《しんさつ》で大切なのは患者《かんじゃ》さんの不安な心を察し，できるだけ不安感を取り除いてあげることなのだ」と気づくことができたので，のちに医師となった筆者にとって，闘病《とうびょう》体験は「かけがえのないもの」であったといえる。

問３　病気になったために，「同級生の誰《だれ》よりも勉強し，誰よりも早く医学部の教授になってやろう」という「計画がすっかりくるってしまった」筆者は，「あせりと絶望」を感じた。筆者のこのようすは，未来に希望が持てず，どうしてよいかわからなくなって，ひどく落ちこむさまを表す「目の前が暗くなる」「目の前が真っ暗になる」という表現がふさわしい。よって，オが合う。

問４　Ⅱ　病気は克服《こくふく》した筆者だったが，「勉強で友人たちに完全におくれをとってしまったという失意」に加えて「病後の体調」も思わしくなく，授業にも集中できなかった，という文脈になる。よって，前のことがらを受けて，さらに別のことをつけ加えるはたらきの「しかも」が入る。

Ⅲ　闘病生活を送っていた筆者は，レコードを聴《き》いて「メロディーを音符《おんぷ》に書き写し」たり，「頭の中に生まれる旋律《せんりつ》を譜面《ふめん》に書き取って勉強し」たりした，という文脈になる。よって，同類のことがらを並べて，いろいろな場合があることを表す「あるいは」が合う。

問５　自分が大病にかかり，不安にさいなまれた経験から，筆者は，「患者さんの病気だけを診《み》ても，患者さんの持つ不安は決して解消されること」はなく，「患者さんの不安な心を察し，できるだけ不安感を取り除いてあげること」が，診察において大切なことだと気づいた。よって，患者の不安に寄りそい，悩《なや》みを聞いてあげるという内容のオがよい。

問６　筆者は，肺結核《はいけっかく》になっていなかったら「患者さんの痛みやつらさを理解できない尊大な医者になっていたかもしれ」ないと思うのと同時に，結核の後遺症《こういしょう》によって「軍隊への召集《しょうしゅう》をまぬかれること」ができ，戦死することもなく「九十七歳」の今まで生きてこられたので，「あれほどつらかった自分の闘病生活に感謝したい」という気持ちになっている。よって，ウがふさわしい。

問７　ａ，ｂ　本文で，筆者が自分の「趣味」としてあげているのは，「音楽」である。空欄《くうらん》Ⅲの次の段落で，筆者は，病気になった当時の自分が，「ゆっくりとでも病気回復の道をたどることができた」のは，「音楽が心のよりどころになってくれたから」であると思い返している。また，最後から三つ目の段落で，その音楽の趣味が，自分の「本来の仕事である医療《いりょう》と結びつ」き，「音楽療法」として，「ライフワークのひとつ」にもなっていると書かれている。

問８　ａ，ｂ　小学生時代から「常に音楽とかかわって」きた筆者は，肺結核で寝たきりだったときに，闘病生活のつらさをやわらげ，「ふさぎこみがちだった」心を救ってくれたのも音楽だったと述べている。そして，音楽を聴いていると，胸膜炎《きょうまくえん》の苦しさや床《とこ》ずれの痛みさえも忘れられたことから，「音楽には人を『癒《いや》す』力があるのだ」と実感した。

問９　最後の二段落で，筆者は，「人生最悪の体験が，さまざまな経験を経ることで，あれはかけがえのない体験だったとわかってくる」と自分の人生をふり返っている。また，筆者は，「人生に無駄《むだ》な失敗など」なく，むしろ「失敗や，つらい体験」といったマイナスに思える体験のなかにこそ，自らを成長させ，人生を豊かにするための「貴重なことを学べるチャンスが必ず隠《かく》されている」ということを読者に伝えたいので，これらの内容をまとめて書くとよい。

三　**出典：金子《かねこ》みすゞ《ず》「さびしいとき」，矢崎節夫《やざきせつお》『空のかあさま　矢崎節夫と読む金子みすゞ第二童謡《どうよう》集』，上山大峻《うえやまだいしゅん》・石川教張《いしかわきょうちょう》『金子みすゞ祈《いの》りのうた』。**【文章１】【文章２】ともに，金子みすゞの詩「さびしいとき」の鑑賞《かんしょう》文である。

問１　「優」の部首は，「亻」の部分で，にんべん。

問２　【文章１】の筆者は，詩中の「やさしい」とは，「つらい人，かなしい人」に寄りそって，「つらいね」「かなしいね」と，こだましてあげたり，うなずいてあげたりすることだと述べている。つまり，「私がさびしいとき」には，お母さんも「さびしいの」だと考えられる。

問３　⑴　**ａ～ｃ**　【文章１】では，「お母さんも仏さま」も，「私」の気持ちにこだましてくれる「やさしい」存在であり，さらに「最善最良」の存在であるとも書かれている。これに対して【文章２】の筆者は，「お母さま」について，「優《やさ》しさ」はくれるものの，「寂《さび》しさ」を消してくれる存在ではないとし，「仏さま」については，一緒《いっしょ》に「寂しさを分かちあってくれた」と述べている。

⑵　**Ｘ，Ｙ**　【文章１】では，「お母さん」と「仏さま」の両方が「私」を救ってくれる存在であるのに対し，【文章２】では，「仏さま」だけが「私」の「寂しさ」や「哀《かな》しみや痛み」を溶《と》かしてくれる存在であると解釈《かいしゃく》されているので，これらの違《ちが》いをまとめて書くとよい。　⑶　ウの「箱庭」という詩では，「母さん」はいつも忙《いそが》しそうに働いており，「私」が作った箱庭を見てくれないと書かれている。「母さん」にそばにいてもらえない寂しさを感じた「私」は，作った箱庭を「母さん」に見せることなくこわしてしまう。つまり，「母さん」は「私」を救ってくれる存在として描《えが》かれていない。このことから，「先生」の言うように，【文章２】の筆者が「箱庭」という詩を

知っていて鑑賞文を書いたと考えられる。

2023年度 麗澤中学校

【算 数】〈第１回試験〉(50分)〈満点：100点〉

1 次の計算をしなさい。

(１) $1 + 4 + 9 + 16 + 25 + 36 + 49 + 64$

(２) $5 \times 7 + 9 - 136 \div 17$

(３) $(18 \times 7 - 21 \times 5) \div (47 - 29 - 15)$

(４) $3.82 + 5.69 - 2.07$

(５) $11 + 0.12 \times 5 - 0.5 \times 0.74$

(６) $2\frac{1}{3} + 3\frac{3}{4} - 4\frac{5}{6}$

(７) $\left(5\frac{1}{4} - 3\frac{2}{3}\right) \times \frac{7}{24} \div 3\frac{1}{6}$

(８) $6\frac{2}{3} - \left(1.75 \times \frac{6}{7} - 1.5 \times \frac{5}{6}\right) \div \frac{3}{20}$

2 次の □ にあてはまる数を答えなさい。

（１） 下の数字の列は，ある規則にしたがって並んでいます。

１，２，２，□，８，32，…

（２） 食塩水Ａの濃《のう》度は，食塩水Ｂの濃度の３倍です。食塩水Ａと食塩水Ｂを２：３の割合で混ぜると4.5％の食塩水ができました。食塩水Ａの濃度は □ ％です。

（３） 兄が家から１km 離れている駅に向かって出発し，分速80ｍで歩いていきました。しかし，兄は出発してから８分後，忘れ物をしたことに気づいたため，家に向かって引き返しました。また，家にいた弟は，兄が家を出発してから９分後に兄の忘れ物に気づき，兄に届けるために自転車で家を出発し，分速200ｍで走りました。引き返した兄と弟が出会ったのは，兄が家を出発してから □ 分後でした。

（４） 100個の品物を定価150円で売ったところ，25個売れ残ったので，その25個は定価の □ ％引きで売りました。そのため，売り上げはすべて定価で売ったときよりも750円減少しました。

（５） 下の図の正方形の対角線は 12 cm です。このとき，白い部分の面積は □ cm^2 です。ただし，円周率は 3.14 とします。

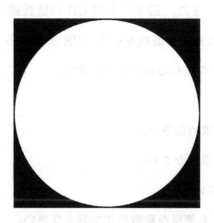

（６） 下の図形を直線 ℓ を軸として１回転させたときにできる立体の体積は □ cm^3 です。ただし，円周率は 3.14 とし，円すいの体積は「(底面積)×(高さ)÷３」で求められます。

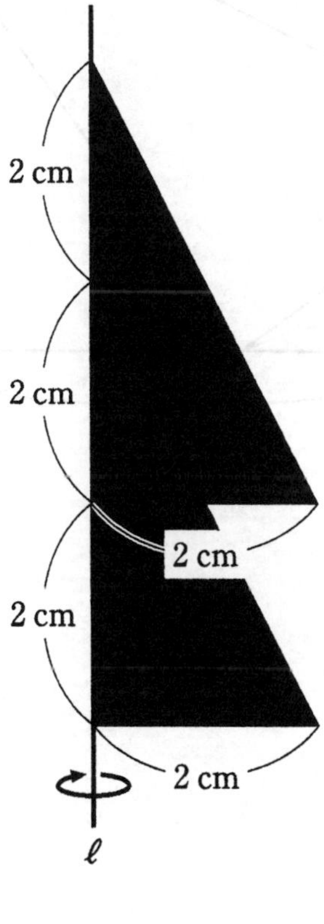

3　CD = 8 cm，BC = 10 cm の長方形 ABCD に対して，辺 AB 上に BE = 3 c m となる点 E をとります。点 A が辺 BC 上の点 F と重なるように，DE でおったところ，BF = 4 cm となりました。また，辺 EF と辺 CD の延長線上で交わる点を G とします。点 Gを通り，辺 DE に垂直な直線を引き，DE と交わる点を H とし，GH と BC の交わる点を I，GH と FD の交わる点を J とします。

（１）台形BCDE の面積を求めなさい。

（２）三角形DEF の面積を求めなさい。

（３）FG の長さを求めなさい。

（４）GI：IJ：JH をもっとも簡単な整数の比で答えなさい。

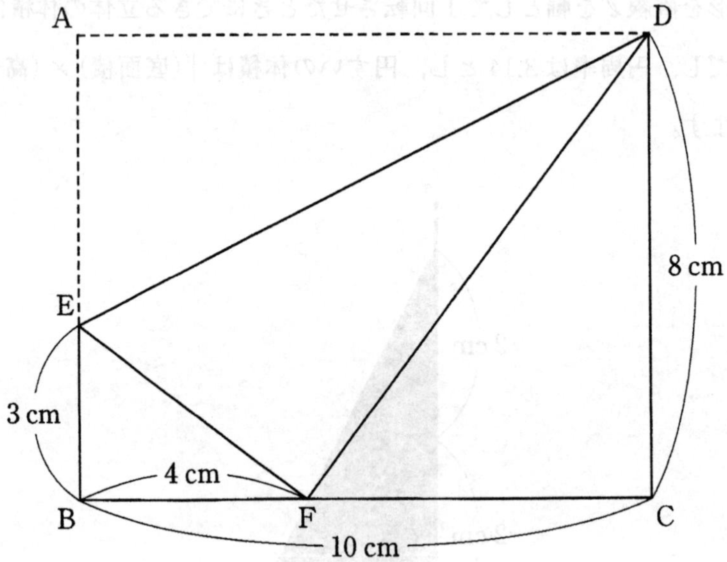

4　１から 2023 までの整数のうち，５の倍数であるものの個数は

$$2023 \div 5 = 404 \text{ あまり } 3$$

という計算から 404 個と求めることができます。なぜ，この割り算の商が１から 2023 までの整数のうち，５の倍数であるものの個数であるのか説明しなさい。また，あまりの３についてはどのように考えたのかも説明しなさい。下の数字の列は自由に使ってかまいません。

１，２，３，４，５

６，７，８，９，10

11，12，13，14，15

【社　会】〈第１回試験〉（30分）〈満点：50点〉

1　次の地図は日本の一部分を切り取ったものである。後の問いに答えなさい。

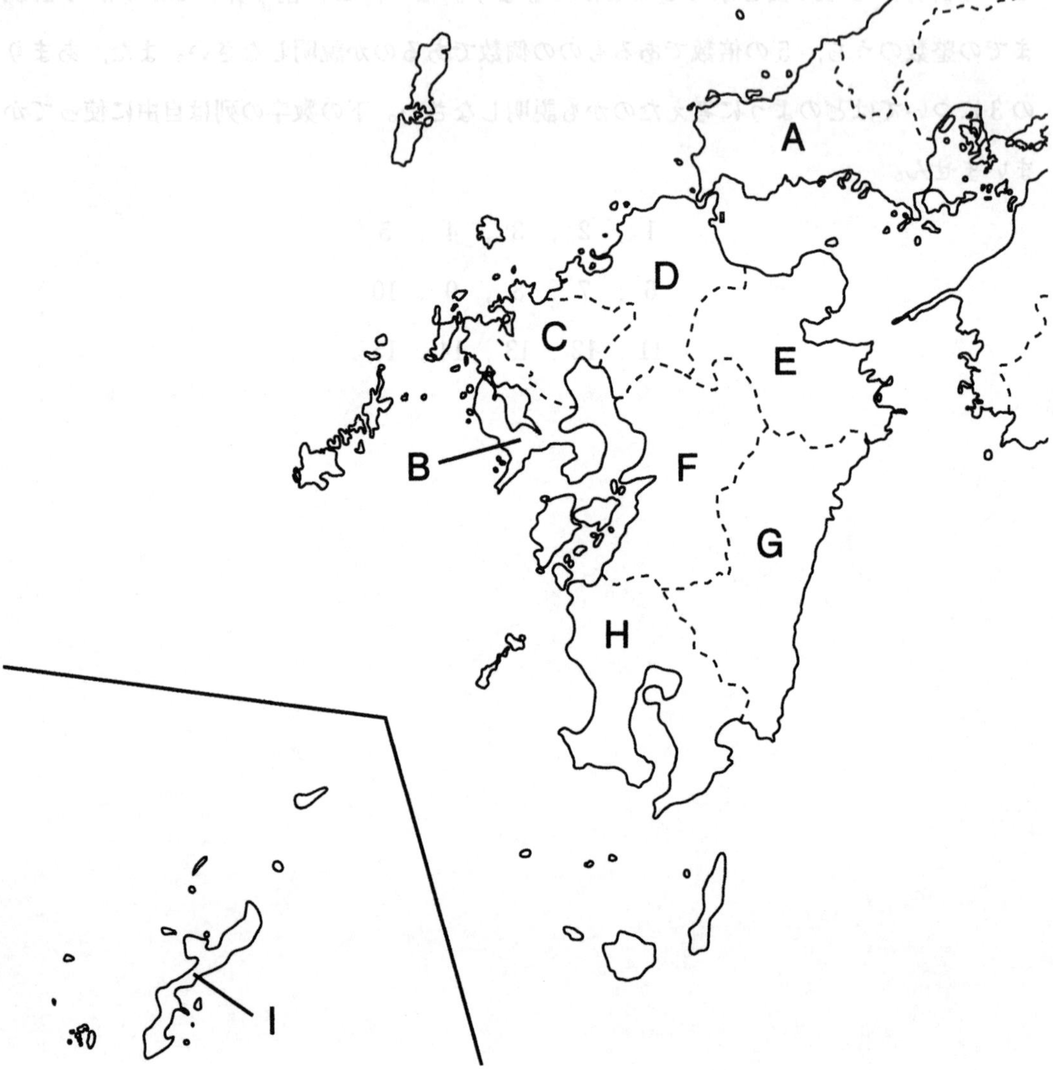

※地図中の点線は都道府県境を示している。

問１　地図中のＣ，Ｄ，Ｅ，Ｇにあてはまる都道府県名を答えなさい。（**漢字で**）

問２　次の文章は，地図中のＡ～Ｉのいずれかを説明したものである。①～④にあてはまる都道府県をＡ～Ｉよりそれぞれ選びなさい。

①　石灰岩によって形成された台地状の地形が特徴的な秋吉台が著名であり，国定公園となっている公園内には特別天然記念物となっている鍾乳洞《しょうにゅうどう》が分布するなど，特徴的な地形がジオパークとして認定されている。

②　活発な火山活動をしている桜島に代表される火山が多く分布し，地熱を利用した発電施設や，熱せられた砂を身体に盛って入浴する砂風呂などが有名であり，火山灰を利用した農業も盛んに行われている。

③　この都道府県は，2021年の猛暑日は０であり，同年７月から９月の最高気温が，全国の都道府県庁所在地の中で最も低かった。2000年に都道府県内に分布する文化財などが，世界遺産に指定されたが，2019年にそのうちの一部が火災により焼損した。

④　諫早《いさはや》湾に面するこの都道府県は，47都道府県の中で最も所属する島の数が多いことで有名である。1990年代初頭に雲仙岳普賢岳の噴火が確認され，火山ガスや火山灰などが斜面を高速で滑り降りる火砕流《かさいりゅう》が発生し，被害を及ぼした。

問３　次の２枚の写真は地図中のＡ～Ｉのいずれかの都道府県に分布する，世界遺産に関する写真である。この都道府県を，地図中のＡ～Ｉより１つ選びなさい。

問４ 次の表は，きゅうり，トマト，小麦，肉用牛，それぞれの生産上位５位までの都道府県と，その生産量を示したものです。表中の①～③にあてはまる都道府県を，地図中の**Ａ～Ｉ**よりそれぞれ選びなさい。

きゅうり（百ｔ）	
①	672
群馬県	554
埼玉県	466
福島県	397
千葉県	341

トマト（百ｔ）	
②	1282
北海道	623
茨城県	480
愛知県	466
千葉県	394

小麦（百ｔ）	
北海道	6299
③	569
佐賀県	391
愛知県	298
三重県	231

肉用牛（百頭）	
北海道	5250
鹿児島県	3410
①	2440
②	1320
岩手県	910

※統計年度はきゅうり，トマトは2017年，小麦，肉用牛は2020年。

『データブック オブ・ザ・ワールド』より

2 世界の国家について，後の問いに答えなさい。

問１ 次の表は，世界三大宗教といわれ，世界中に信者を獲得している３つの宗教について，信者数の多い国家の大まかな信者数を示したものである。以下の問いに答えなさい。

単位：万人

キリスト教	
（ Ｘ ）	24000
ブラジル	17000
ロシア	12000
メキシコ	11000
ナイジェリア	9200

（ Ａ ）	
インドネシア	20000
パキスタン	17000
インド	16100
バングラデシュ	14500
イラン	7400

（ Ｂ ）	
中国	24400
日本	8500
タイ	6400
ミャンマー	3800
スリランカ	1500

※統計年度は2018年。『データブック オブ・ザ・ワールド』，「Pew Research Center's Forum on Religion & Public Life」HP，「World Christian Database」HPによる

（１）（ Ａ ），（ Ｂ ）にあてはまる宗教名を答えなさい。

（２）（ Ｘ ）にあてはまる国家名を次の**ア〜エ**より１つ選びなさい。

ア イギリス　　**イ** インド　　**ウ** エジプト　　**エ** アメリカ

問２ 次の地図は，ブラジルが世界で最も多く生産している，ある農作物の2020年における上位生産国家を上位から順に①〜⑤で示したものである。この作物名を答えなさい。

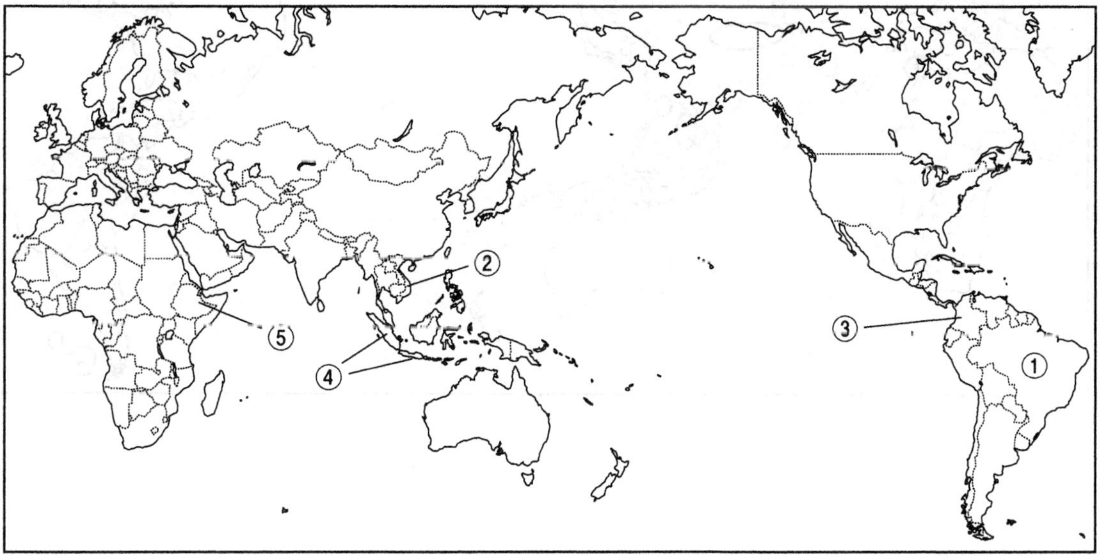

問３　次の表は，豚肉の飼育頭数と，生産量の世界上位５カ国を示したものである。以下の問いに答えなさい。

豚の頭数（単位：万頭）	
中国	31,041
アメリカ	7,866
ブラジル	4,056
スペイン	3,125
X	2,605

豚肉の生産（単位：万 t）	
中国	4,255
アメリカ	1,254
X	523
スペイン	464
ブラジル	413

※統計年度は 2020 年

『データブック オブ・ザ・ワールド』より

（１） 表中のXにあてはまるヨーロッパの国名を答えなさい。

（２） 上の表には，人口の多い国のうち，西アジアや南アジア，東南アジアなどの地域の国家はランクインしていない。それはなぜか，簡単に述べなさい。

問４　次の地図を見て，後の問いに答えなさい。

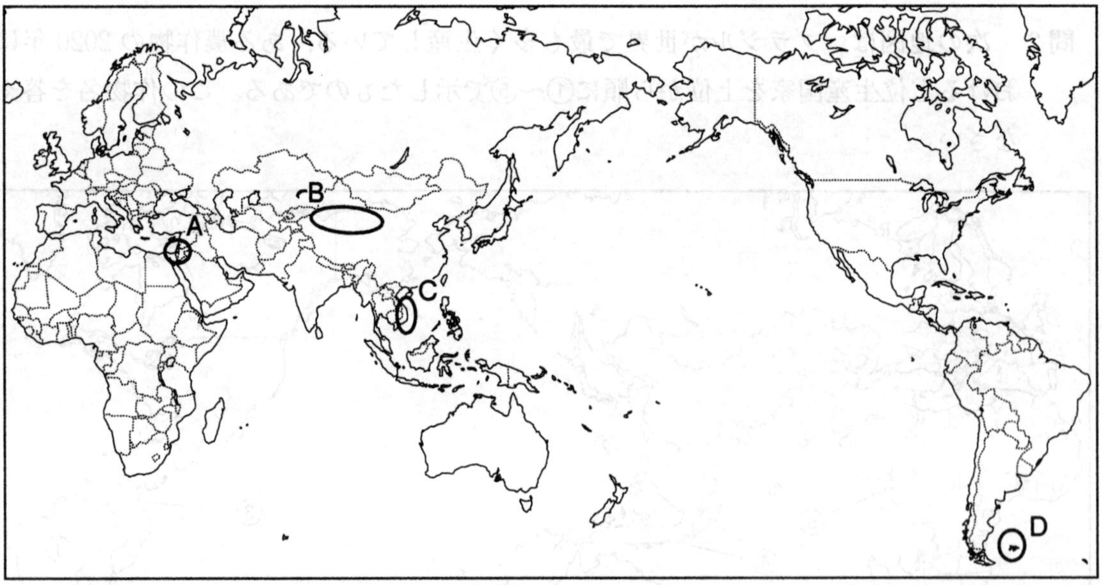

(１) 次のア～エの文章は，地図中のＡ～Ｄのいずれかにおける，戦争や紛争について述べたものである。地図中のＡの地域について述べたものを１つ選びなさい。

ア　この地域では1975年まで，南北に分かれて戦争が発生していた。現在は，南北は統一し，国土の北部に首都がある統一国家が成立している。

イ　この地域では，フォークランド諸島を巡って，アルゼンチンとイギリスの間に対立が続いている。

ウ　この地域は，ユダヤ人とパレスチナ人との間で，宗教などを巡った対立が続き，紛争が絶えない地域である。

エ　この地域は，少数民族が居住する地域であり，所属する国家内での多数派民族による弾圧などが問題化している。

(２) 毎年７月18日は国際連合により，ネルソン・マンデラ国際デーとされ，社会奉仕活動が推奨《すいしょう》される日となっている。右図のこの人物が大統領を務めた，アパルトヘイトといわれる人種差別がかつて問題となっていた国家名を答えなさい。

3

【１】次の問いに答えなさい。

問１　弥生時代の大規模な環濠集落《かんごうしゅうらく》あとが見つかっている，佐賀県東部の遺跡は何か答えなさい。

問２　古墳時代や飛鳥時代の日本へ中国や朝鮮半島から渡ってきた人々を何というか答えなさい。

問３　天武天皇の妻で，藤原京に都をうつした天皇は誰か答えなさい。

問４　元が日本に攻めてきたときの，鎌倉幕府の８代執権は誰か答えなさい。

問５　室町幕府では，将軍を助ける役職に細川《ほそかわ》・斯波《しば》・畠山《はたけやま》の３氏が交代で任命され，政治を行った。この役職を何というか答えなさい。(**漢字２字で**)

【２】次の文章を読んで後の問いに答えなさい。

昨年2022年は，マンガ家・水木しげるの生誕100周年で，記念する展覧会《てんらんかい》なども開《かい》催《さい》された。水木しげるは，妖怪《ようかい》のイラストやマンガがよく知られており，その作品は多くの人に親しまれている。

妖怪といえば，身の回りにおこる災難《さいなん》や不思議な現象を，祟《たた》りや幽霊，オバケ，妖怪などとしてとらえてきた歴史が，わが国に存在している。古くは縄文時代に，a 死体の手足を折り曲げて埋葬《まいそう》する方法が行われていたが，これは死者の霊が災《わざわ》いをおこすのを防ぐためであったと考えられている。

時代が進むと，こうした話を文字で記した文献《ぶんけん》も登場する。たとえば，b 奈良時代に成立した『出雲国風土記《いずものくにふどき》』という文献には，鬼が農夫を食ってしまう話が紹介されている。そして平安時代になると，病気などの原因として，死者の祟りの話が多く登場するようになる。うらみを持って亡くなったり無念の死をとげたりした死者の祟りが，災いをもたらすと当時の人々は考えていたのである。あの c 藤原道長も死者の祟りにおびえていた一人であったという。また，歴史上の人物が霊として登場する史料《しりょう》もある。たとえば，平安時代後半に制作された『吉備大臣入唐絵巻《きびのおとどにっとうえまき》』には，奈良時代に d 遣唐使として渡航し，日本に帰国できずに亡くなった阿倍仲麻呂の霊が鬼の姿で描かれている。

死者の祟りに対しては，僧がお経を読むなどして，e 仏教の力で取り払おうとした。藤原道長も，病気になるたびに読経《どっきょう》などをさせていたという。一方，囲碁《いご》や将棋《しょうぎ》，双《すご》六《ろく》も，霊を退散させる道具として使われていたとされている。平安時代末期から f 鎌倉幕府成立ごろに朝廷で力を持っていた後白河上皇も，病気の際に双六を行ったという記録がある。

人々が意識してきた霊的なものは，様々な芸術とも関係している。平安時代の代表的な文学作品である g『源氏物語』のなかには，強い嫉妬《しっと》心を持った女性の霊が他の女性たちにとりつく場面が登場し，室町時代に能を大成させた h 世阿弥も，能のなかで幽霊を表現した。

しかし江戸時代になると，霊やオバケなどの存在が信じられなくなっていった。たとえば，i 大阪の町人学者であった山片蟠桃《やまがたばんとう》は，霊魂や天狗《てんぐ》，鬼などの存在を否定し，神様もいないと考えていたという。ただし一方で，怪奇現象を合理的《ごうりてき》に解釈《かいしゃく》しようとした j 新井白石や，霊界について徹底的に調査した平田篤胤《ひらたあつたね》など，やはり多くの人が関心を向けていた。

また，霊やオバケは，江戸時代の人々のあいだに娯楽《ごらく》として広まっていくようになったという。たとえば，稲生武太夫《いのうぶだゆう》という人物の不思議な体験談である『稲生物怪録《いのうもののけろく》』には，たくさんのユニークなオバケが登場し，「おばけかるた」というオモチャには，一つ目小僧や雪女などの絵が描かれている。このように，オバケは怖がられる存在から娯楽の対象となり，キャラクター化されていった。そして，現在の私たちが思い浮かべるような，幽霊やオバケ，妖怪のイメージに大きな影響を与えていったのである。

問６　下線部ａについて。このような縄文時代の風習を何というか答えなさい。

問７　下線部ｂについて。奈良時代の出来事を説明した文として**誤っているもの**を次の**ア～エ**より１つ選びなさい。

ア　校倉造の正倉院に，天皇の遺品などの宝物が納められた。
イ　白村江の戦いで，日本が唐などの連合軍に敗れた。
ウ　口分田の不足を解決するため，墾田永年私財法を出した。
エ　日本の神話や歴史をまとめた『古事記』が完成した。

問８　下線部ｃについて。藤原道長を説明した文として正しいものを次の**ア～エ**より１つ選びなさい。

ア　大きな権力をにぎったが，中臣鎌足らに暗殺された。
イ　摂政・関白として力を持ち，宇治に平等院鳳凰堂を建てた。
ウ　蝦夷《えみし》と呼ばれた人々を平定するため，征夷大将軍に任命された。
エ　「この世をば　わが世とぞ思う…」という有名な歌を残した。

問９　下線部ｄについて。平安時代に遣唐使停止の意見を述べたのは菅原道真である。菅原道真は，今日では学問の神様として親しまれているが，彼が大宰府へと左遷《させん》され無念の死をとげた後には，人々から「恐ろしい存在」と思われたこともあった。なぜ「恐ろしい存在」とされたのか，本文の内容を参考にして説明しなさい。

問10　下線部ｅについて。日本の仏教を説明した文として正しいものを次の**ア～エ**より１つ選びなさい。

ア　５世紀にインドから日本へ公式に仏教が伝わった。
イ　桓武天皇が，東大寺に大仏をつくるよう命じた。
ウ　空也は諸国を回り，念仏を唱えることで救われると説いた。
エ　法然は時宗を開き，踊念仏を行った。

問11　下線部ｆについて。鎌倉幕府のしくみに関して述べた次のＸ・Ｙの文の正・誤の組み合わせとして正しいものを，後の**ア～エ**より１つ選びなさい。

Ｘ　侍所は，裁判を担当する中央の機関であった。
Ｙ　国ごとに守護が置かれ，軍事や警察のしごとにあたった。

ア　Ｘ－正　Ｙ－正　　**イ**　Ｘ－正　Ｙ－誤
ウ　Ｘ－誤　Ｙ－正　　**エ**　Ｘ－誤　Ｙ－誤

問12　下線部ｇについて。『源氏物語』の作者は誰か答えなさい。

問13　下線部ｈについて。世阿弥が活躍したころよりも古い時代の文化の説明として，正しいものを次の**ア～エ**より１つ選びなさい。

ア　『平家物語』が，琵琶法師によって語られた。
イ　葛飾北斎が，「富嶽三十六景」などの風景画を描いた。
ウ　井原西鶴が，浮世草子という小説で多くの作品を書いた。
エ　出雲の阿国が阿国歌舞伎を始め，たいへんな人気となった。

問14　下線部ｉについて。大阪に関する次の**Ａ～Ｄ**を時代順に並べ替えたものとして，正しいものを後の**ア～エ**より１つ選びなさい。

Ａ　大阪冬の陣・夏の陣という二度にわたる戦いがおこった。
Ｂ　大阪町奉行所のもと役人であった大塩平八郎が乱をおこした。
Ｃ　織田信長と戦っていた石山本願寺が屈服した。
Ｄ　豊臣秀吉が天守閣を持つ壮大な城を建設した。

ア　**Ａ→Ｂ→Ｃ→Ｄ**　　**イ**　**Ｃ→Ｄ→Ａ→Ｂ**
ウ　**Ｂ→Ａ→Ｄ→Ｃ**　　**エ**　**Ｄ→Ｃ→Ｂ→Ａ**

問15　下線部ｊについて。新井白石の改革を説明した文として正しいものを次の**ア～エ**より１つ選びなさい。

ア　裁判の公正をはかるため，裁判の基準となる公事方御定書をつくった。
イ　物の値段が激しく上がってしまったため，株仲間の解散を命じた。
ウ　旗本や御家人の救済のため，彼らの借金を帳消しにする棄捐令《きえんれい》を出した。
エ　生類あわれみの令の廃止など，正徳の治といわれる政治の立て直しを行った。

4 次の年表を見て後の問いに答えなさい。

西暦	出来事	
1853年	ロシア使節プチャーチンが長崎に来航	
1855年	日露和親条約を締結	
1869年	蝦夷地を北海道と改称し，開拓使設置	・・・①
1875年	樺太・千島交換条約	
1876年	開拓使学校を前身とする札幌学校が札幌農学校と改称	・・・②
1881年	開拓使官有物払い下げ事件	・・・③
1886年	函館県，札幌県，根室県を廃して北海道庁を設置	
1899年	北海道土人保護法を制定	
1997年	（　　）文化振興法	・・・④

問１　年表中①について。開拓使のもと，兵士でありながら，平時には開拓民として，北海道の開拓にあたったものを何というか答えなさい。

問２　年表中②について。この学校では，外国人教師によって新たな技術や学問が伝えられたが，そのうち，札幌農学校で学び，国際連盟事務局次長を務め，『武士道』を著した人物は誰か。次の**ア**～**エ**より１人選びなさい。

ア　内村鑑三　　**イ**　新渡戸稲造
ウ　野口英世　　**エ**　夏目漱石

問３　年表中③について。開拓使官有物払い下げ事件で失脚した元大蔵卿は，のちに早稲田大学の前身となる東京専門学校を創立した。その人物は誰か。次の**ア**～**エ**より１人選びなさい。

ア　伊藤博文　　**イ**　大隈重信　　**ウ**　福沢諭吉　　**エ**　山県有朋

問４　ソビエト連邦の軍が，日ソ中立条約を一方的に破棄して満州や朝鮮，千島列島に押し寄せた。その後結ばれたサンフランシスコ講和条約で国境線は改められたが，この講和条約に調印しなかったソビエト連邦はこの国境線を認めていない。現在の国境線はどれか。地図中の**ア～エ**より１つ選びなさい。

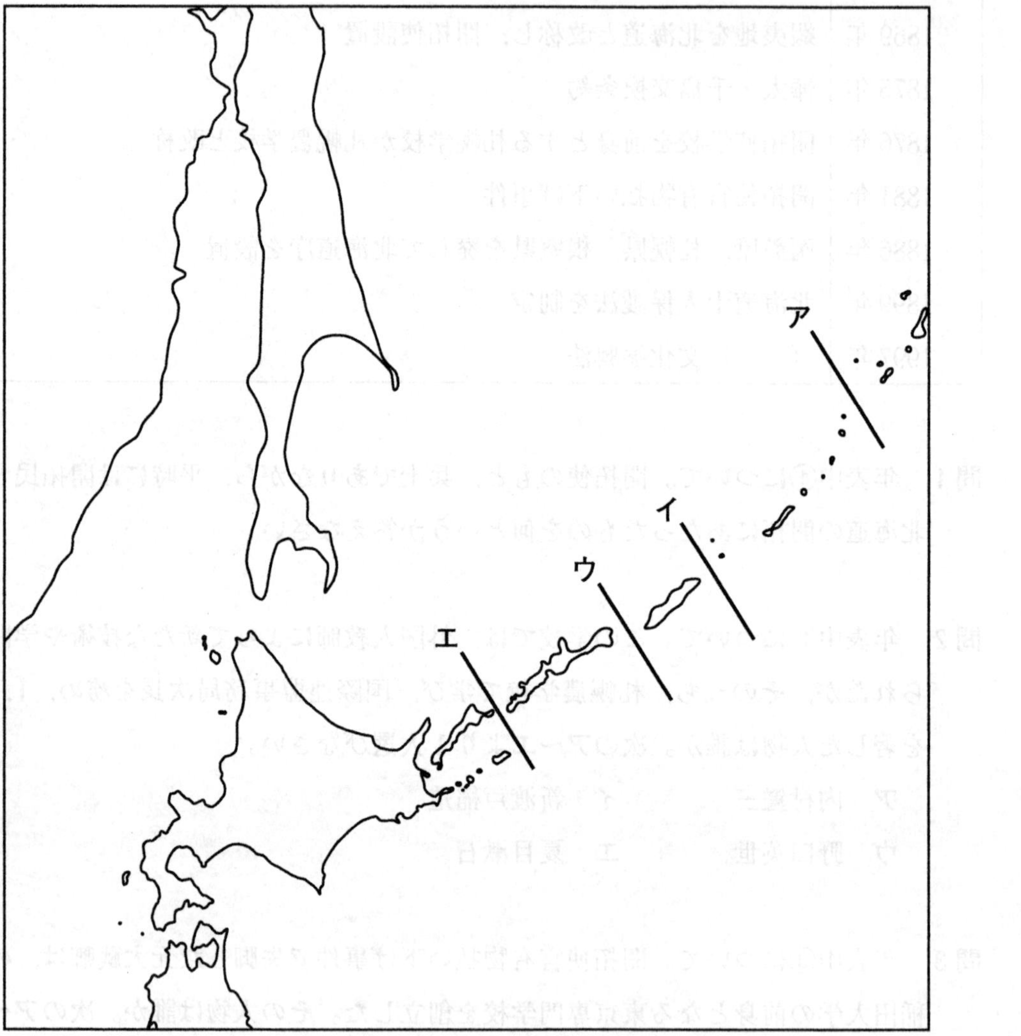

問５　年表中④について。年表中の（　　）にふさわしい語句を答えなさい。(**カタカナ３字で**)

5 次の文章を読んで後の問いに答えなさい。

世界の平和維持と社会の発展を目的に，**①国際連合**が1945年につくられた。6つの**②主要機関**と**③専門機関**から成り立っており，**④安全保障理事会（安保理）**は，国際平和と安全を守る機関である。たとえば，戦争をしている国に戦争をしないよう求めることができるなど，国際連合のなかでも特に強い権限を持っている。この機関はアメリカ・ロシア・イギリス・フランス・中国の五大国と，2年ごとに選挙で選ばれる（　A　）で構成され，日本は昨年6月に行われた選挙に立候補して当選した。12回目の当選は世界最多であり，［　B　］。

アメリカやヨーロッパの国などでつくる軍事同盟**⑤北大西洋条約機構**には，核兵器を持たない国がアメリカ軍の核兵器を配備して，共同で運用する「核共有」というしくみがある。しかし，唯一の被爆国である日本は，核兵器を「（　C　）」という非核三原則を守り，核兵器のない世界を実現しようとしている。

問1　（　A　）にあてはまる言葉を答えなさい。（**漢字で**）

問2　［　B　］にはどのような内容の文章が入るか。あてはまる文章として**ふさわしくないもの**を次のア～エより1つ選びなさい。

ア　日本は世界の平和と安全に対して責任を負うことになった

イ　2023年1月1日から2年間の任期を果たすことになった

ウ　2期連続の選出は，世界初である

エ　国連加盟国が参加する総会において，投票で選出された

問3　（　C　）にあてはまる言葉を答えなさい。

問4　下線部①について。国際連合の原則として**誤っているもの**を次のア～エより1つ選びなさい。

ア　国と国との争いは，話し合いなどの平和的な手段によって解決する。

イ　すべての加盟国は平等である。

ウ　加盟国は，国際連合の行動を援助しなければならない。

エ　国際連合は，加盟国内の政治上の問題の解決に協力する。

問５　下線部②について。次の国際連合の主要機関の名称ａ～ｃと，それらについての説明Ｘ～Ｚとの組み合わせとして最も適当なものを，下の**ア～カ**より１つ選びなさい。

【主要機関の名称】
ａ　総会
ｂ　国際司法裁判所
ｃ　経済社会理事会

【説明】
Ｘ　国と国との争いを解決したり，勧告《かんこく》的意見を出したりする。
Ｙ　専門機関などと連携《れんけい》し，途上国の開発援助《かいはつえんじょ》，人権侵害などの解決を行う。
Ｚ　加盟国が１国１票の投票権を持つ。

ア	ａ－Ｘ	ｂ－Ｙ	ｃ－Ｚ	**イ**	ａ－Ｘ	ｂ－Ｚ	ｃ－Ｙ
ウ	ａ－Ｙ	ｂ－Ｘ	ｃ－Ｚ	**エ**	ａ－Ｙ	ｂ－Ｚ	ｃ－Ｘ
オ	ａ－Ｚ	ｂ－Ｘ	ｃ－Ｙ	**カ**	ａ－Ｚ	ｂ－Ｙ	ｃ－Ｘ

問６　下線部③について。次の**ａ**，**ｂ**についての説明として正しいものを下の**ア～エ**よりそれぞれ１つずつ選びなさい。

a　UNHCR

b　UNESCO

ア　農林水産の増産などによって，各国民の栄養の改善を図り，貧困や飢《き》餓《が》をなくすことを目的に活動している。国連食糧農業機関。

イ　難民に対して衣食住の支援を行い，各国政府には難民の権利を守るよう働きかける。国連難民高等弁務官事務所。

ウ　教育・科学・文化を通して世界中の人々がお互いに分かりあうことで，平和で持続可能な社会をつくるための活動をしている。国連教育科学文化機関。

エ　発展途上国や紛争地域の子どもに食料や薬などを援助し，子どもの権利を守るために活動する。国連児童基金。

問7　下線部④について。ウクライナからのロシアの撤退を求めるため，昨年2月に安保理で話し合いが行われたが，下表のように賛成多数にもかかわらず可決できなかった。可決できなかった理由を説明しなさい。

賛成	反対	棄権
フランス，イギリス，アメリカ，アイルランド，ケニア，メキシコ，ノルウェー，アルバニア，ブラジル，ガボン，ガーナ	ロシア	中国，インド，アラブ首長国連邦

問8　下線部⑤について。略称を答えなさい。(アルファベットで)

【理　科】〈第１回試験〉（30分）〈満点：50点〉

1　以下の問いに答えなさい。

(1)　文章中の（　①　）～（　④　）に当てはまる数の組合せとして正しいものを，次の**ア**～**オ**から１つ選び，記号で答えなさい。

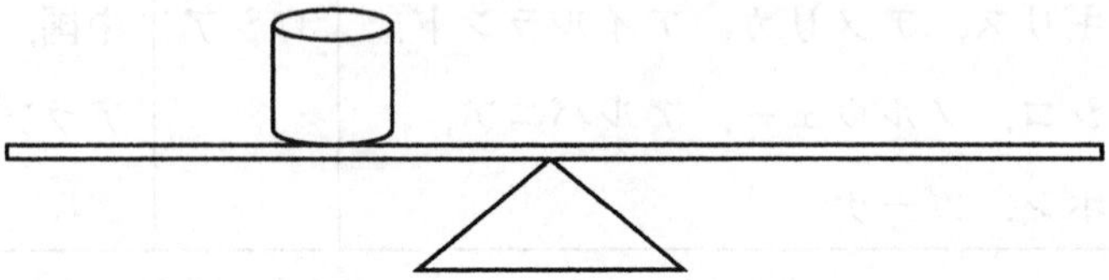

10 m の板の真ん中に支点となる部品を付けて固定した，上の図のようなシーソーがある。シーソーの左がわには，支点から（　①　）m の位置に（　②　）kg のおもりが乗っている。シーソーの右がわの支点から（　③　）m の位置に（　④　）kg のおもりを乗せると，シーソーはつり合う。

	（　①　）	（　②　）	（　③　）	（　④　）
ア	3	15	6	9
イ	6	8	3	15
ウ	5	4	8	2
エ	4	10	5	8
オ	7	3	4	5

(2)　水と卵の密度はそれぞれ 1.0 g/cm^3，1.1 g/cm^3 である。100 cm^3 の水が入ったコップに，卵をしずかに入れると底にしずんだ。ここに塩を３g ずつ複数回に分けて溶かすと，何回目で卵が浮くようになるか。（ただし，塩を入れても食塩水の体積は変化しなかった）

(3)　植物の発芽条件を調べる実験をした。インゲンマメが発芽する条件として正しいものを次の**ア～オ**から1つ選び，記号で答えなさい。

	温度	場所	水分	肥料
ア	20℃	窓の近く	しめった脱脂綿《だっしめん》	あり
イ	20℃	窓の近く	かわいた脱脂綿	あり
ウ	20℃	黒い箱の中	かわいた脱脂綿	あり
エ	4℃	冷蔵庫の中	しめった脱脂綿	なし
オ	4℃	冷蔵庫の中	かわいた脱脂綿	あり

(4)　千葉県市原市で“証拠《しょうこ》”となる地層が発見されたことから，77.4万年前から12.9万年前の時代は「チバニアン」と名付けられた。この地層で見つかった“証拠”とは何か。正しいものを次の**ア～エ**から1つ選び，記号で答えなさい。

ア　氷河期《ひょうがき》が終わった
イ　人類が誕生した
ウ　地球のN極とS極が反転した
エ　巨大な隕石《いんせき》が地球に衝突し，生物が大絶滅した

(5)　2022年にノーベル物理学賞を受賞した研究テーマとして正しいものを次の**ア～エ**から1つ選び，記号で答えなさい。

ア　量子《りょうし》もつれ，量子情報科学の研究
イ　地球の気候変動，地球温暖化の予測
ウ　重力波《じゅうりょくは》の観測
エ　太陽系外に惑星を発見

2　回路のようすを表すとき，**図１**のような電気用図記号を用いて，簡単に回路のようすを表したものを，回路図という。**図１**は電気用図記号のうち，乾電池（または電源装置《そうち》），豆電球，導《どう》線，電流計の例を表したものである。以下の問いに答えなさい。

乾電池 （または電源装置）	豆電球	導線	電流計
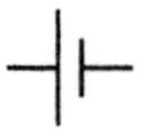		— または ｜	

図１　電気用図記号

⑴　**図１**の乾電池（または電源装置）の電気用図記号で，＋極を表すのは，**図２**の**ア**（長いたて棒），**イ**（短いたて棒）のうちどちらかを選び，記号で答えなさい。

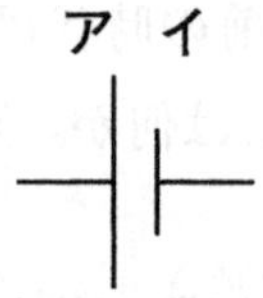

図２　乾電池（または電源装置）の電気用図記号

⑵　**図１**の電気用図記号を使って**図３**のような回路を作成した。電流が流れる向きは，**ア**，**イ**のうちどちらかを選び，記号で答えなさい。

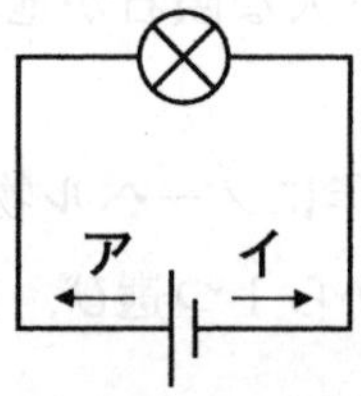

図３　豆電球に流れる電流

⑶　**図４**のような回路を作成した。⑶に出てくる豆電球はすべて同じものを使用している。**図４**と同じ回路を表しているのは，**ア**～**エ**のうちどれか。正しいものをすべて選び，記号で答えなさい。

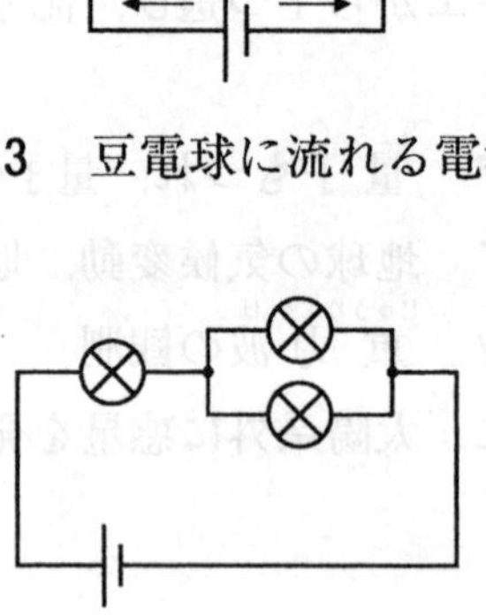

図４　豆電球を３つ使った回路図

ア

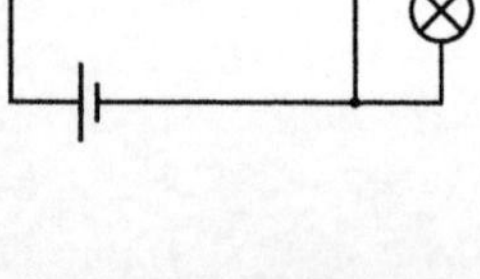

イ

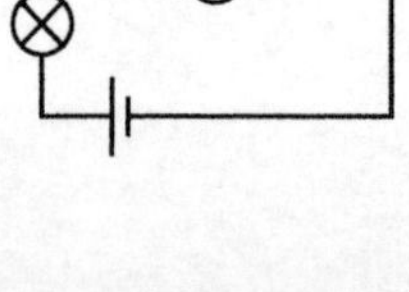

ウ

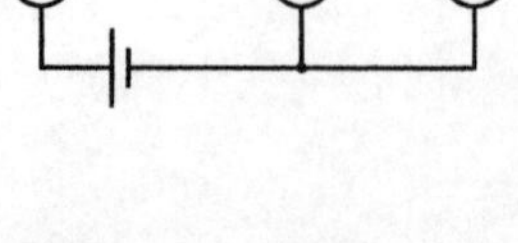

エ

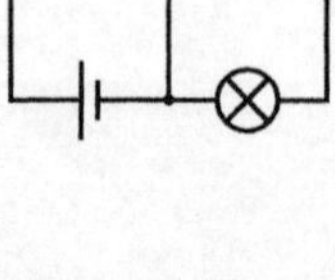

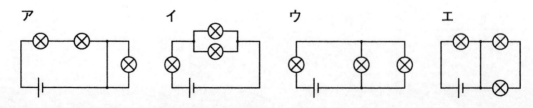

(4) 麗太さんは別の豆電球**a**，**b**を使って**図５**のような回路を作成した。この回路では，何の電流を測定していますか。次の**ア**～**ウ**から１つ選び，記号で答えなさい。

ア 豆電球**a**に流れる電流
イ 豆電球**b**に流れる電流
ウ 豆電球**a**と豆電球**b**に流れる電流の合計

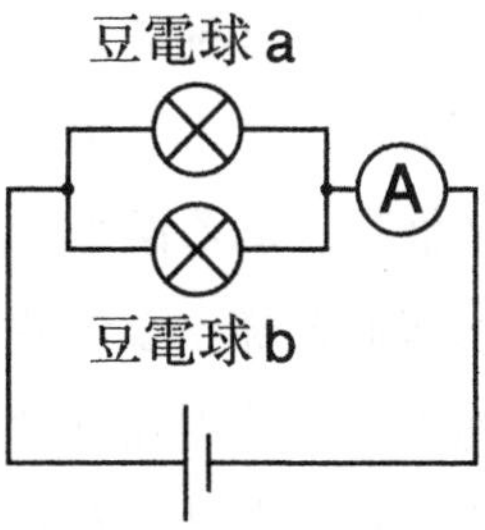

図５ 麗太さんが作成した回路

(5) 麗美さんは同じ豆電球を３つ用意し，**図６**のような回路を作成した。**図６**の回路に電流を流したとき，**c**，**d**，**e**の位置にある豆電球の光の明るさについて，正しく書かれているものを次の**ア**～**エ**のうちから１つ選び，記号で答えなさい。

ア **c**，**d**，**e**の光の明るさはすべて同じ
イ **c**が最も明るく光り，次に明るく光るのは**d**と**e**である
ウ **d**と**e**が最も明るく光り，次に明るく光るのは**c**である
エ **c**，**d**，**e**の順番に明るく光る

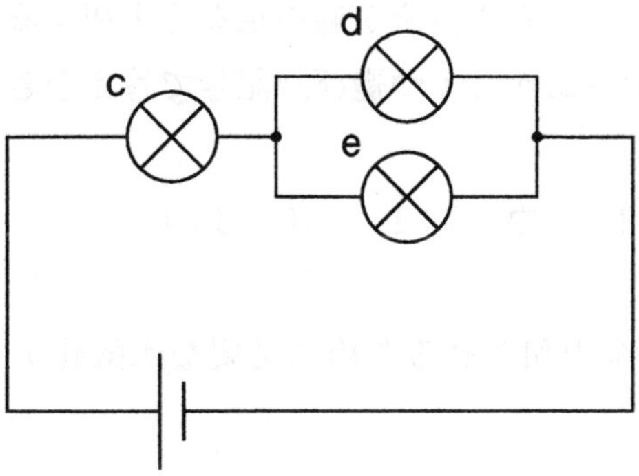

図６ 麗美さんが作成した回路

3 濃さの異なる２種類の塩酸**X**液と塩酸**Y**液がある。この２種類の塩酸**X**液と塩酸**Y**液を，ある濃さの水酸化ナトリウム水溶液と様々な体積で混ぜ合わせて，過不足なく中和させました。この実験で得られた結果が右の図です。この実験について，以下の問いに答えなさい。

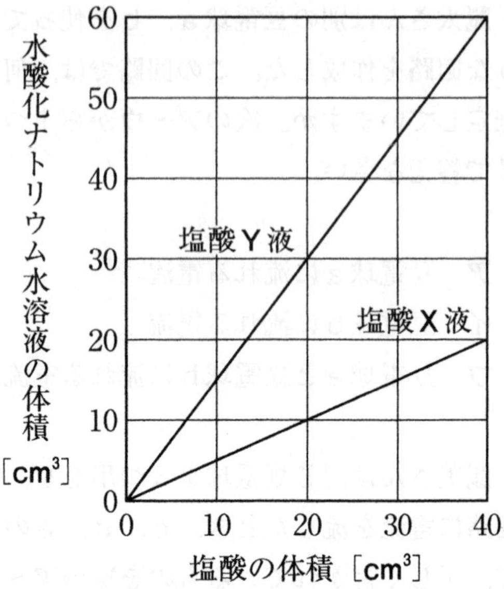

(1) 塩酸に水酸化ナトリウム水溶液を加えると水ともう１つ生成するものは何か。正しいものを次の**ア**～**エ**から１つ選び，記号で答えなさい。

ア 食塩
イ ホウ酸
ウ 砂糖
エ ミョウバン

(2) 塩酸**X**液と水酸化ナトリウム水溶液が過不足なく中和するときの体積比として，正しいものを次の**ア**～**エ**から１つ選び，記号で答えなさい。

ア 1：2　**イ** 1：3　**ウ** 3：1　**エ** 2：1

(3) 塩酸**Y**液 50 cm^3 を完全中和させるために必要な水酸化ナトリウム水溶液は何 cm^3 ですか。

(4) 塩酸**Y**液の濃さは，塩酸**X**液の濃さの何倍ですか。

(5) 塩酸**X**液 100 cm^3 と水酸化ナトリウム水溶液 60 cm^3 を混ぜ合わせた溶液に BTB 液を加えた。このとき，溶液は何色に変化するか。正しいものを次の**ア**～**オ**から１つ選び，記号で答えなさい。

ア 緑色　**イ** 黄色　**ウ** 赤色　**エ** 青色　**オ** 無色

4　ある海岸の岩場では，右の図のような生物の「食べる・食べられる」の関係が成立している。図の中の矢印の向きは，その生物に食べられることを意味し，矢印の太さは，食べられる量を表している。例えば，イボニシはイガイとフジツボを食べるが，主にフジツボを食べている。

以下の問いに答えなさい。

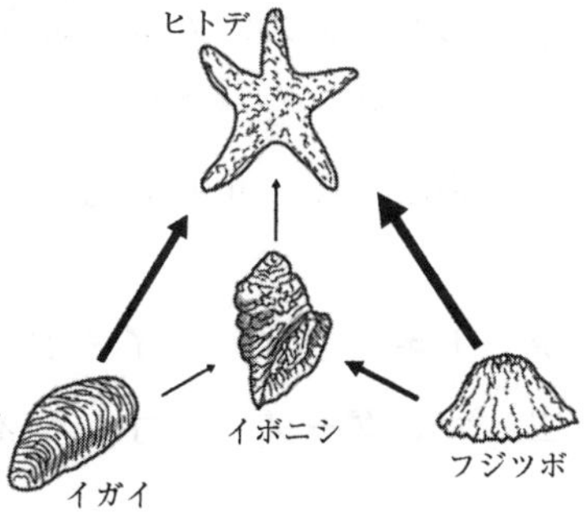

＜実験＞

この岩場の一部の区画で，ヒトデだけを継続的に取り除《のぞ》く実験を行ったところ，３ヶ月後にはフジツボが岩場のほとんどを占めたが，１年後にはイガイが岩場をほぼ独占《どくせん》した。

(1)　文中下線部の生物どうしの「食べる・食べられる」という関係を何と言うか。

(2)　実験結果として「ヒトデを取り除き続けたことが原因で，生物のバランスがくずれた」ということが言えるが，これを証明するためにはどのような実験を行えばよいですか。正しいものを次の**ア**～**エ**から１つ選び，記号で答えなさい。

ア　ヒトデを継続的に取り除いた場所と同じ条件の岩場で，人の手を全く加えずに，そのようすを観察する。

イ　ヒトデを継続的に取り除いた場所と同じ条件の岩場で，ヒトデ以外の別の動物を継続的に取り除いて，そのようすを観察する。

ウ　ヒトデを継続的に取り除いた場所と異なる条件の岩場で，人の手を全く加えずに，そのようすを観察する。

エ　ヒトデを継続的に取り除いた場所と異なる条件の岩場で，ヒトデ以外の別の動物を継続的に取り除いて，そのようすを観察する。

(3)　この実験から想定できる仮説として，誤っているものを次の**ア**～**エ**から１つ選び，記号で答えなさい。

ア　最初にフジツボが増えたのは，どの生物よりもヒトデに多く食べられていたためである。

イ　１年後にイガイが増えたのは，フジツボがイボニシに多く食べられ，数が減ったためである。

ウ　フジツボの数が増えたことで，イボニシの数も増えたと考えられる。

エ　１年後にフジツボが減ったのは，イガイがフジツボを食べ始めたためと考えられる。

(4)　生物のバランスに大きな影響《えいきょう》を与えるきっかけとなってしまう，外来生物《がいらいせいぶつ》は日本でも問題になっています。日本の在来生物《ざいらいせいぶつ》の数の減少を引き起こしている外来生物として，正しいものを次の**ア**～**カ**から２つ選び，記号で答えなさい。

ア　トキ　　**イ**　ブラックバス（オオクチバス）　　**ウ**　アユ
エ　マングース　　**オ**　オオサンショウウオ　　**カ**　ウナギ

(5)　食うものと食われるものの数は周期的な増減をくり返すことがある。それらの数の変化のグラフとして，正しいものを次の**ア**～**エ**から１つ選び，記号で答えなさい。ただし，矢印はグラフ上における数の変化の方向を表す。

ア

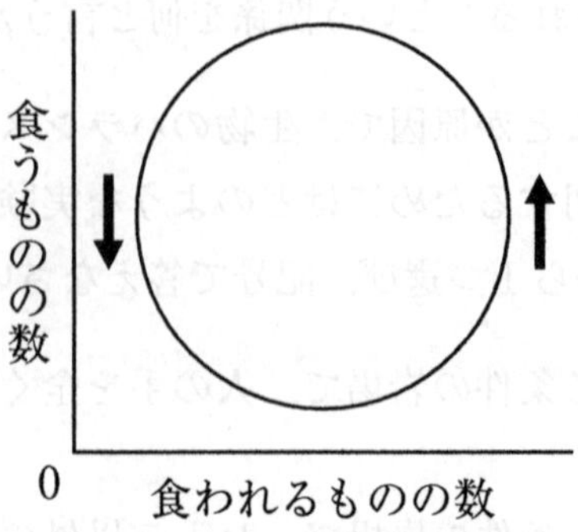

イ

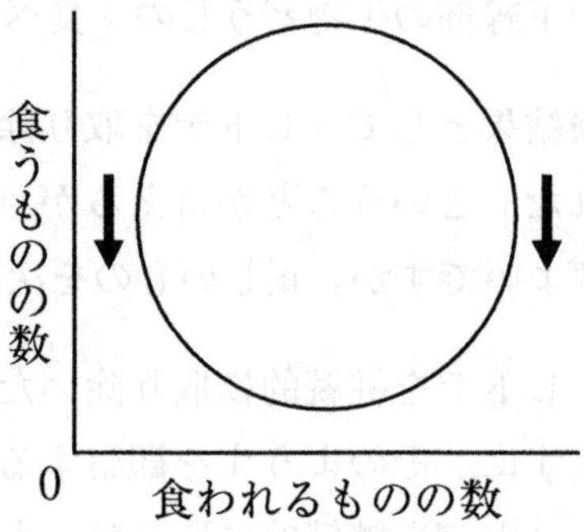

ウ

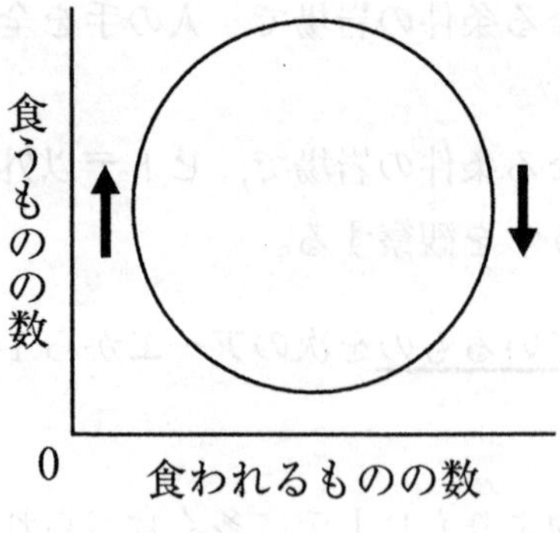

エ

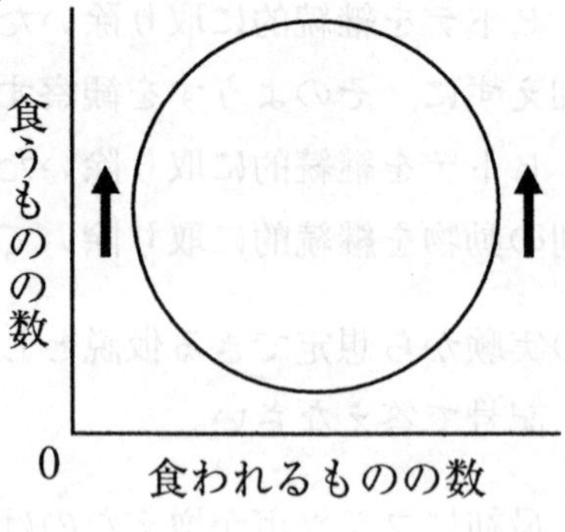

5 太陽系に関する以下の問いに答えなさい。

(1) イトカワの試料を持ち帰ってきた小惑星探査機の名称を答えなさい。

(2) イトカワはＳ型小惑星，リュウグウはＣ型小惑星に分類されます。Ｓ型小惑星はstonys（石質）の頭文字から命名されており，岩石質の惑星に付けられます。Ｃ型小惑星はある元素の英語の頭文字から命名されています。その元素として正しいものを，次の**ア**～**エ**から１つ選び，記号で答えなさい。

ア 水素　**イ** 酸素　**ウ** 炭素　**エ** ちっ素

(3) 太陽系には，小惑星が集中して存在している領域があります。その領域は２つの惑星の間に存在します。その２つの惑星の名称を答えなさい。

(4) リュウグウから探査機が持ち帰った試料からはアミノ酸と，ある物質が検出され，地球での生命誕生に関する新しい情報が得られることが期待されています。ある物質とは何ですか。

(5) 惑星には，その周りを公転する衛星という天体が存在することがあります。その衛星が地球には１個存在しています。木星にある現在確認されている衛星の数で最も近いものを次の**ア**～**エ**から１つ選び，記号で答えなさい。

ア 10個　**イ** 20個　**ウ** 40個　**エ** 80個

【英　語】〈第１回試験〉（60分）〈満点：100点〉

〈編集部注：実際の試験問題では，読解のグラフとリスニングの一部を除くイラストはカラー印刷です。〉

Ⅰ～Ⅳはリスニング問題です

Ⅰ

A. これからあなたについて英語で質問します。その答えを３語以上の英語で書いてください。質問は２回ずつ読まれます。数字も英語で書いてください。

(1)

(2)

(3)

B. これから英単語が２回ずつ読まれます。解答用紙の下線部に入れる適切なアルファベットを１文字ずつ書いてください。

(1)

(2)

(3)

(4)

C. これから２人による会話文が流れます。２番目の話者のところでベルの音が鳴ります。その箇所《かしょ》に入れるより適切な文を選び、解答用紙の記号に○をつける問題です。会話は１度しか読まれません。

例題

John: Good morning. How are you, Ken?

Ken:（ベル音）

John: That's good.

ア. I'm fine.　イ. I'm not so good.

(1)

(2)

(3)

(4)

(5)

II

A. これから英文と質問が流れます。その質問の答えとして最もふさわしいものをア～エの中から選び、記号で答えてください。英文と質問は２回ずつ読まれます。

	ア	イ	ウ	エ
(1)				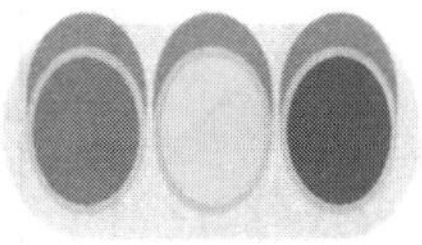

	ア	イ	ウ	エ
(2)				

	ア	イ	ウ	エ
(3)				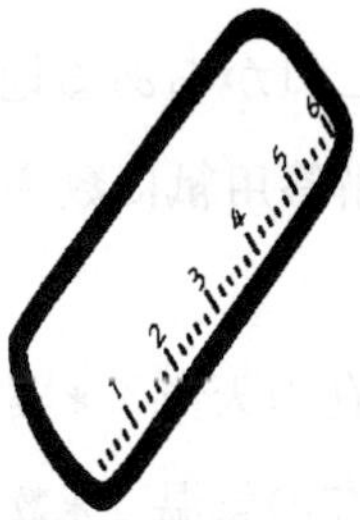

	ア	イ	ウ	エ
(4)	40	18	8	14

B.　これからあるイラストについて説明する英文が流れます。その説明に最も近いものをア～クの中から選び、記号で答えてください。問題は２問で、英文はそれぞれ２回読まれます。

ア	イ	ウ	エ

オ	カ	キ	ク

(1)

(2)

Ⅲ　これからある地方の天気予報が英語で流れます。次の(1)～(5)の内容を聞き取り、解答用紙に数字または英単語で答えてください。英文は２回読まれます。

(1) 現在の天気　＊英単語で

(2) 現在の気温　＊数字で

(3) 今週の天気　＊英単語で

(4) 今週の最低気温　＊数字で

(5) 今日の日付　＊数字で

Ⅳ　これから流れる英語の指示を聞きながら、そのイラストを描きなさい。イラストの上手さは問いません。英文は３回読まれます。

※〈リスニングテスト放送原稿〉は問題のうしろに掲載してあります。

V

A. 次の(1)～(3)の質問を読み、指示に従って**英語で**答えてください。

(1) What is an animal that looks like a horse but has black and white lines all over its body? Answer in five letters.

(2) This vehicle uses electric power and carries people and things on a railroad track. What is it? Answer in five letters. The word begins with "t."

(3) This has a long nose and large ears. This is the biggest land animal. What is it? The word begins with "e."

B. 次の(1)～(3)の質問を読み、**数字で**答えてください。

(1) Ken had sixty cents. He paid thirty-five cents for chocolate. How much change will he get?

(2) It is 2:08 pm. Mr. Nakano has been driving for 75 minutes. What time did Mr. Nakano begin driving?

(3) Mr. Yamada picks a number and multiplies it by 3. He then adds 4 to the result and finally divides this new number by 2. His final result is 14. What number did he start with?

Ⅵ

A. 次の会話文を読み、文中の空所①～②に入る最も適切な文をア～エの中から選び、それぞれ記号で答えてください。

A: What will you do at the music festival?

B: (①)

A: Oh, I didn't know that you can play the piano.

B: To tell you the truth, I haven't played it for two years.

A: (②)

B: Yes, so I can't play tennis after school this month.

① ア. I haven't decided it yet.
イ. I will sing a famous song.
ウ. I will play the piano.
エ. Our class will perform a musical play.

② ア. Then, you have to practice a lot.
イ. Well, another person will play the piano.
ウ. Well, how about practicing tennis with me?
エ. Then, you like playing tennis better than playing the piano.

B. 全体が意味の通る文章となるように、次のア～オの各文を空所に入れ、その順番を記号で答えてください。

Before summer vacation, our teacher said, "Please write a report during your vacation. You can write about anything you like in our city." I like the mountain in our city, so I decided to write about it. ( )→( )→( )→( )→( ) Finally, I went to the mountain. The mountain looked beautiful.

ア. I visited our city's website.
イ. We saw some pictures of the animals that live around the mountain.
ウ. It said that the mountain is popular, and a lot of people visit it every year.
エ. The next day, I visited our city museum with my father.
オ. First, I used my computer to learn more about the mountain.

C. (1)の文章を読み、(2)の文章がほぼ同じ内容となるよう下線部(ア)～(エ)に適切な英語を１語ずつ書いてください。A～Dは人物を表します。

(1) Yumi went abroad to study in San Francisco last month and currently lives with her host family. The Williams family has four members: A, B, C, and D. Today is D's birthday, so Yumi decided to go and buy some presents with A. B also wants to buy a present, so he is going to look for a gift after his lecture is over at college. Yumi and A are on their way to buy flowers. D cannot wait for tonight's dinner because today is her special day. Twenty years have passed since A and D got married. A and D have two sons. Their sons are four years apart and they get along well. One son, C, just graduated from junior high school last March.

(2) The Williams family has four members. Tom is the host father, Bob and Mike are the host brothers, and Mary is the host mother. So, A is (ア)__________ and he is D's (イ)__________. C is (ウ)__________ than B. Yumi is going to buy (エ)__________.

Ⅶ

Emily と Ken は１月の英検に向けて、一緒に１日勉強できる日を探しています。１日勉強できる日とは、両者がともに１日の中で何も予定がない日を指します。以下の英語を読み、質問に答えてください。

December

Monday	Tuesday	Wednesday	Thursday	Friday	Saturday	Sunday
				1	2	3
4	5	6	7	8	9	10
11	12	13	14	15	16	17

Emily and Ken are junior high school students. They go to different schools, so it is not so easy for them to make a plan to study together. Emily has practiced piano, violin and tennis after school for six years. She practices piano on Tuesdays, Thursdays and Saturdays, but there is no lesson on the first and third Saturday this month. Her violin lessons are every Wednesday and Sunday, but this month is irregular. There are only four lessons, which are the 6th, the 10th, the 13th, and the 17th. Her tennis lessons are always on Fridays, but there is no lesson on December 15th. Ken doesn't have any after-school lessons, but he often travels with his family. They are going to Yamanashi from the 2nd to the 3rd, and Kyoto from the 15th to the 17th. He cannot make any plans with anyone the very next day after the trips just in case of delay. He joins some volunteer activities all day every Saturday and Sunday, but he cannot take part in them when he has a plan.

(1) 以下の空所に入れるのに最も適切な１語を**英語で**答えてください。

Q：When can Emily and Ken study together based on the information above?

A：They can study together on December (　　　　　　).

(2) Emily がピアノのレッスンに行く回数とバイオリンに行く回数を足すと、合計何回になりますか。**数字で**答えてください。　(　　　　　　　　)回

(3) Ken はボランティア活動に何回参加できますか。**数字で**答えてください。
1日参加したら、1回とみなします。　(　　　　　　)回

Ⅷ　次のグラフを参考に下の英語を読み、質問に答えてください。

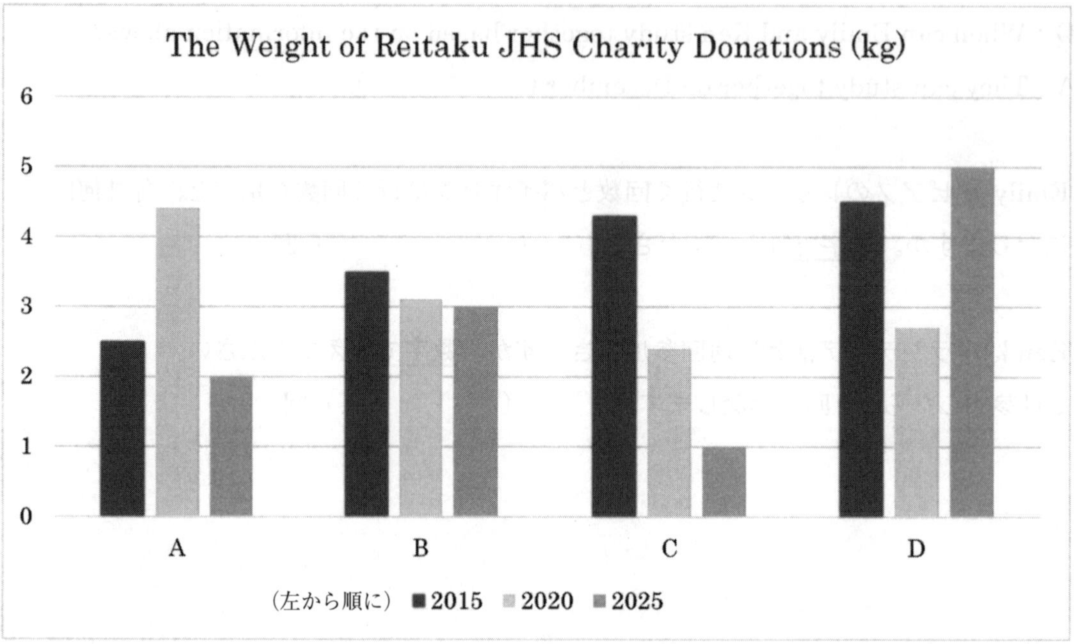

This bar chart shows the weight of Reitaku Junior High School charity donations in 2015 and 2020. It also shows future *projections for 2025. According to the data, it seems that stationery donations will become the main donation. Used clothes donations will remain strong in 2025 as it was in 2020. In 2015, we can see that book donations were the lowest of all categories because they were not so popular then. However, it has become the highest because of the teachers' support over five years. The weight of food donations has dramatically decreased since 2015 and it is getting less popular.

*projection 予測

(質問) グラフの A～D は次のどれを表しますか。最も適切なものをア～オの中から選び、それぞれ記号で答えてください。

ア. 古着回収　イ. 食品回収　ウ. ぬいぐるみ回収　エ. 文房具回収　オ. 本回収

〈リスニングテスト放送原稿〉

これからリスニングのテストを始めます。問題冊子の１ページを開いてください。リスニングテストは、Ⅰから Ⅳまであります。

Ⅰ A

これからあなたについて英語で質問します。その答えを３語以上の英語で書いてください。質問は２回ずつ読まれます。数字も英語で書いてください。では始めます。

No.1　What sport do you like best?　What sport do you like best?
No.2　What month is it?　What month is it?
No.3　How many clocks are there on the wall?
　　　How many clocks are there on the wall?

次はＢです。これから英単語が２回ずつ読まれます。解答用紙の下線部に入れる適切なアルファベットを１文字ずつ書いてください。では始めます。

No.1　blue　blue
No.2　mouse　mouse
No.3　cut　cut
No.4　blow　blow

次はＣです。これから２人による会話文が流れます。２番目の話者のところでベルの音が鳴ります。その箇所に入れるより適切な文を選び、解答用紙の記号に○をつける問題です。まず例題を見てください。

John: Good morning. How are you, Ken?
Ken: (bell sound)
John: That's good.

Ken のせりふとしてよりふさわしいのは I'm fine. ですので、正解のアに○をします。会話は１度しか読まれません。では始めます。

No.1
M: Are you on the soccer team?
X: (bell sound)
M: Do you want to join the team?

No.2
W: Do you like pizza?
X: (bell sound)
W: Do you want to go to the pizza restaurant together?

No.3
M: How do you go to school?
X: (bell sound)
M: Me, too. I like walking.

No.4
W: Where is the dog?
X: (bell sound)
W: Oh, I see him.

No.5
M: Who is that woman?
X: (bell sound)
M: What's her name?

II A
これから英文と質問が流れます。その質問の答えとして最もふさわしいものをア～エの中から選び、記号で答えてください。英文と質問は２回ずつ読まれます。では始めます。

No.1
It is food. It is usually round. It is green on the outside and red on the inside. What is it?
It is food. It is usually round. It is green on the outside and red on the inside. What is it?

No.2

It is an animal. It can fly. It is an insect. What is it?

It is an animal. It can fly. It is an insect. What is it?

No.3

It is a thing. It has many numbers on it. It is long and thin. What is it?

It is a thing. It has many numbers on it. It is long and thin. What is it?

No.4

There are 40 students in this class. 18 are in the tennis club. 8 are not in any club. The others are in the soccer club. How many are in the soccer club?

There are 40 students in this class. 18 are in the tennis club. 8 are not in any club. The others are in the soccer club. How many are in the soccer club?

次はＢです。これからあるイラストについて説明する英文が流れます。その説明に最も近いものをア～クの中から選び、記号で答えてください。問題は２問で、英文はそれぞれ２回読まれます。では始めます。

No.1

The picture has a house. There is a tree on the right and left side of the house. There is a bird over one of the trees. The house has two windows.

The picture has a house. There is a tree on the right and left side of the house. There is a bird over one of the trees. The house has two windows.

No.2

The picture has a car. There aren't any trees. There is a bird above the car. The car is blue.

The picture has a car. There aren't any trees. There is a bird above the car. The car is blue.

III これからある地方の天気予報が英語で流れます。次の(1)～(5)の内容を聞き取り、解答用紙に数字または英単語で答えてください。英文は２回読まれます。では始めます。

Good morning Vancouver! It's now 7 am. It's time for the weather report. It is windy here in Vancouver. The temperature now is 20 degrees Celsius. The wind is coming from the west and will get stronger around noon. From tomorrow, July 9th, until July the 11th, this weekend, will be mostly rainy with an expected high of 19 degrees Celsius, and an expected low of 13 degrees Celsius. You will need a jacket and an umbrella.

繰り返します。

Good morning Vancouver! It's now 7 am. It's time for the weather report. It is windy here in Vancouver. The temperature now is 20 degrees Celsius. The wind is coming from the west and will get stronger around noon. From tomorrow, July 9th, until July the 11th, this weekend, will be mostly rainy with an expected high of 19 degrees Celsius, and an expected low of 13 degrees Celsius. You will need a jacket and an umbrella.

Ⅳ これから流れる英語の指示を聞きながら、そのイラストを描きなさい。イラストの上手さは問いません。英文は３回読まれます。では始めます。

First, draw a big chair in the middle of the box. There are three balls under the chair. On the chair, draw a book. There is a star on the front of the book. Draw a window in the top left corner of the box.

繰り返します。

First, draw a big chair in the middle of the box. There are three balls under the chair. On the chair, draw a book. There is a star on the front of the book. Draw a window in the top left corner of the box.

これでリスニングテストを終わります。

① 空欄[a]・[b]に入る言葉を、指定された字数に従って、それぞれ本文中から抜き出して答えなさい。

② 空欄[c]・[d]に入る内容の組み合わせとして最も適当なものを次の中から一つ選び、記号で答えなさい。

ア　c　父親のやろうとしていることが全く理解できず、父親にきちんと説明してほしくてもどかしさを感じる
　　d　父親の扇子を台無しにさせてしまったことで、父親が内心で自分を責めているように思えていたたまれない

イ　c　父親がとつぜん非常識な行動を始めたのであわてふためき、すぐにとめられなかったことを悔《く》やむ
　　d　父親の機転の意味がわかって感嘆《かんたん》する一方で、自分で対処できずよけいな手間をかけさせたことを申し訳なく思う

ウ　c　亡き祖父の扇子への愛着を思い起こし、その扇子を父親がためらいなく裂いたことに意外さと反発を感じる
　　d　父親の行動の真意をわかってあげられず、非難がましい思いをいだいてしまったことに対して罪悪感にかられる

エ　c　歯痛をしずめる道具ができて安心しつつも、父親に祖父譲りの扇子を裂かせたことに後ろめたさをぬぐえない
　　d　父親の行動に感謝しつつも、父親に苦労をかけてばかりの自分の無力さを恥《は》じ、父親の支えになることを望む

オ　c　自分のために父親が思いがけない行動に出たことに驚《おどろ》き、強いしょうげきを受けてぼうぜんとする
　　d　父親に対してうれしさやありがたさを感じつつも、父親に扇子を裂かせた自分のふがいなさに自責の念をいだく

③ 空欄[e]に入る内容を、五十字以内で説明しなさい（句読点等も字数に含《ふく》む）。

問五　空欄 X に入る言葉として最も適当なものを次の中から一つ選び、記号で答えなさい。

ア　奥歯《おくば》にものがはさまった　　イ　煮《に》え湯を飲まされた　　ウ　頭から冷水を浴びせられた

エ　苦虫をかみつぶした　　オ　足もとに火がついた

問六　次に示すのは、二人の生徒が本文の内容をまとめるために話している場面です。読んで、後の問いに答えなさい。

Aさん　まずどんな場面なのかを確かめていこう。

Bさん　そうだね。本文で語られているのは、ひさしと父親が葬儀帰りに列車に乗っている場面だね。途中《とちゅう》で時代背景や息子を伴って葬儀に出た理由が父親の視点から語られているよ。

Aさん　季節は、「 a（十字） 」という時期が示されていることや、「暑い」「暑さ」という言葉がくり返されていることから夏だとわかるね。

Bさん　うん。季節のほかに、登場人物の人物像にも注目してみようか。私は父親がとても印象的だったな。「家にいる限り、暑さを訴えることも、寒さを訴えることも滅多にない」とあることから、基本的に弱音をはかない、辛抱強い人だということが読み取れるよね。

Aさん　そうだね。今後の見通しの暗さについて b（十五字） ことからも、そうした辛抱強さが読み取れるし、また、息子や妻に対する思いやりのある人物であることがわかるよ。

Bさん　なるほど。そのような父親に対するひさしの気持ちもとらえておきたいな。特に注目すべきなのは、父親が扇子を裂いた場面かな。

Aさん　私もそう思う。父親が扇子を裂くのを見たとき、ひさしは c 気持ちになっているね。父親のくれた扇子の骨を使ったおかげで歯痛はおさまったけれど、ひさしは、 d 気持ちになっているよ。

Bさん　そうだね。そしてその後で、ひさしは、父親が e ことに対して思いをはせているね。

問二　傍線部《ぼうせん》①の「否応なしに」・②の「しかめっ面」の本文中の意味として最も適当なものを次の中からそれぞれ一つずつ選び、記号で答えなさい。

①「否応なしに」

ア　どのような対策をしようと状況《じょうきょう》は改善されずに。　イ　承知《しょうち》であろうと不承知であろうと無関係に。

ウ　何をされても逆らわず状況に流されるままに。　エ　適切なのか不適切なのか判断できないままに。

②「しかめっ面」

ア　疲《つか》れきって、問題の解決をあきらめた顔。　イ　今にも泣き出しそうな、悲しげな顔。

ウ　唇《くちびる》を固く閉じた、緊張《きんちょう》でいっぱいの顔。　エ　額にしわを寄せた、きげんの悪い顔。

問三　傍線部Aに「葬儀という名目があってむしろよかった」とありますが、父親がこのように考えたのはなぜですか。理由として最も適当なものを次の中から一つ選び、記号で答えなさい。

ア　父親とともに行動するのをはずかしがる年頃のひさしに、父親と出かけようという気持ちを起こさせることができたから。

イ　今後息子と旅に出られないかもしれないという可能性に気づかれずに、自然な形でひさしを連れていくことができたから。

ウ　戦争の影響《えいきょう》で旅を楽しむことも厳しく非難される風潮の中で、だれにも批判されずに堂々と息子と旅することができたから。

エ　父親は、ひさしを旅に伴うことがなかったが、葬儀という理由があったので、急に旅に誘《さそ》っても疑問を持たれずに済んだから。

オ　ぜいたくな食事ができない時勢の中、葬儀を理由にしてひさしを水炊きのおいしい店に密《ひそ》かに連れていくことができたから。

問四　傍線部Bに「何か挟まっているみたいだけど、大丈夫、取れそうだから」とありますが、このときのひさしについて説明した次の文の空欄《くうらん》［a］・［b］に入る言葉を、指定された字数に従って、空欄［a］は自分で考えて、空欄［b］は本文中から抜き出して答えなさい。

> 父親の表情を見て、歯痛を止める手段がないとわかりきっている状況で父親を［a（五字以内）］しまっていることに気づき、やはり駅に到着《とうちゃく》するまで何とか［b（二字）］するしかないと理解して、とっさに大丈夫だとうそをついている。

「軍需工場」…軍隊や戦争に必要なものを生産するための工場。
「当局」…特定の任務を担当する機関を指す呼び方。
「懇意」…親しいつき合いをしていること。

問一　この物語を読んだ生徒が、本文冒頭《ぼうとう》の☆の部分の場面を絵に表しました。最も適当なものを次の中から一つ選び、記号で答えなさい。

ア

イ

ウ

エ

すると父親は、手にしていた扇子を開きかけ、いきなり縦に引き裂《さ》いた。そして、その薄《うす》い骨の一本を折り取ると、呆気《あっけ》にとられているひさしの前で、更《さら》に縦に細く裂き、

「少し大きいが、これを楊枝の代《かわ》りにして。」

と言って差し出した。

ひさしは、［X］ようだった。その扇子は、亡《な》くなった祖父譲《ゆず》りのもので、父親がいつも持ち歩いているのを知っていたし、扇面には、薄墨《うすずみ》で蘭《らん》が描《えが》かれていた。その蘭を、いいと思わないかと言ってわざわざ父親に見せられたこともある。

ひさしは、

「蘭が……」

と言ったきり、あとが続かなくなった。

父親に促《うなが》されるまま、ひさしは片手で口を蔽《おお》うようにして、細くなった扇子の骨を歯に当てた。熱が退《ひ》くように、痛みは和《やわ》らいでいった。ひさしから痛みが消えたのを見届けると、父親はハンカチーフでゆっくり顔を一《ひ》と拭《ふ》きした。それからまた、元のように目を閉じた。

ひさしは、自分の意気地《いくじ》なさを後悔《こうかい》した。

父親が惜《お》し気《げ》もなく扇子を裂いてくれただけに、責められ方も強かった。うれしさも、ありがたさも通り越《こ》して、何となく情《なさけ》なくなっていた。

しかし、ひさしはその一方で、ずっと大切にしてきたものを父親に裂かせたのは、自分だけではないかもしれないとも思い出していた。はっきりとは言葉に出来ないのだが、決して望むようにではなく、やむを得ない場所で否応なしの勤めをさせられているように見えるこの頃《ごろ》の父親を、ひさしは気の毒にも健気《けなげ》にも思い始めていた。

（竹西寛子《たけにしひろこ》『蘭』による　※設問の都合により、文章ならびに表記は一部変更《へんこう》されています）

※注　「国民服」…太平洋戦争中に使用された、軍服に似た男性の標準服。
「モンペ」…主に女性が用いる、和服の作業着の一種。
「平素」…ふだん。
「鎧戸」…何枚もの横長のうすい板を、傾斜《けいしゃ》をつけて平行にとりつけた戸。シャッターの一種。

寄って、ひさしに好物の水炊《みずた》きを食べさせた。

（中略）

帰りの列車に乗ると間もなく始まったひさしの歯痛は、時間が経《た》ってもいっこうに楽にはならなかった。少し前に続けていた治療《ちりょう》の際の詰物《つめもの》がとれて、そこに何かの繊維《せんい》がきつくくい込《こ》んだらしい。治療の半ばでほうり出したことも悔《くや》まれる痛み方だった。

対いの席で時々額の汗を押えていた父親は、いつの間にか目を閉じていた。隣の老人に倚りかかられて、心持ちからだを斜《はす》に倒《たお》している。ひさしの周囲で不機嫌そうな顔をしていた大人達も、列車が走り続けるうちに、振動《しんどう》にまかせて一様に首をかしげ、一様に目を閉じていた。

何とか我慢《がまん》しよう、とひさしは思った。父親に訴えたところで、父親も困るだろう。楊枝《ようじ》もなければ痛み止めの薬があるわけでもない。ところが、改めてあたりを見廻《みまわ》してみて、目覚めているのがどうやら自分一人と分《わか》ると、痛みは耐え難くつのってきた。窓の外の景色に気を紛《まぎ》らせるというわけにもいかないし、嗽《うがい》に立つことも出来ない。

ひさしは、眠《ねむ》っているらしい人達に気を遣《つか》って声を立てず、指で父親の膝《ひざ》をつついた。驚《おどろ》いて目を開いた父親に、ひさしは片頬《かたほお》を片手で押えて、②**しかめっ面《つら》**をしてみせた。

「歯か？」

と即座《そくざ》に父親は反応した。眉《まゆ》の間に皺《しわ》を寄せたままひさしはうなずいた。

父親は、困った、という表情になったが、困った、とは言わなかった。その表情を見た途端《とたん》、ひさしは、

「Ｂ**何か挟《はさ》まっているみたいだけど、大丈夫《だいじょうぶ》、取れそうだから。**」

と言ってしまった。取れそうな気配もなかった。

今度はひさしのほうが目を閉じた。あと一時間半の辛抱《しんぼう》だ。そう自分に言いきかせて、自分の手をきつく抓《つね》った。

いっときして目を開くと、父親が思案顔で見詰めている。

「まだ痛むか？」

ひさしは、息を詰めたくなるような痛さにいっそう汗ばんでいたが、

「少しだけ。」

と答えた。

☆

じっと怺《こら》えているのだが、こんな時は、遠くの席の赤ん坊《ぼう》の泣き声まで耳に立った。

小学校も最後の夏休みに、父親の出席する葬儀《そうぎ》について行ったのはいいけれど、帰りの列車に乗ると間もなく、思いがけない歯痛になった。いつ父親に言い出したものかと、周囲の乗客にも気兼《きが》ねして、すっかり固くなっている。

父親は、扇子を片手に握《にぎ》りしめたまま、反対の手で、時々、胸のポケットからハンカチーフを取り出して額の汗《あせ》を押《おさ》えていた。家にいる限り、暑さを訴《うった》えることも、寒さを訴えることも滅多《めった》にない父親であるが、その父親がこの車内の暑さを耐《た》え難《がた》く思っているのはほかでもない。※平素着馴《きな》れない国民服というものを着用しているのと、列車の窓に※鎧戸《よろいど》が下ろされているためだった。

列車は、内海に沿って東に走っていた。

しかし、この鉄道の沿線にはずっと※軍需《ぐんじゅ》工場が続いているので、乗客はその地域を通る間中、どんなに暑くても※当局の命令通り窓に鎧戸を下ろさなければならなかった。

見るからに暑苦しいカーキ色の服の襟元《えりもと》を詰《つ》めて、わざと風通しを悪くした部屋でゆるい目隠《かく》しをされているような時間が、さすがの父親にも耐え難く思われた。

戦争をする相手の国が増えて、質素と倹約《けんやく》の生活を政府がすすめるのと見合うように、近郊《きんこう》へ買い出しに出掛ける人の数も次第《しだい》に増えている。現にこの車輛《しゃりょう》の網棚の荷物も半ばは大きなリュックサックで占《し》められていた。通路も塞《ふさ》がっているので、互《たがい》に気軽に洗面所へ立つことも出来ない。

ひさしには、座席にいて見渡《わた》せる乗客のどの顔も、一様に不機嫌《ふきげん》そうに見えた。自分の痛みが嵩《こう》じると、人々の不機嫌も嵩じるように思われた。

父親は、工場を休んでの葬儀への出席だった。離《はな》れた土地にまでわざわざ一人息子《むすこ》を伴《ともな》う気になったのは、長い間、親戚《しんせき》以上の※懇《こん》意《い》で頼《たよ》り合った同業の故人に、ひさしが格別可愛《かわい》がられていたのも理由の一つだが、この時勢では、息子を連れて旅する機会も、これからはなくなるだろうという見通しもあってのことだった。しかしそれだけは、ひさしにも母親にも言わなかった。

何年か前までは、家族で避暑《ひしょ》地に滞在《たいざい》する生活もあった。けれども父親の見る限り、再びそうした生活に戻《もど》れるあてはなく、工場での働き手も、一人、また一人と兵役《へいえき》に抜《ぬ》き取られて、次々に戦場に送られていた。工場の規模でさえ、①**否応《いやおう》なしに**縮小を迫《せま》られる日のそう遠くはないことも、この父親にはすでに充分《じゅうぶん》予感されていた。

父親は、ひさしを伴うのに、A**葬儀という名目があってむしろよかった**と思った。それで、葬儀が終《おわ》ると、予《あらかじ》め頼《たの》んでおいた店に

⑤　筆者の考え…隠《かく》しているかもしれない悲しみを想像して涙を落とす甥《おい》の姿から「悲」のあり方を見いだした、良寛のとったような姿勢こそが相手の心に響き、本当の意味で相手を励ますと考えている。

〔まとめ〕

「慈悲」（仏教の教えの一つ）＝「慈」と「悲」の二つの意味が合わさった言葉。

◎筆者は、「慈悲」を段階的にとらえていると読み取れる。

（第一段階）「悲」…相手の［ a （二十四字） ］て、相手に寄り添うということ。（**〈文章２〉**より）

↓

（第二段階）「慈」…［ b （十一字） ］きたときに必要になる姿勢。（**〈文章２〉**より）

(1)　〔メモ〕①～⑤の中から**〈文章１〉**・**〈文章２〉**に述べられている内容と**合わないもの**を**二つ**選び、それぞれ番号で答えなさい。

(2)　最後にある〔まとめ〕の空欄［ a ］・［ b ］に入る言葉を、指定された字数に従って、それぞれ**〈文章２〉**の中から抜き出して答えなさい。

三　次の文章を読んで、後の問いに答えなさい。

列車の中は、※国民服や※モンペ姿の人達で混み合っていた。立ったままで座席に倚《よ》りかかっている者がある。通路に荷物を置いてそれに腰《こし》を下ろしている者もいる。

暑い。すでに西陽《にしび》の時刻でもあった。

二人掛《が》けの座席はいたるところで三人掛けになり、窮屈《きゅうくつ》そうに身を寄せ合った乗客が、霽《は》れない顔付きで扇子《せんす》や団扇《うちわ》を使っている。

網棚《あみだな》の荷物をしきりに気にしている老婆《ろうば》は耳が遠いらしく、隣《となり》の男に、この次はどこの駅かと大きな声でたずねていた。

窓際《まどぎわ》の席で父親と対《むか》い合っているひさし少年は、頑丈《がんじょう》そうでもないからだを腰板に押《お》しつけられながら、さっきから歯の痛みを

問六　傍線部Ｄに「人間は励ましだけでなくて、慰めも必要なのです」とありますが、ここでは人間にとってどのようなことが「慰め」となると言っているのですか。説明として最も適当なものを次の中から一つ選び、記号で答えなさい。

ア　自分に対して具体的な助言をしたり気づかう態度を見せたりしなくても、必ず自力で痛みや苦しみを乗り越えていけると心底信じてくれる人が身近に大勢いること。

イ　有効な解決手段は示されなくとも、自分は一人ぼっちではなく、自分を心から気づかい、自分の痛みや苦しみを軽減させたいと願ってくれる人がそばにいること。

ウ　自分がかかえている痛みや苦しみにどのように対応すべきかをしっかりと指摘《してき》して、厳しくも温かく自分を導いてくれるような人がそばにいること。

エ　自分が苦しみや痛みに耐《た》えているときに、そばに寄り添って心を軽くするような優《やさ》しい言葉をかけたり、さりげなく手助けをしたりしてくれる人がそばにいること。

オ　痛みや苦しみを進んで引き受けてくれるような人が自分の周囲にいなくても、そのようなすばらしい人も世の中には必ずいるはずだと信じられること。

問七　次に示すのは、**〈文章１〉**・**〈文章２〉**を読んだ生徒がその内容についてまとめたノートの一部です。読んで後の問いに答えなさい。

〔メモ〕

①「慈」…全ての人間を家族のようにとらえて助け合おうとする考え方。
「悲」…何も言わずにただ共感共苦するという姿勢。↓筆者は、「悲」が近代以降、軽視されていると感じている。

②「慈」「悲」…もともとは人生でぶつかる苦しみを解決するための智慧のことを指していた。
↓漢訳されて日本に入ってきた後、人間どうしが気持ちを通わせ合うための心構えを指す言葉に変化した。

③「慈」…ヒューマニズムの精神で相手を励まし支えようとする大切な姿勢。
↓頑張っても結果が出ず、自暴自棄になった人に「慈」で接すると、その人を追いつめることもあるから、そういう場合に「悲」が重要になる。

④「悲」の姿勢…明確な励ましの言葉を口にすることではなく、相手の心の負担をともに背負いたくても、それは不可能であるという自分の無力さを自覚し、深く嘆く思いが根底にある。

ア　a　試合に負けて泣く友人の姿を見て自分も似た経験をしたことを思い出し、他人事《ひとごと》と思えなくなって一緒に泣く
　　b　クラスメートが足を怪我《けが》して歩くのが大変そうなので、荷物を持ってあげたりそうじ当番を代わってあげたりする
イ　a　文化祭前の準備で疲《つか》れている姉に「本番まであと三日、もうひとふんばり」というメッセージカードをわたす
　　b　いやなことが続いてふさぎこんでいる友人にあえて明るく話しかけて、友人の気持ちを奮い起こさせようとする
ウ　a　母が体調をくずして辛そうなときに、治るかどうかはわからないけれども、心を込めて背中をさすってあげる
　　b　弟が宿題に苦労して取り組んでいるときに、助けを求められても、弟が自力で終わらせるべきだと考えてつき放す
エ　a　短距離《きょり》走の記録が伸《の》びず、悩《なや》んでいる陸上部の後輩《こうはい》に、親身に助言をして再挑戦《ちょうせん》するように背中を押《お》す
　　b　大失敗をして落ち込んで弱音を吐《は》いている妹の気持ちが晴れるまで、黙《だま》って話を聞きながら受け止め続ける
オ　a　友人がたくさんの資料を両手でかかえて教室に入ろうとしているので、友人の代わりにドアを開けてあげる
　　b　マラソン大会の途中《とちゅう》、何度も休みたがる友人に、今のペースを保てば上位に入れると伝えてやる気を起こさせる

問四　空欄［Ⅰ］・［Ⅱ］に入る語として最も適当なものを次の中からそれぞれ一つずつ選び、記号で答えなさい。ただし、同じ記号は一度しか選べないものとする。

ア　ところで　　イ　なぜなら　　ウ　しかし　　エ　さらに　　オ　だから

問五　傍線部Cに「民放の女性アナウンサーが住民たちが避難している小学校を訪れ、家が倒壊して娘二人が犠牲になり、嘆き悲しんでいる母親にインタビューしている」とありますが、筆者はこの女性アナウンサーのどのような点を批判していますか。説明として最も適当なものを次の中から一つ選び、記号で答えなさい。

ア　女性アナウンサーの不真面目な態度を母親が不快に思っていることを想像できず、軽快な調子で話しかけ続けている点。
イ　娘を亡《な》くした母親の悲しみを想像していたにもかかわらず、表面的ないたわりの言葉をかけただけで終わりにしている点。
ウ　娘の死を思い出すつらさを想像せず、その死について母親に無理に語らせようとして、無神経な質問をくり返している点。
エ　自分の力ではどうしようもない娘の死に対する母親の絶望にまで想像がおよばず、安易に励ましの言葉をかけている点。
オ　自分が娘を失った母親を元気づけられると勝手な想像をして的外れな言葉を言ってしまい、かえってその母親を傷つけている点。

問一　傍線部《ぼうせんぶ》①の「洗練」・②の「仏頂面」の本文中の意味として最も適当なものを次の中からそれぞれ一つずつ選び、記号で答えなさい。

①「洗練」

ア　さまざまな工夫《くふう》をして注目されるものを作り出すこと。
イ　よくみがき上げてより程度の高いものにすること。
ウ　複雑な内容を整理して理解しやすい内容にすること。
エ　常識とされる事柄《ことがら》を別の角度から考察すること。

②「仏頂面」

ア　無愛想で不機嫌《ふきげん》そうな顔。
イ　怒《いか》りに満ちた恐《おそ》ろしい顔。
ウ　疑心暗鬼《ぎしんあんき》で不愉快《ふゆかい》そうな顔。
エ　驚《おどろ》きをかくしている顔。

問二　傍線部Aに「大昔のインド」とありますが、インドで「慈」の考え方が生まれたのはなぜですか。それを説明した次の文の空欄《くうらん》［ a ］に入る言葉を、十八字で本文中から抜《ぬ》き出して答えなさい。

> 農業や商業の発達によって大都市で大勢の人々がともに暮らすようになり、［ a ］人同士が協力し合うために血縁以外のつながりを持つ必要が出てきたから。

問三　傍線部Bに「悲は慈とは対照的な言葉です」とありますが、このことについて二人の生徒が話しています。空欄［ a ］・［ b ］に入る内容の組み合わせとして最も適当なものを後の中から一つ選び、記号で答えなさい。

> Aさん　「悲」という言葉は、「慈」という言葉とは対照的な意味を持っているんだね。
> Bさん　そうみたいだね。たとえば、［ a ］ということが、ここでは「慈」にあたるのかなあ。
> Aさん　うん、そう思う。「悲」についてはどうだろう。
> Bさん　たとえば［ b ］ということが「悲」にあたるんじゃないかな。
> Aさん　なるほど。そう考えると、たしかに正反対ではあるけれど、やはりどちらも大切にしたいよね。

足元に跪《ひざまず》いてわらじの紐《ひも》を結ぼうとした。すると土間に跪いている馬之助の手に何かぽたぽたと落ちてくるものがある。馬之助がハッとして顔を上げると、良寛さんが目にいっぱい涙《なみだ》を溜《た》めて、じっと俯《うつむ》いていたというのです。

良寛さんは、馬之助に何も言えなかった。人間には、つらいことも悲しいこともある。親に逆らってまで放蕩をして、自分を破滅《はめつ》に追い込んでいるような馬之助にも、どうにもならない悲しみがあるのではないか。自分がどれほどの人間か、そんな説教ができるような人間だろうかと考えると、一語も発することができない。わざわざ出向いてきたというのに馬之助を前に戸惑《とまど》うばかりだ――そんな良寛さんの戸惑いを、馬之助はどう感じていたのでしょう。何も言わない伯父を怪訝《けげん》に思っていたのでしょうか。しかし、※悄然《しょうぜん》と立ち上がってわらじを履こうとした良寛さんに、思わず馬之助が駆《か》け寄ってわらじの紐を結ぼうとした、ということに思わずジンとくるものがあります。

私はこの良寛さんの涙こそ、「悲」のこころではないかと思います。人を元気づけようとしても、あるいは改心を迫《せま》っても、頭ごなしに努力しろと言っても始まりません。もちろん状況《じょうきょう》や性格にもよるかもしれませんが、その人のこころを思いやり今そうなっている背景に思いをはせ、共感共苦する。

本当の励ましとは、こうしたものではないかと思います。的確で具体的なアドバイスももちろん励ましになるかもしれませんが、それは、次の段階――少しこころに力が戻《もど》ってからではないでしょうか。究極のところでは、寄り添《そ》い、ともに泣くほかないのではないかと思うのです。

（五木寛之『無意味な人生など、ひとつもない』による　※設問の都合により、文章ならびに表記は一部変更されています）

※注　「融通無碍」…考えや行動が何かにとらわれることなく、自由に対応できること。
「放蕩者」…思いのままに遊び回って、だらしない生活を送っている者。
「固辞」…他人からの申し出や頼みをきっぱりと断ること。
「上がり框」…玄関《げんかん》で履き物をぬいで上がる段差の部分につけられた横木。
「悄然」…しょんぼりして元気がないさま。

のです。
それが悲の感情であって、別の言葉で言えば共感共苦、※ドストエフスキーの言う人間愛と言ってもよいでしょう。そういう悲の大切さが近代以後、非常に軽《かろ》んじられてきたように思います。
慈悲のうち慈は愛であり、友情であり、ヒューマニズムですが、慈だけではどうしようもないときに悲があるわけです。慈が励ましなら、悲は慰《なぐさ》めと言っていいと思います。D**人間は励ましだけでなくて、慰めも必要なのです。**

（五木寛之《いつきひろゆき》『デラシネの時代』による　※設問の都合により、文章ならびに表記は一部変更《へんこう》されています）

※注「水戸黄門」…江戸《えど》時代に水戸《みと》を治めていた徳川光圀《とくがわみつくに》を主人公にした物語。光圀が身分をかくして日本各地を旅して回り、悪をこらしめていく。
「お奉行さま」…奉行。武家の役職の一つ。ここでは、江戸時代に裁判をつかさどった武士を指す。
「サンスクリット語」…古代インドで用いられた言語。　「漢訳」…中国語の訳。　「朋友」…友人。
「公民権運動」…一九五〇年代から六〇年代にかけてアメリカの黒人が中心となって差別に抗議《こうぎ》し、白人と平等の権利を求めて行った運動。
「同胞」…ここでは、同じ民族に属する人々のこと。　「連れ合い」…夫婦《ふうふ》として連れそう相手。
「ドストエフスキー」…十九世紀のロシアを代表する小説家。

〈文章２〉

友人や家族が落ち込んでいる時、あるいは自暴自《じ》棄《き》になっているような時、私たちはどうふるまったらいいのでしょう。「頑張《がんば》れ」という励ましの言葉では、なかなか響《ひび》かないのではないかと思います。何しろもう十分に頑張って、それでもどうにもならなくて落ち込んでいる、あるいは自暴自棄になっているかもしれないのです。これ以上何を頑張れと言うのか。
そこでふと思い起こすのが、良寛《りょうかん》さんのことです。江戸《えど》時代の禅僧《ぜんそう》・良寛は、※融通無碍《ゆうずうむげ》に生きた人として今も慕《した》われる名僧ですが、以前、良寛さんの故郷・新潟《にいがた》で開催《かいさい》された「良寛会」の集まりで聞いた印象的なエピソードがあります。
良寛さんには弟がいて、その弟から息子《むすこ》の馬之助《うまのすけ》が※放蕩《ほうとう》者で困っていると相談を受けます。弟は困り果てて、馬之助に意見してやってほしいと頼《たの》みに来た。良寛さんは※固辞したのですが、頼みを断りきれず、弟の家へと出向きます。
馬之助も普段《ふだん》来ない伯父《おじ》がやってきたわけですから、うすうす自分への説教だろうと感づいていたでしょう。しかし結局良寛さんは何も言わないまま席を立ち、帰ろうとする。※上がり框《かまち》でわらじを履《は》こうとすると、②**仏頂面《ぶっちょうづら》**で座っていた馬之助がパッと良寛さんのナーという全く違う二つの言葉を合体させて慈悲という非常に巧《たく》みな言葉を作りました。一つの言葉ですが、慈アンド悲です。B**悲は慈とは対照的な言葉です**。

（中略）悲は慈のように励まさないし、がんばれとも言わない。言葉を発さないのです。自分が辛《つら》くて悲しいということではなくて、痛んだり病《や》んだりしている人のそばに行き、その人の痛みや苦しみの幾分《いくぶん》かでもいいから引き受けて軽くしてあげたいと願うのが悲の心です。

痛みや苦しみというのはその人だけのもので、他人が背負うことはできない。苦しみの半分を引き受けられるというようなものではありません。そのことをわかったうえで、その人の痛みや苦しみに共感共苦して少しでも軽くしてあげたいと願う。だけども、それができないという己《おのれ》の無力さに気がついたときに、人は思わず「ああ」という深い溜息《ためいき》をつく。それが仏の心であり、悲なのです。

Ⅰ、その溜息は苦しんでいる人にとって「がんばれ」と言われるより、はるかに大きな力になる可能性があります。

世の中には慈、つまり励ましが必要です。力萎《な》えて道端《みちばた》に座《すわ》り込《こ》んでいる人がいたとき、その人のそばに行って「どうしたのだ、大《だい》丈夫《じょうぶ》か。この手につかまれ。一緒《いっしょ》に歩いて行こう。そこまで行けば船が出ているからがんばれ」と励ませば、「もうダメだ」と座り込んでいた人でも立ち上がることができるかもしれません。Ⅱ、慈は大切です。

しかし、人によっては「これでいいと覚悟《かくご》を決めているのに、そんながんばれなんて辛いことを言ってくれるな。がんばれと言われてもどうしようもないではないか」と励ましの言葉が逆に疎《うと》ましく感じられるときもあるのです。

作家の田辺聖子《たなべせいこ》さんが神戸《こうべ》で阪神《はんしん》・淡路大震災《あわじだいしんさい》に遭《あ》ったとき、テレビ中継《ちゅうけい》でC**民放の女性アナウンサーが住民たちが避難《ひなん》している小学校を訪《おとず》れ、家が倒壊《とうかい》して娘《むすめ》二人が犠牲《ぎせい》になり、嘆《なげ》き悲しんでいる母親にインタビューしている**姿を目にしたといいます。女性アナウンサーは軽快な口調で「今のお気持ちは」などと無神経な質問を浴びせた挙《あ》げ句《く》に「じゃ、がんばってくださいね」と言って颯爽《さっそう》と立ち去っていったそうで、田辺さんは「ものすごく頭にきた」と言って憤慨《ふんがい》していました。

想像力が足りないのです。もしも、そのとき母親がキッとなって「あなたね。がんばってくださいねと言われますけど、ここで私ががんばれば娘二人の命が返ってくるのですか」と言っていたら、どう受け応えしていたのか。

人間にはがんばれという言葉に効果があるときもありますが、同じようにがんばれという言葉を絶対に言ってはいけないときがある。そして、そのときこそ悲の出番です。悲というのは何も言わずに、横に座って溜息をついているだけです。「あなたの力になりたいけれども、人間は他人の痛みを引き受けることはできない」という悲の感覚でそばにいる。そうすることで、お互いの心が通じ合う

二　次の文章を読んで、後の問いに答えなさい。

〈文章１〉

仏教は昔から智慧《ちえ》と慈悲《じひ》の教えである、と言われてきました。

智慧というのは四苦八苦と言われる人生でどのように苦を乗り越《こ》え、解決していくかについての智慧のことです。ですから、仏教とは神秘的なものでは全くなくて、むしろ知的な教えと言えます。その智慧が仏教学のなかでさらに①洗練されていくと、仏教哲学《てつがく》になっていきます。

もう一つの慈悲とはどういうものかと言うと、よく「※水戸黄門《みとこうもん》」などテレビ番組の時代劇で、お百姓《ひゃくしょう》が「※お奉行《ぶぎょう》さま、お慈悲でございますだ」などと言って許しを請《こ》う場面を見ますけれども、そうではなくて慈悲とは「慈アンド悲」、つまり慈と悲の二つの意味が合わさった言葉なのです。

慈は※サンスクリット語のマイトリーの※漢訳です。ミトラという言葉が語源ですが、これは※朋友《ほうゆう》という意味で、アメリカの※公民権運動で黒人が※同胞《どうほう》をブラザーと言ったのに近い。ですから、一番近い言葉はフレンドシップだと思います。あるいは※ヒューマニズム（人道主義）と言ってもいい。慈という言葉は明るく近代的だから理解しやすいのです。日本語では、励《はげ》ましと言っておきましょう。

A大昔のインドでも、人間は大人になって一人で暮らすうちに※連れ合いができ、子どももできて家族や親類が増え、集落にまとまって住んでいました。その頃《ころ》に人々の心をつなぐ絆《きずな》は血であり、「あの子は誰《だれ》それの孫の三男坊《ぼう》だ」とかいう血縁《けつえん》で人間関係が営まれていました。

それが農業や商業が発達し、河口の港町に大きな都市ができ、何千何万という単位で人が住みつくようになると、言語だけでなく人種も職業も出自《しゅつじ》も違《ちが》う人々と接触《せっしょく》するようになります。そういった都市で市民をつなぐのは血ではありません。でも、だからといって子どもがケガをして血を流しているのに「あれはどこの子だろう。わからんね」と言って放置していてはダメです。

都市に住む住民はみな家族だというふうに考えて、お互《たが》いに協力し合わなければやっていけない。そこで、血に代わる新たなつながりとして生まれてきたのが慈という感情です。血がつながっていなくても、人間はみな兄弟だという考え方、つまりヒューマニズムが慈なのです。

もう一つの悲は、慈と全くの別物です。悲はサンスクリット語のカルナーの漢訳です。中国人は造語の天才で、マイトリーとカル

2023年度

麗澤中学校

【国語】〈第一回試験〉（五〇分）〈満点：一〇〇点〉

一　次の①～⑧の各文について、傍線《ぼうせん》部のカタカナを漢字に直しなさい。また、⑨・⑩については、二字の熟語が四つ完成するように、空欄《くうらん》に当てはまる漢字を書きなさい。

① ケワしい道のりこそ成長のチャンスだ。

② ケイトウ立てて整理して考えることが重要だ。

③ 学校生活の思い出をカシにつづる。

④ 雨天によりジュンエンとなった運動会が開催《かいさい》された。

⑤ 自分の作品がテンラン会場に飾《かざ》られる。

⑥ カンゴ師になって一人でも多くの人を助けたい。

⑦ 早く選挙でトウヒョウしたい。

⑧ 道にサンランしているごみを進んで拾い集める。

⑨

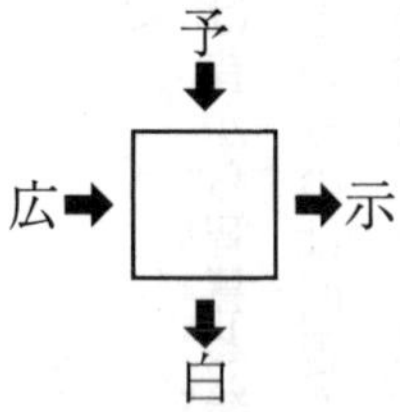

⑩

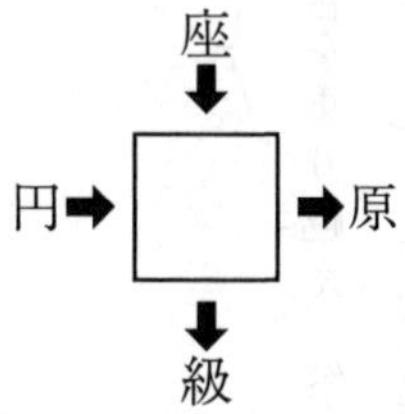

2023年度

麗 澤 中 学 校　▶解説と解答

算　数　＜第１回試験＞（50分）＜満点：100点＞

解　答

1 (1)　204　(2)　36　(3)　7　(4)　7.44　(5)　11.23　(6)　$1\frac{1}{4}$　(7)　$\frac{7}{48}$　(8)　5　2 (1)　4　(2)　7.5　(3)　11　(4)　20　(5)　56.52　(6)　31.4　3 (1)　55cm^2　(2)　25cm^2　(3)　7.5cm　(4)　9：6：5　4（例）解説を参照のこと。

解　説

1 計算のくふう，四則計算

(1)　1＋4＋9＋16＋25＋36＋49＋64＝(1＋9)＋(4＋16)＋(36＋64)＋25＋49＝10＋20＋100＋74＝130＋74＝204

(2)　5×7＋9－136÷17＝35＋9－8＝36

(3)　(18×7－21×5)÷(47－29－15)＝(126－105)÷3＝21÷3＝7

(4)　3.82＋5.69－2.07＝9.51－2.07＝7.44

(5)　11＋0.12×5－0.5×0.74＝11＋0.6－0.37＝11.6－0.37＝11.23

(6)　$2\frac{1}{3}+3\frac{3}{4}-4\frac{5}{6}=2\frac{4}{12}+3\frac{9}{12}-4\frac{10}{12}=1\frac{3}{12}=1\frac{1}{4}$

(7)　$\left(5\frac{1}{4}-3\frac{2}{3}\right)\times\frac{7}{24}\div3\frac{1}{6}=\left(\frac{21}{4}-\frac{11}{3}\right)\times\frac{7}{24}\div\frac{19}{6}=\left(\frac{63}{12}-\frac{44}{12}\right)\times\frac{7}{24}\div\frac{19}{6}=\frac{19}{12}\times\frac{7}{24}\times\frac{6}{19}=\frac{7}{48}$

(8)　$6\frac{2}{3}-\left(1.75\times\frac{6}{7}-1.5\times\frac{5}{6}\right)\div\frac{3}{20}=\frac{20}{3}-\left(1\frac{3}{4}\times\frac{6}{7}-1\frac{1}{2}\times\frac{5}{6}\right)\div\frac{3}{20}=\frac{20}{3}-\left(\frac{7}{4}\times\frac{6}{7}-\frac{3}{2}\times\frac{5}{6}\right)\div\frac{3}{20}=\frac{20}{3}-\left(\frac{3}{2}-\frac{5}{4}\right)\div\frac{3}{20}=\frac{20}{3}-\left(\frac{6}{4}-\frac{5}{4}\right)\div\frac{3}{20}=\frac{20}{3}-\frac{1}{4}\times\frac{20}{3}=\frac{20}{3}-\frac{5}{3}=\frac{15}{3}=5$

2 数列，濃度《のうど》，旅人算，売買損益，面積，体積

(1)　となり合う２つの数の積が次の数になっているから，□にあてはまる数は，2×2＝4とわかる。

(2)　食塩水Ａの重さを200g，食塩水Ｂの重さを300gとして考える。(食塩の重さ)＝(食塩水の重さ)×(濃度)より，混ぜた食塩水に含《ふく》まれる食塩の重さは，(200＋300)×0.045＝22.5(g)になる。また，食塩水Ａと食塩水Ｂの濃度の比は3：1なので，食塩水Ａと食塩水Ｂに含まれる食塩の重さの比は，(200×3)：(300×1)＝2：1とわかる。よって，食塩水Ａに含まれる食塩の重さは，$22.5\times\frac{2}{2+1}$＝15(g)と求められるから，食塩水Ａの濃度は，15÷200＝0.075，0.075×100＝7.5(%)になる。

(3)　グラフに表すと右の図１のようになる。兄が８分で進んだ道のりは，80×8＝640(m)であり，兄が，9－8＝1(分)で引き返した道のりは，80×1＝80(m)なので，弟が出発するときの２人の間の道のり(図１のア)は，640－80＝560(m)とわかる。また，かげの部分では，２人の間の道のりは１分間に，80

図１

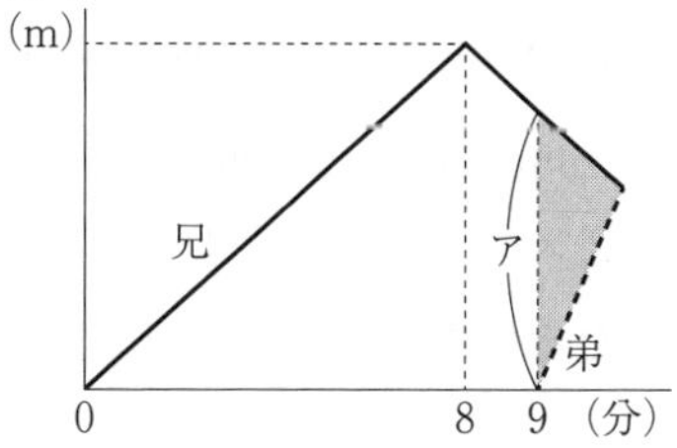

＋200＝280(m)の割合で縮まるから，かげの部分の時間は，560÷280＝２(分)とわかる。よって，２人が出会ったのは兄が出発してから，９＋２＝11(分後)と求められる。

(4)　25個を値引きして売ることによって，すべて定価で売るよりも売り上げが750円減少したので，１個あたり，750÷25＝30(円)値引きしたことがわかる。これは定価の，30÷150＝0.2，0.2×100＝20(％)にあたるから，定価の20％引きで売ったことになる。

(5)　右の図２で，斜線《しゃせん》部分の正方形の対角線の長さは，12÷２＝６(cm)である。また，正方形の面積は，(対角線)×(対角線)÷２で求めることができるので，この正方形の面積は，６×６÷２＝18(cm^2)とわかる。よって，斜線部分の正方形の１辺の長さ(円の半径)を□cmとすると，□×□＝18と表すことができるから，白い部分の円の面積は，□×□×3.14＝18×3.14＝56.52(cm^2)と求められる。

図２

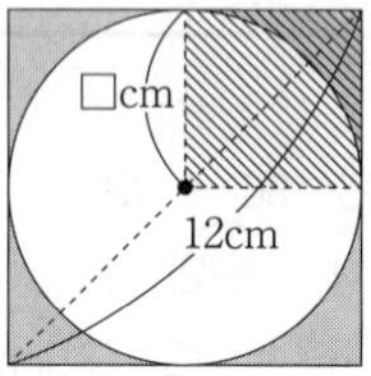

図３

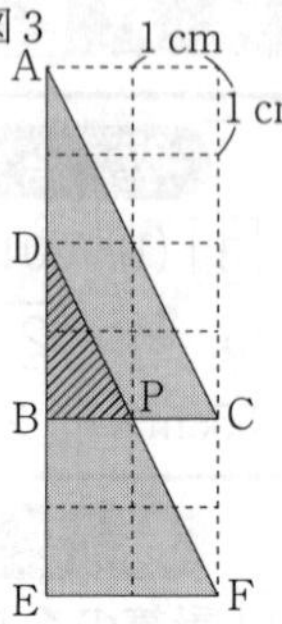

(6)　右上の図３で，三角形ABCを１回転させたときにできる円すいと，三角形DEFを１回転させたときにできる円すいの体積の和から，斜線部分の三角形を１回転させたときにできる円すいの体積をひいて求めることができる。三角形ABCと三角形DEFを１回転させたときにできる円すいの体積はどちらも，$2\times2\times3.14\times4\div3=\frac{16}{3}\times3.14$($cm^3$)である。また，斜線部分の三角形を１回転させたときにできる円すいの体積は，$1\times1\times3.14\times2\div3=\frac{2}{3}\times3.14$($cm^3$)なので，図３の図形を１回転させたときにできる立体の体積は，$\frac{16}{3}\times3.14\times2-\frac{2}{3}\times3.14=\left(\frac{32}{3}-\frac{2}{3}\right)\times3.14=10\times3.14=31.4$($cm^3$)と求められる。

3　平面図形―面積，相似

(1)　AE＝８－３＝５(cm)より，下の図１のようになる。台形BCDEは，上底(BE)が３cm，下底(CD)が８cm，高さ(BC)が10cmだから，面積は，(３＋８)×10÷２＝55(cm^2)となる。

(2)　三角形DEFは三角形DEAと合同なので，三角形DEFの面積は，10×５÷２＝25(cm^2)とわかる。

(3)　EF＝EA＝５cmである。また，三角形EBFと三角形GCFは相似であり，相似比は，BF：CF＝４：(10－４)＝２：３だから，FG＝$5\times\frac{3}{2}=7.5$(cm)となる。

(4)　(3)より，EG＝５＋7.5＝12.5(cm)である。また，CG＝$3\times\frac{3}{2}=4.5$(cm)なので，DG＝８＋4.5＝12.5(cm)となり，三角形GDEは二等辺三角形とわかる。すると，図１で，アとイの角の大きさは等しくなる。さらに，アとウの角の和は90度だから，アと等しい角を●，ウと等しい角を○で表すと，下の図２のようになる。図２で，三角形FGJと三角形CGIは相似であり，相似比は，FG：CG＝7.5：4.5＝５：３だから，GJ：GI＝５：３となる。よって，GI：IJ＝３：(５－３)＝３：２とわかる。次に，三角形AEDの直角をはさむ２辺の比は，５：10＝１：２なので，三角形HJDと三角形HDGの直角をはさむ２辺の比も１：２になる。そこで，HJ＝①，HD＝②とすると，HG＝②×$\frac{2}{1}$＝④，JG＝④－①＝③となるから，下の図３のように表すことができる。図３で，③にあたる長さが，$\boxed{3}+\boxed{2}=\boxed{5}$なので，①にあたる長さは，$\boxed{5}\div3=\boxed{\frac{5}{3}}$とわかる。したがって，GI：IJ：

JH＝３：２：$\frac{5}{3}$＝９：６：５と求められる。

図１

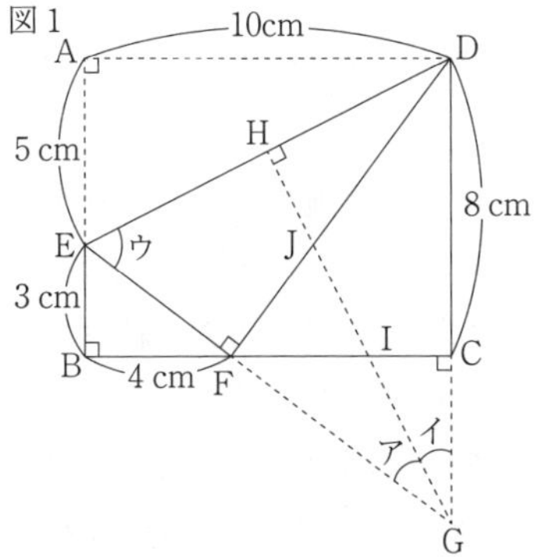

図２

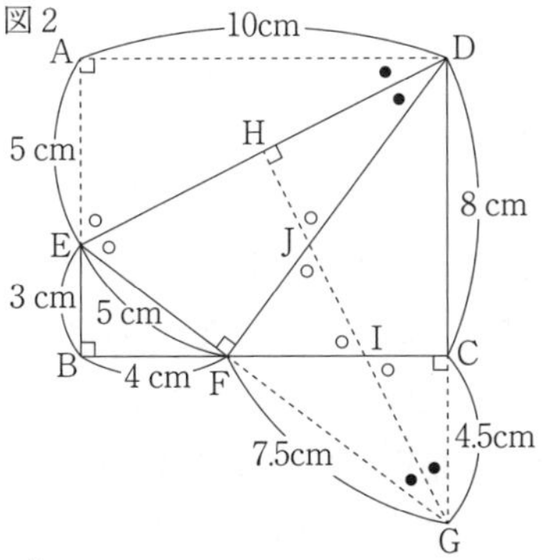

図３

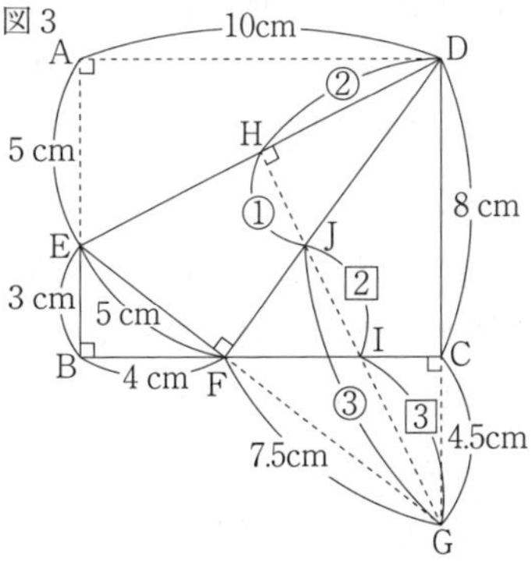

4 整数の性質

2023÷５という計算は，2023個のものを５個ずつのかたまりに分けたときの，かたまりの個数を求める計算である。右の図のように，１から2023を１から順に５個ずつのかたまりにすると，かたまりの最後の数が必ず５の倍数になる。つまり，１から2023までにある５の倍数の個数はかたまりの個数と一致《いっち》するから，2023÷５の商が５の倍数の個数であると言える。また，あまりの３は５個ずつのかたまりが作れなかった残りであり，５の倍数は必ずかたまりの最後の数なので，この３つの数に５の倍数は含まれない。よって，あまりの３は５の倍数の個数を考える上では含める必要はない。

1，	2，	3，	4，	5
6，	7，	8，	9，	10
11，	12，	13，	14，	15
		⋮		

社　会　＜第１回試験＞（30分）＜満点：50点＞

解　答

1 **問１** **C**　佐賀県　**D**　福岡県　**E**　大分県　**G**　宮崎県　**問２**　①　A　②　H　③　I　④　B　**問３**　B　**問４**　①　G　②　F　③　D　**2** **問１** (1)　**A**　イスラム教　**B**　仏教　(2)　エ　**問２**　コーヒー豆　**問３** (1)　ドイツ　(2)　(例)　イスラム教徒の多い国が多く，イスラム教では豚は食べない戒律があるから。　**問４** (1)　ウ　(2)　南アフリカ(共和国)　**3** **問１**　吉野ケ里遺跡　**問２**　渡来人(帰化人)　**問３**　持統天皇　**問４**　北条時宗　**問５**　管領　**問６**　屈葬　**問７**　イ　**問８**　エ　**問９**　(例)　無念の死をとげた菅原道真の祟りが災いをもたらすと考えられたから。　**問10**　ウ　**問11**　ウ　**問12**　紫式部　**問13**　ア　**問14**　イ　**問15**　エ　**4** **問１**　屯田兵　**問２**　イ　**問３**　イ　**問４**　ウ　**問５**　アイヌ　**5** **問１**　非常任理事国　**問２**　ウ　**問３**　持たず，つくらず，持ちこませず　**問４**　エ　**問５**　オ　**問６** **a**　イ　**b**　ウ　**問７**　(例)　常任理事国であるロシアが拒否権を使ったため。　**問８**　NATO

解 説

1 九州・中国地方についての問題

問１ Ａは山口県，Ｂは長崎県，Ｃは佐賀県，Ｄは福岡県，Ｅは大分県，Ｆは熊本県，Ｇは宮崎県，Ｈは鹿児島県，Ｉは沖縄県である。

問２ ① 秋吉台は，山口県のほぼ中央に位置する日本最大級のカルスト台地で，雨水や地下水が石灰岩を少しずつ溶かしていったことにより，独特の地形が形成されている。秋吉台国定公園には特別天然記念物となっている秋芳洞《あきよしどう》がある。 ② 桜島は，現在も活発に噴火活動を続けている鹿児島県の火山である。1914年の大噴火で流れ出した溶岩により，大隅半島と陸続きになった。鹿児島県は山川発電所での地熱発電や指宿《いぶすき》温泉の砂風呂が有名。 ③ 沖縄県は，2021年に最高気温35℃以上の猛暑日《もうしょび》が一度もなかった。那覇市にある首里城跡は，2000年にユネスコ(国連教育科学文化機関)の世界文化遺産に登録されたが，復元されていた正殿や北殿・南殿などが2019年10月の火災によって焼損《しょうそん》した。 ④ 有明海西方の諫早《いさはや》湾に面する長崎県は，47都道府県の中で離《り》島《とう》の数が最も多い。1991年には島原半島中央部に位置する雲仙普賢岳《ふげんだけ》で大規模な火砕流《かさいりゅう》が発生し，被害が出た。

問３ 写真は，長崎港南西の沖合に位置する端島《はしま》(通称軍艦《ぐんかん》島)である。明治～昭和時代にかけて海底炭鉱によってさかえた島で，2015年には「明治日本の産業革命遺産 製鉄・鉄鋼，造船，石炭産業」として世界文化遺産に登録された。

問４ ① 宮崎県はビニルハウスを利用した夏野菜の促成栽培がさかんで，きゅうりの生産量は全国一多い。また，飼養頭(羽)数で肉用牛が全国３位，ブロイラーが全国１位，豚が全国２位など畜産業もさかんである。 ② 熊本県では温暖な海沿いでは秋から春に，涼《すず》しい高原では夏から秋にトマト栽培が行われている。一年中栽培が可能なため，トマトの生産量は熊本県が全国一多い。 ③ 福岡県と佐賀県に広がる筑紫平野は稲と小麦の二毛作がさかんで，福岡県の小麦の生産量は全国２位，大麦の生産量は３位をほこる。

2 世界の国家についての問題

問１ ⑴ Ａ，Ｂ 世界の三大宗教とは，キリスト教・イスラム教・仏教である。イスラム教は，北アフリカ・西アジア・南アジア・東南アジアなど広い地域で信仰《しんこう》され，インドネシアでは人口の約86％がイスラム教徒であるといわれる。仏教は，東アジアと東南アジアでおもに信仰されており，仏教徒は中国・日本・タイに多い。 ⑵ キリスト教は，アメリカ合衆国(アメリカ)・ヨーロッパ・ブラジル・オーストラリアなど多くの国や地域で信仰されており，世界最大の信者数をほこっている。最もキリスト教徒が多い国は，人口がインド・中国についで世界で３番目に多く，人口の80％近くがキリスト教を信仰しているアメリカである。

問２ コーヒー豆の生産量は，ブラジル・ベトナム・コロンビア・インドネシア・エチオピアの順に多く，熱帯と亜熱帯の地域に集中している。

問３ ⑴ ドイツはEU(ヨーロッパ連合)最大の豚肉の産地で，国内の豚の半分が北西部で飼育されている。かつてドイツにはやせた土地が多かったため，冬の保存食として豚肉を原料とするソーセージやハムがつくられるようになった。 ⑵ イスラム教徒は，イスラム教の経典であるコーランによって豚肉を食べることを禁じられているため，イスラム教徒が多い西アジア・南アジア・東南アジアなどの地域の国家は，豚の飼育頭数や豚肉の生産量の上位国に入らない。

問４　⑴　地図中のＡはパレスチナ周辺を示している。1948年，ユダヤ民族はパレスチナをアラブ民族と分割し，イスラエルを建国した。これによって，ユダヤ人と元々この地に住んでいたパレスチナ人(アラブ民族)との間で対立が生じるようになり，この地域では今日まで紛争が絶えない。したがって，ウが正しい。なお，アは地図中Ｃのベトナム，イは地図中Ｄのフォークランド諸島，エは地図中Ｂのウイグル自治区について説明している。　⑵　ネルソン・マンデラは，南アフリカ共和国で初めて誕生《たんじょう》した黒人の大統領である。南アフリカ共和国では，1948年から1990年代初めまでアパルトヘイトとよばれる人種隔離《かくり》政策が行われていた。アパルトヘイトは，白人が黒人を中心とする非白人に対して行ってきたもので，合法的に差別された非白人には選挙権も与えられていなかった。アパルトヘイトが1991年に廃止され，1994年に初めて全国民が参加する選挙が行われると，アパルトヘイトの終結に力をつくしたネルソン・マンデラが大統領に選ばれた。

３　各時代の歴史的なことがらについての問題

問１　吉野ケ里遺跡は，佐賀県東部で発見された弥生時代の集落遺跡である。敵の攻撃に備えるために周囲にほりをめぐらせた国内最大級の環濠《かんごう》集落で，内部には高床倉庫や物見やぐらがある。

問２　渡来人(帰化人)とは，４世紀から６世紀ごろに中国や朝鮮半島から日本に移り住んだ人々をいう。彼らによって，農具・工具・養蚕・機織り・土木工事などの優れた技術や漢字・儒教などの文化が日本にもたらされた。

問３　持統天皇は，天智天皇の娘として生まれ，天武天皇の皇后《こうごう》となった。天武天皇の死後は自ら政治にかかわるようになり，のちに即位して天皇となった。そして，天武天皇の政策を引き継《つ》ぎ，日本で最初の本格的な都である藤原京を，唐(中国)の都長安にならって造営した。

問４　元(中国)の皇帝フビライ＝ハンの服属要求を無視したことで，元と高麗の連合軍に1274年と1281年の二度にわたって侵攻《しんこう》されたのは，鎌倉幕府第８代執権の北条時宗のときである。元軍の集団戦法や火薬(てつはう)を使った攻撃に苦しめられたが，２度とも暴風雨によって退けることができた。

問５　管領《かんれい》は，室町幕府の将軍を補佐するために置かれた役職である。有力な守護で，足利一門でもある細川・斯波《しば》・畠山の三氏が交代で任命された。

問６　屈葬《くっそう》は，縄文時代にみられた死体の埋葬《まいそう》方法である。屈葬のほかにも，重しとして石を死体に抱《だ》かせて埋葬する抱石葬《ほうせきそう》によって埋葬された死体も発見されている。したがって，縄文時代の人々は死者を恐《おそ》れ，死者の霊《れい》が浮遊《ふゆう》して災《わざわ》いを起こすことを防ぐために，このような埋葬方法をとっていたと考えられている。

問７　奈良時代とは，元明天皇による平城京遷都《せんと》(710年)から桓武天皇による平安京遷都(794年)までの期間である。中大兄皇子が百済再興《さいこう》のために援軍を送ったが，唐・新羅の連合軍に大敗した白村江の戦いがあったのは，飛鳥時代の663年なので，イが奈良時代のできごととして正しくない。

問８　藤原道長は４人の娘を天皇の后《きさき》にし，その間に生まれた子どもを天皇の位につかせて，３人の天皇の母方の祖父として権力をふるった。道長は摂関政治の全盛期を築き，藤原氏の栄華《えいが》を満月に例えた「望月《もちづき》の歌」を詠《よ》んだことで知られる。なお，アは蘇我蝦夷・入鹿父子，イは藤原頼通，ウは坂上田村麻呂について説明している。

問９　菅原道真は，藤原氏に無実の罪を着せられて大宰府に流され，大宰府で無念の死をとげた。その後，都(京都)では道真と敵対した人々が次々と急死したため，人々は道真の祟《たた》りが災いをもたらしたと恐れ，これを鎮《しず》めるために神社を建立し，「天神様」として祀《まつ》った。

問10　ア　仏教は538年(552年の説もある)に百済から日本に正式に伝えられたとされているので，正しくない。　イ　東大寺に大仏をつくらせたのは桓武天皇ではなく聖武天皇なので，誤り。　ウ　平安時代に浄土教がさかんになると，空也は「南無阿弥陀仏」と念仏を唱えることで救われると説いて諸国を回ったので，正しい。なお，空也は市聖《いちのひじり》とよばれた。　エ　鎌倉時代に時宗を開いたのは法然ではなく一遍なので，正しくない。法然は浄土宗の開祖である。

問11　X　鎌倉幕府は中央の機関として，御家人の取りしまりや軍事を担当する侍所，幕府の政治全般や財政を担当《たんとう》する政所，裁判を担当する問注所を置いたので，誤り。　Y　地方には国ごとに軍事や警察の仕事をする守護，荘園ごとに年貢の取り立てを行う地頭を置いたので，正しい。

問12　紫式部は平安時代に一条天皇の后の彰子(藤原道長の娘)に仕え，かな文字を使って長編小説『源氏物語』を書いた。

問13　『平家物語』は，平氏が栄華をきわめて滅《ほろ》んでいくようすを琵琶法師が語った鎌倉時代の軍記物語である。したがって，世阿弥が活躍《かつやく》した室町時代の北山文化よりも古い。なお，イは化政文化(江戸時代)，ウは元禄文化(江戸時代)，エは桃山文化(安土桃山時代)について説明している。

問14　時代が古い順に並べ替えると，C(1580年)→D(大坂城の建設は1583～88年)→A(1614年と1615年)→B(1837年)となる。

問15　新井白石は，江戸幕府の第６代・第７代将軍に仕えた儒学者である。第５代将軍の徳川綱吉が制定した生類あわれみの令を廃止し，綱吉が落とした貨幣の質を戻《もど》すなど，正徳の治とよばれる政治改革を行った。なお，アは第８代将軍の徳川吉宗が行った享保《きょうほう》の改革，イは老中の水野忠邦が行った天保の改革，ウは老中の松平定信が行った寛政《かんせい》の改革について説明している。

4 北海道の歴史についての問題

問1　1869年に明治政府が設置した開拓使のもと，1874年に屯田兵《とんでんへい》制度がつくられた。屯田兵とは，北海道の警備と開拓にあたった兵士とその部隊をいう。

問2　新渡戸稲造《にとべいなぞう》は，日本の文化・習慣・精神などを世界に紹介《しょうかい》するために，『武士道』を英語で著《あらわ》した。また，第一次世界大戦後に発足した国際連盟では事務局次長に選ばれ，世界平和の実現に向けて活躍した。

問3　北海道開拓使官有物払《はら》い下《さ》げ事件で失脚《しっきゃく》した大隈重信は，1882年に立憲改進党を結成した。また，同年に東京専門学校(のちの早稲田大学)を創設した。なお，伊藤博文と山県有朋《やまがたありとも》は長州藩出身の政治家，福沢諭吉は著書《ちょしょ》の『学問のすゝめ』や慶應義塾の創立者として知られる思想家・教育者。

問4　1951年に結ばれたサンフランシスコ講和条約で，日本は樺太千島交換条約で獲得した千島列島とポーツマス条約で獲得した樺太の南半分を放棄《ほうき》した。しかし，この条約における千島列島には日本固有の領土である北方四島はふくまれていないので，択捉島の北のウが国境線となる。

問5　アイヌは狩りや漁をして暮らし，独自の生活習慣や文化を築きあげてきた北海道の先住民族であるが，日本への同化を求められたり，差別を受けたりしてきたため，彼らのほこりが尊重される社会の実現を目的として，1997年にアイヌ文化振興法《しんこうほう》が制定された。

5 国際連合についての問題

問1　安全保障理事会(安保理)は，５か国の常任理事国と10か国の非常任理事国とを合わせた15か国の理事国で構成されている。

問２　規定により，非常任理事国の連続再選は認められていないので，ウがふさわしくない。

問３　日本は唯一《ゆいいつ》の被爆《ひばく》国として核の廃絶《はいぜつ》を訴《うった》え，平和主義の原則を貫くために，「核兵器を持たず，つくらず，持ちこませず」という非核三原則の立場をとっている。

問４　国際連合憲章では，加盟国であっても他国の政治上の問題には介入《かいにゅう》しないという内政不干《ふかん》渉《しょう》の原則が成り立っている。したがって，エが誤っている。

問５　国連総会は，国連の政策を決定する討議《とうぎ》機関である。国の大小にかかわらず各国が１票の議決権を持ち，過半数(重要事項の場合は３分の２以上)の賛成で決議が採択《さいたく》される。国際司法裁判所は国家間の争いを平和的に解決するためにつくられた機関，経済社会理事会は経済・社会・教育・文化・保健衛生・人権問題など広範囲にわたる分野について，専門機関などと連携《れんけい》して活動する機関。

問６　**a**　UNHCR《アンカー》(国連難民高等弁務官事務所)は，紛争や迫害《はくがい》などによって故郷《ふるさと》を追われた難民を保護し，自由な帰国や他国への定住を助ける国連の専門機関で，本部はスイスのジュネーブに置かれている。　**b**　UNESCO《ユネスコ》(国連教育科学文化機関)は，教育・科学・文化の面での国際交流を通じて世界の平和と安全に貢献《こうけん》することを目的とした国連の専門機関で，本部はフランスのパリに置かれている。なお，国連食糧農業機関の略称はFAO，国連児童基金の略称はUNICEF。

問７　アメリカ・ロシア・イギリス・フランス・中華人民共和国(中国)の５常任理事国が持つ権限を拒否《きょひ》権という。安全保障理事会の決定には５常任理事国をふくむ９か国以上の賛成が必要で，５常任理事国のうち１か国でも反対すると可決できない。表より，常任理事国であるロシアが反対，中国が棄権《きけん》しているので，拒否権が発動され，賛成多数でも可決できなかったことがわかる。

問８　NATO《ナトー》(北大西洋条約機構)は，冷戦を背景にアメリカをはじめとした西側諸国の間で1949年に結成された軍事同盟。北大西洋地域の安全保障を維持《いじ》し，加盟国の領土と国民を守ることが目的である。

理　科　＜第１回試験＞(30分)＜満点：50点＞

解　答

[1] (1)　エ　(2)　４回目　(3)　ア　(4)　ウ　(5)　ア　[2] (1)　ア　(2)　ア　(3)　イ，ウ　(4)　ウ　(5)　イ　[3] (1)　ア　(2)　エ　(3)　75cm^3　(4)　３倍　(5)　エ　[4] (1)　食物連鎖　(2)　ア　(3)　エ　(4)　イ，エ　(5)　ア　[5] (1)　はやぶさ　(2)　ウ　(3)　火星と木星　(4)　水　(5)　エ

解　説

[1] 小問集合

(1)　シーソー(てこ)をかたむけるはたらきは，(おもりの重さ)×(支点からおもりまでの距離《きょり》)で表され，この値が支点の左右で等しいとき，シーソーはつり合う。左右でこの値が等しくなっているのはエ(どちらも40)である。

(2)　食塩水の密度が卵の密度より大きくなると，卵は浮《う》く。塩を入れても食塩水の体積は変化しな

かったと述べられているから，食塩水の体積ははじめの水の体積と同じ100cm^3となる。できた食塩水の重さを□gとすると，(□÷100)の値が1.1より大きくなると，食塩水の密度が卵の密度より大きくなる。したがって，食塩水の重さが，1.1×100＝110(g)より大きくなればよい。水100cm^3の重さは，100×1.0＝100(g)だから，食塩水の重さが110gになるとき，塩の重さは，110－100＝10(g)になる。塩を３gずつ溶《と》かすのだから，10÷３＝3.3…より，塩を４回目に溶かしたとき，卵が浮く。

⑶　インゲンマメが発芽するために必要な条件は，適当な温度(約20℃)，水，空気の３つである。しめった脱脂綿《だっしめん》には水がふくまれているが，かわいた脱脂綿には水はふくまれていない。また，冷蔵庫の中(４℃)は適当な温度が保たれていない。なお，インゲンマメの発芽には，光，肥料は必要ない。

⑷　地球の時代を分けるとき，化石や地球の磁石としての性質などが使われる。千葉県市原市で発見された地層には，地球のＮ極とＳ極が反転したことを示す一番新しい記録がはっきりと残っている。このため，時代を分ける境界がよくわかる地層としてチバニアンと名付けられた。

⑸　2022年のノーベル物理学賞は，物質を構成する原子や電子のふるまいについて説明する理論の分野で，量子もつれという現象が起きることを理論や実験を通して示した。この量子情報科学という新しい分野を開いたことで，フランスの大学の研究者などが選ばれた。

２ 回路と電流の大きさについての問題

⑴　乾《かん》電池(または電源装置)を表す電気用図記号で，＋極を表すのは長いたて棒の方である。

⑵　電流は電池の＋極から出て豆電球を通り，電池の－極にもどる向きに流れる。

⑶　図４の回路は，１個の豆電球に，並列につないだ２個の豆電球がつながっているので，イとウが同じ回路を表している。アの回路では右側の豆電球がショートされていて光らない。また，エの回路も右側の２個の豆電球がショートされていて光らない。

⑷　豆電球ａと豆電球ｂを流れた電流が合流したあとに電流計をつないでいるので，電流計は豆電球ａと豆電球ｂに流れる電流の合計を測定している。

⑸　乾電池から出た電流は，豆電球ｃを通ったあと，豆電球ｄと豆電球ｅに分かれて流れ，合流して，乾電池の－極にもどる。したがって，豆電球ｃに流れる電流が最も大きくなるから，最も明るく光り，次に豆電球ｄと豆電球ｅが明るく光る。なお，同じ豆電球を使っているので，豆電球ｄと豆電球ｅに流れる電流の大きさは同じになり，同じ明るさで光る。

３ 塩酸と水酸化ナトリウム水溶《よう》液の中和についての問題

⑴　塩酸に水酸化ナトリウム水溶液を加えると，水と食塩が生成する。

⑵　グラフより，塩酸Ｘ液20cm^3と水酸化ナトリウム水溶液10cm^3が過不足なく中和しているので，このときの体積比は，(塩酸Ｘ液の体積)：(水酸化ナトリウム水溶液の体積)＝20：10＝２：１となる。

⑶　グラフより，塩酸Ｙ液20cm^3と水酸化ナトリウム水溶液30cm^3が過不足なく中和しているから，塩酸Ｙ液50cm^3を完全中和させるために必要な水酸化ナトリウム水溶液の体積は，$50\times\frac{30}{20}=75$(cm^3)である。

⑷　グラフより，塩酸20cm^3を過不足なく中和するのに必要な水酸化ナトリウム水溶液の体積は，塩酸Ｘ液では10cm^3，塩酸Ｙ液では30cm^3なので，塩酸Ｙ液の方が濃《こ》いとわかり，その濃さは，30

÷10＝３(倍)と求められる。

(5)　塩酸Ｘ液100cm^{3}と過不足なく中和する水酸化ナトリウム水溶液の体積は，$100\times\frac{1}{2}=50$(cm^3)である。よって，塩酸Ｘ液100cm^{3}と水酸化ナトリウム水溶液60cm^{3}を混ぜ合わせたあとの溶液には水酸化ナトリウム水溶液が，$60-50=10$(cm^3)残っている。水酸化ナトリウム水溶液はアルカリ性の水溶液なので，BTB 液を加えると青色に変化する。

4　食物連鎖《さ》についての問題

(1)　生物どうしの食べる・食べられるという関係を食物連鎖という。

(2)　人の手でヒトデを取り除《のぞ》き続けたことが原因で，生物のバランスがくずれたかどうかについて調べるので，場所の条件は同じにして，人の手を全く加えずに，そのようすを観察するとよい。

(3)　矢印の太さに着目すると，ヒトデが食べる量は，フジツボの方がイガイやイボニシより多いとわかる。このため，ヒトデだけを継続的に取り除くと，３ヶ月後にはフジツボが岩場のほとんどを占めるようになる。その後，フジツボはイボニシに多く食べられて数が減るため，１年後にはイガイが岩場をほぼ独占《どくせん》したと考えられる。フジツボからイガイに向かう矢印はないので，エのように，イガイがフジツボを食べ始めるようなことはない。

(4)　人間の生活活動や研究目的などによって，他の地域から持ちこまれて野生化した生物を外来生物という。ブラックバスはおもに研究目的，マングースはおもにハブの退治のために持ちこまれた。

(5)　右の図で，①の部分のように，食うものの数が増えると食われるものの数が減り，②の部分のように，食うものの数が減ると食われるものの数が増える。よって，数の変化の方向を示す矢印はアとなる。

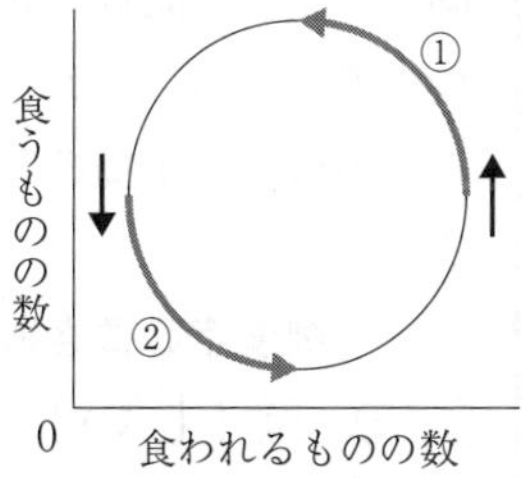

5　小惑《わく》星についての問題

(1)　2010年に小惑星イトカワの試料を持ち帰ってきた日本の小惑星探査機は，「はやぶさ」である。

(2)　Ｃ型小惑星は炭素質のもので，英語で炭素質を意味する carbonaceous の頭文字から命名されている。

(3)　小惑星は，火星と木星の間に集中して存在している。

(4)　小惑星探査機「はやぶさ２」が小惑星リュウグウから持ち帰った試料からは，アミノ酸と水が検出された。検出された水は二酸化炭素が溶けた炭酸水で，地球にこれらの小惑星などが落下したことで水がもたらされたと考えることもできる。

(5)　国立天文台の資料より，木星の確定した衛星数(衛星の軌《き》道が正確に決定され，確定番号がつけられた衛星の数)は，72個である。

英語　＜第１回試験＞（60分）＜満点：100点＞

※　編集上の都合により，英語の解説は省略させていただきました。

解答

Ⅰ　**A**　(1)　(例)　I like soccer best.　(2)　(例)　It is January.　(3)　(例)　There is one clock on the wall.　**B**　(1)　(bl)ue　(2)　(m)ou(se)　(3)　(c)u(t)　(4)　(bl)ow　**C**　(1)　イ　(2)　ア　(3)　イ　(4)　イ　(5)　ア　Ⅱ　**A**　(1)　イ　(2)　ウ　(3)　エ

⑷　エ　**B**　⑴　イ　⑵　ク　Ⅲ　⑴　windy　⑵　20（℃）　⑶　rainy　⑷　13（℃）　⑸　7（月）8（日）
Ⅳ　（例）　右の図　Ⅴ　**A**　⑴　zebra　⑵　train　⑶　elephant　**B**　⑴　25　⑵　12：53　⑶　8　Ⅵ　**A**
①　ウ　②　ア　**B**　オ→ア→ウ→エ→イ　**C**　㋐　Tom　㋑　husband　㋒　younger　㋓　flowers　Ⅶ　⑴　eleventh　⑵　9（回）　⑶　2（回）　Ⅷ　**A**　オ　**B**　ア　**C**　イ　**D**　エ

国　語　＜第１回試験＞（50分）＜満点：100点＞

解　答

一　①〜⑧　下記を参照のこと。　⑨　告　⑩　高　二　**問１**　①　イ　②　ア　**問２**　言語だけでなく人種も職業も出自も違う　**問３**　エ　**問４**　Ⅰ　ウ　Ⅱ　オ　**問５**　エ　**問６**　イ　**問７**　⑴　②，⑤　⑵　**a**　こころを思いやり今そうなっている背景に思いをはせ　**b**　少しこころに力が戻って　三　**問１**　ウ　**問２**　①　イ　②　エ　**問３**　イ　**問４**　**a**　（例）　困らせて　**b**　我慢　**問５**　ウ　**問６**　①　**a**　小学校も最後の夏休み　**b**　ひさしにも母親にも言わなかった　②　オ　③　（例）　戦争で家族との旅の機会や工場の働き手など大切な物をうばわれ，望まない勤めを，否応なしにさせられている（こと）

●漢字の書き取り

一　①　険（しい）　②　系統　③　歌詞　④　順延　⑤　展覧　⑥　看護　⑦　投票　⑧　散乱

解　説

一　**漢字の書き取り，漢字のパズル**

①　音読みは「ケン」で，「危険」などの熟語がある。　②　順序だったものごとのすじみち。　③　歌の言葉。　④　順々に日程を延ばすこと。　⑤　品物を並べて，多くの人に見せること。　⑥　病人・ケガ人の手当てや世話をすること。　⑦　選挙や採決にあたって，それぞれの意思を示すために，氏名や賛否を用紙に記入して，提出すること。　⑧　散らばること。　⑨　「告」という漢字を入れると，「予告」「告示」「告白」「広告」という熟語ができる。　⑩　「高」という漢字を入れると，「座高」「高原」「高級」「円高」という熟語ができる。

二　**〈文章１〉の出典は五木寛之《いつきひろゆき》の『デラシネの時代』，〈文章２〉の出典は五木寛之の『無意味な人生など，ひとつもない』による。**仏教が智慧《ちえ》と慈悲《じひ》の教えであることを紹介《しょうかい》し，「慈悲」の「慈」と「悲」について説明した文章と，甥《おい》の馬之助《うまのすけ》に何も言えなかった良寛《りょうかん》の涙《なみだ》こそ「悲」の心であるとして，そんな良寛の姿が本当の励《はげ》ましなのではないか，と主張した文章である。

問１　①　「洗練」は，みがきをかけ，きたえあげて，より良いものにすること。　②　「仏頂《ぶっちょう》面《づら》」は，そっけない，不機嫌《ふきげん》な顔つきのこと。

問２　続く部分に注目する。人々が「集落にまとまって住んで」いたころには，「人々の心をつなぐ絆《きずな》は血」であり，「血縁《けつえん》で人間関係が営まれて」いた。その後，「農業や商業が発達し，河口の港町に大きな都市ができ，何千何万という単位で人が住みつくようになると，言語だけでなく人種も職業も出《しゅつ》自《じ》も違《ちが》う人々と接触《せっしょく》するように」なった。「そういった都市で市民をつなぐ」ために，「血に代わる新たなつながりとして生まれてきたのが慈という感情」なのである。

問３　エの「短距離《きょり》走の記録が伸《の》びず，悩《なや》んでいる陸上部の後輩《こうはい》」を励まし，具体的な助言を与《あた》えるのは，「慈」である。言葉を発さずに，相手の「痛みや苦しみに共感共苦して少しでも軽くしてあげたいと願う」のが「悲」なので，「妹の気持ちが晴れるまで，黙《だま》って話を聞きながら受け止め続ける」ことは「悲」に当たる。

問４　Ⅰ　他者の痛みや苦しみを軽くすることができない己《おのれ》の無力さに気づいたときに，人は溜《ため》息《いき》をつくのだが，その溜息は苦しんでいる人にとって大きな力になる可能性があると述べている。よって，前のことがらを受けて，それに反する内容を述べるときに用いる「しかし」が合う。

Ⅱ　手を取って励ましてやれば，座《すわ》り込《こ》んでいた人でも立ち上がることができるかもしれないので「慈」は大切だと続くのだから，前のことがらを理由として後にその結果をつなげる「だから」があてはまる。

問５　次の段落に，「想像力が足りない」とある。震災《しんさい》で娘《むすめ》を失った母親が，どれほどがんばったところで，娘二人が生き返ることもない。そんな絶望的な状況《じょうきょう》に置かれた人の心境を考えることなく，アナウンサーが，気軽に励ましの言葉をかけたことを，筆者は批判している。

問６　直前で，「慈が励ましなら，悲は慰《なぐさ》めと言っていい」と筆者は述べている。「痛みや苦しみに共感共苦して少しでも軽くしてあげたいと願う」が「それができないという己の無力さに気がついたとき」に感じる「悲」の感覚のある人がそばにいてくれることで，「お互《たが》いの心が通じ合」い，慰めになるのだと考えられる。

問７　⑴「仏教は昔から智慧と慈悲の教えである，と言われて」きたのであり，「智慧」と「慈悲」とは別のものであるため，②は合わない。隠《かく》しているかもしれない悲しみを想像して涙を落としたのは，甥ではなく良寛なので，⑤も合わない。　⑵　a　最後から二番目の段落に注目する。「その人のこころを思いやり今そうなっている背景に思いをはせ，共感共苦する」のが「『悲』のこころ」だと述べられている。　b　最後の段落では「次の段階」として，「少しこころに力が戻《もど》ってから」，相手に「的確で具体的なアドバイス」を与えるという「慈」が必要になると述べられている。

三　**出典は竹西寛子《たけにしひろこ》の「蘭《らん》」による。**戦時中の列車の中で，歯が痛いとひさしが伝えると，父親は楊《よう》枝《じ》のかわりに使うように，大切にしていた扇子《せんす》を引き裂《さ》いて差し出す。

問１　「二人掛《が》けの座席はいたるところで二人掛け」になり，「窓際《まどぎわ》の席で父親と対《むか》い合って」座り，「当局の命令通り窓に鎧《よろい》戸《ど》を下ろさなければならなかった」という記述に当てはまるのはウである。

問２　①「否応《いやおう》なしに」は，“断ろうが，受け入れようが，それとは関係なく”という意味。

②「しかめっ面《つら》」は，不機嫌な感情を，顔にしわをよせて表情に表すこと。

問３　父親は，「この時勢では，息子を連れて旅する機会も，これからはなくなるだろう」と予想していた。そのことを家族に気づかれずに，ごく当たり前のこととして，ひさしを連れて旅に出ることができたので，父親は，「葬儀《そうぎ》という名目があってむしろよかった」と思ったのである。

問４　a，b　ひさしは，列車の中で，歯が痛いことを「父親に訴《うった》えたところで，父親も困るだろう」と思い，いったんは，我慢《がまん》しようと考えた。しかし，痛みに耐《た》えられなくなり，ひさしは，寝ている父親を起こして歯が痛いことを伝えた。それを聞いた父親の心配そうな表情を見て，ひさしは，自分が父親を困らせていることに気づき，やはり歯痛を我慢することにして，「大丈夫《だいじょうぶ》」とうそをついたのである。

問５　父親が，楊枝のかわりに使うようにと引き裂いた「扇子は，亡《な》くなった祖父譲《ゆず》りのもので，父親がいつも持ち歩いて」いたものであり，父親が気に入っていることをひさしは知っていた。父親が，自分のために，惜《お》し気《げ》もなく扇子を引き裂いたのを見て，ひさしはおどろき，「頭から冷水を浴びせられた」ように強いショックを受けたのである。「奥歯《おくば》にものがはさまる」は，思っていることをはっきりいわないさま。「煮《に》え湯を飲まされる」は，“信頼していた人に裏切られる”という意味。「苦虫をかみつぶす」は，“とても不愉快《ふゆかい》そうな顔つきをする”という意味。「足もとに火がつく」は，“危険が身近にせまってくる”という意味。

問６　①　**a**　最初の部分に，「小学校も最後の夏休み」という時期が示されていることからも，季節が夏であることがわかる。　**b**　父親は，「この時勢では，息子を連れて旅する機会も，これからはなくなるだろうという見通し」を立てていた。そのことを，「ひさしにも母親にも言わなかった」ことから，父親が，「辛抱《しんぼう》強い人」であり，「息子や妻に対する思いやりのある人物」であることがわかる。　②「父親が扇子を裂くのを見たとき」，ひさしは，「『蘭が……』と言ったきり，あとが続かなく」なるほどの強いしょうげきを受けた。扇子の骨を裂いたものを楊枝がわりに使っているうちに，ひさしの歯痛は和らいでいった。ひさしは，父親の行動に「うれしさ」や「ありがたさ」を感じていたが，それ以上に，痛みを我慢できなかった自分の弱さを責めたのである。　③　傍線部《ぼうせんぶ》①をふくむ段落に着目する。「何年か前までは，家族で避暑《ひしょ》地に滞在《たいざい》する生活もあった」が，「再びそうした生活に戻れるあて」はなかった。さらに，「工場の働き手も，一人，また一人と兵役《へいえき》に抜《ぬ》き取られて，次々に戦場に送られて」おり，「工場の規模でさえ，否応なしに縮小を迫《せま》られる日のそう遠くないこと」も，父親は予感していたと述べられている。だんだんと大切なものを失っていく父親は，ひさしには，「決して望むようにではなく，やむを得ない場所で否応なしの勤めをさせられているように」見えて，ひさしは，そんな父親を「気の毒にも健気《けなげ》にも思い始めていた」のである。

2023年度

麗 澤 中 学 校

【算　数】〈第３回試験〉(50分)〈満点：100点〉

1　次の計算をしなさい。

(１)　$1+2-3+4+5-6+7-8+9-10$

(２)　$4\times16+7-117\div13$

(３)　$(27\times4-18\times3)\div(93-25-62)$

(４)　$12.5+3.72-2\times3.29$

(５)　$0.5\times\{7\times0.4-(2.7-1.8)\}$

(６)　$2\frac{1}{5}+3\frac{2}{7}-1\frac{1}{3}$

(７)　$\left(1\frac{11}{12}-\frac{1}{3}\right)\div1\frac{3}{4}\div1\frac{5}{14}$

(８)　$\left(7-5\frac{1}{3}\right)\times3.3\div\left(\frac{4}{5}-0.6\right)$

2 次の □ にあてはまる数を答えなさい。

（１） 下の数字の列は，ある規則にしたがって並んでいます。

1，3，4，7，□，18，29，…

（２） 濃《のう》度６％の食塩水105ｇと濃度12％の食塩水75ｇを混ぜ，さらに □ ｇの水を混ぜると，濃度5.1％の食塩水ができました。

（３） Ａさんは家から1360ｍ離れた駅に向かって分速80ｍの速さで歩きました。しかし，電車に間に合わないと思い，家を出て □ 分後から分速160ｍの速さで走ったところ，家から駅まで12分かかりました。

（４） ある品物を１つ □ 円でいくつか売ったところ，その品物の売り上げは7200円でした。次の日，１つの値段を前日の定価の25％引きで売ったところ，前日より20個多く売れたので，前日と同じ売り上げになりました。

（５） 下の図１のような円，半円，直角二等辺三角形の４枚の図形があります。円と半円の半径は３cmで，直角二等辺三角形の辺イウの長さは６cmです。図２は，４枚の図形を重ね並べて，直角二等辺三角形の頂点をそれぞれの中心に重ねた図です。図２で３枚重なっている部分の面積は □ cm^2 です。ただし，円周率は３とします。

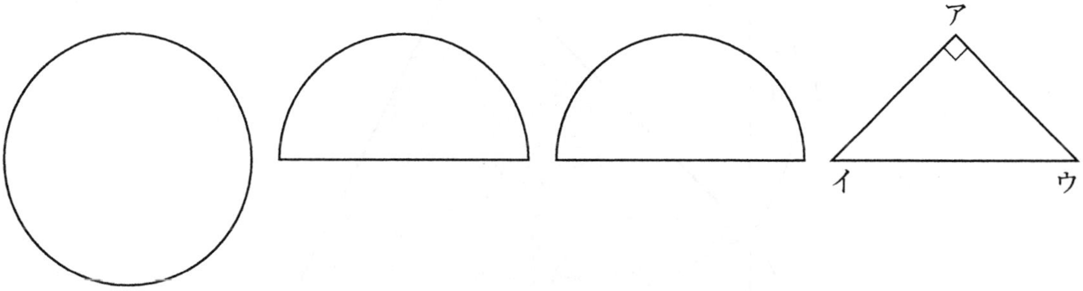

図１

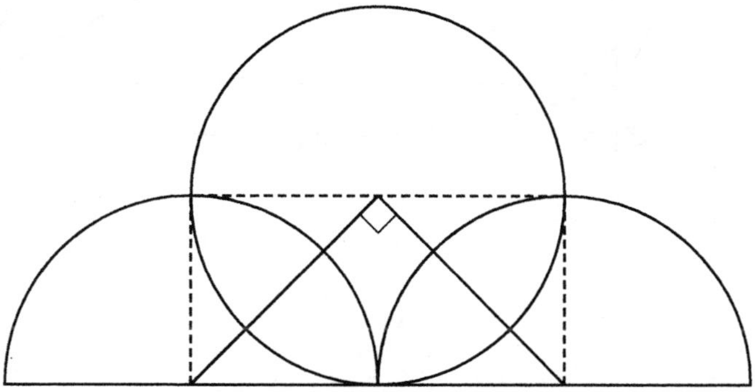

図２

〈編集部注：編集の都合上，図１は原図より縮小してあります。〉

（６） 下の図形を直線ℓを軸として１回転させたときにできる立体の体積は □ cm^3 です。ただし，円周率は３とし，円すいの体積は「(底面積)×(高さ)÷３」で求められます。

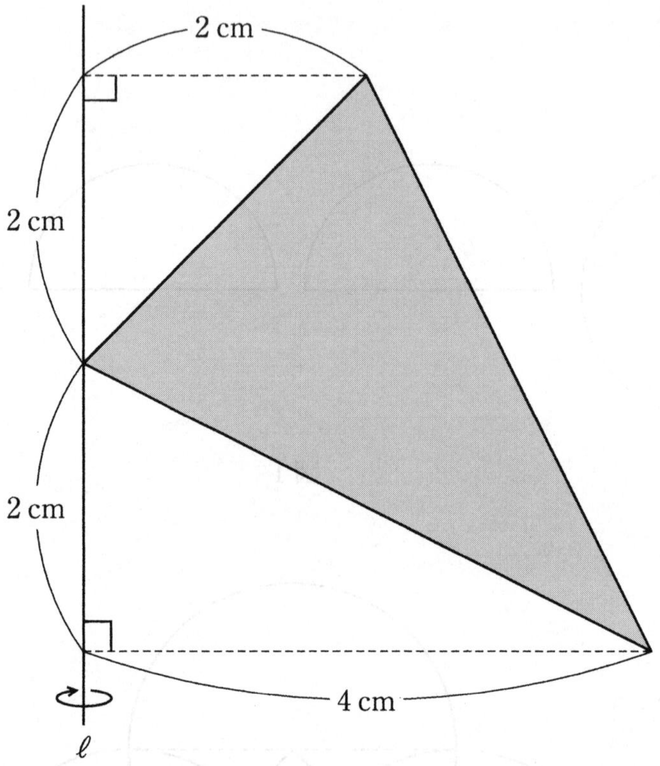

3 下の図のように１辺が６cm の正方形 ABCD があり，辺 AB，BC，DA 上に，それぞれ E，F，G があります。また，図のように CG と DF の交わる点を H，CE と DF の交わる点を I，DF の延長線と AB の延長線の交わる点を J とします。AE：EB ＝３：１，BF：FC ＝１：４，G を DA の真ん中の点とするとき，次の問いに答えなさい。

（１） DH：HF をもっとも簡単な整数の比で答えなさい。

（２） BJ の長さを求めなさい。

（３） CI：IE をもっとも簡単な整数の比で答えなさい。

（４） DI：IF をもっとも簡単な整数の比で答えなさい。

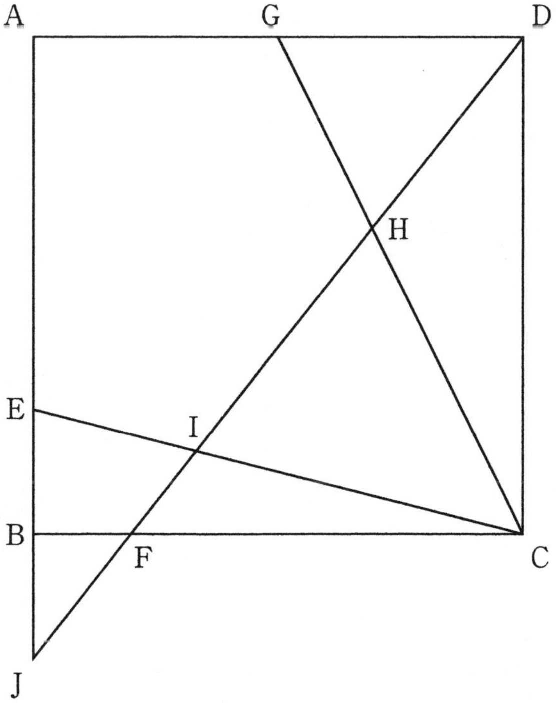

4 次の問いに答えなさい。

（1） 507 の約数の個数を求めなさい。また，その約数全部の和を求めなさい。

（2） 同じ整数 A を 5 回かけると，積が 2023 をこえました。このような整数 A のうち，最小のものを答えなさい。

（3） 下の条件にあてはまる整数を求めなさい。

条件①：約数の個数が 6 個　　，　　条件②：その約数全部の和が 2456

問三　次は、①～⑤の絵についてXさんとYさんが話し合ったものです。空欄［ア］～［オ］に当てはまる言葉をそれぞれ指定された字数で考えて答えなさい（句読点等も字数に含む）。

Xさん　④は水平線から［ア（二字）］が昇《のぼ》る様子を描《えが》いた絵だね。

Yさん　それぞれのページで描くこともできたのに、どうして二つで一つの［ア］にしたのだろう？

Xさん　それは、味方も敵も関係なく同じ［イ（二字）］に生きている、ということを意味しているのではないかな。

Yさん　なるほどね。では、⑤の「みかたのあかちゃん」と「てきのあかちゃん」にはどんな意味があると思う？

Xさん　二人の赤ちゃんが全く同じに描かれているから、［ウ（十字以内）］であることを意味しているのかな。

Yさん　そう考えると、①～⑤の絵は［ウ］であるはずなのに、戦争によって、［エ（二字）］が大きく変わってしまうことを表しているんだね。たとえば、②の絵なら、戦争によって、［オ（十字以内）］が奪われてしまう、だからこそ生まれた国や民族、信仰《しんこう》にかかわらず、他者を愛する思いやり、つまりは慈悲慈愛《じひじあい》の心を今こそ大切にしたいというテーマにつながりそうだね。

問一　①〜③の絵について答えなさい。

（一）空欄《くうらん》［A］には「せんそう」の対義語（反対の意味の言葉）が入ります。［A］に当てはまる言葉をひらがな三字で答えなさい。

（二）②の「せんそうのかぞく」の絵は、家族がどうしたということを表していますか。「戦争」という言葉を用いて、二十字以内で説明しなさい（句読点等も字数に含《ふく》む）。ただし、漢字、ひらがな、カタカナいずれを使用しても構いません。

問二　次は、③の「［A］のどうぐ」がなぜペンなのか、「せんそうのどうぐ」と比較しながら説明したものです。空欄［　ア　］〜［　カ　］に当てはまる言葉をそれぞれ指定された字数で考えて答えなさい（句読点等も字数に含む）。ただし、漢字、ひらがな、カタカナいずれを使用しても構いません。

「［A］のどうぐ」と「せんそうのどうぐ」は、どちらも問題解決の手段として使われる道具です。「せんそうのどうぐ」では手に［　ア（四字）　］が握《にぎ》られています。これは相手の話を聞くことなく無理やり自分に従わせ、相手の［　イ（一字）　］を一瞬《いっしゅん》にして奪《うば》うこともできます。「せんそうのどうぐ」が［　ア　］である理由は、いかに効率よく一瞬のうちに相手を攻撃《こうげき》し、勝利できるかが戦争においては重要だからです。次に、「［A］のどうぐ」ではペンで文章を書いています。文章を書くという行為《こうい》は［　ウ（二字）　］のかかる作業ですが、自分の［　エ（三字）　］を相手に［　オ（三字）　］手段です。以上のように、「［A］のどうぐ」がペンであるのは、［A］の実現のためには［　カ（十字以内）　］が重要だからです。

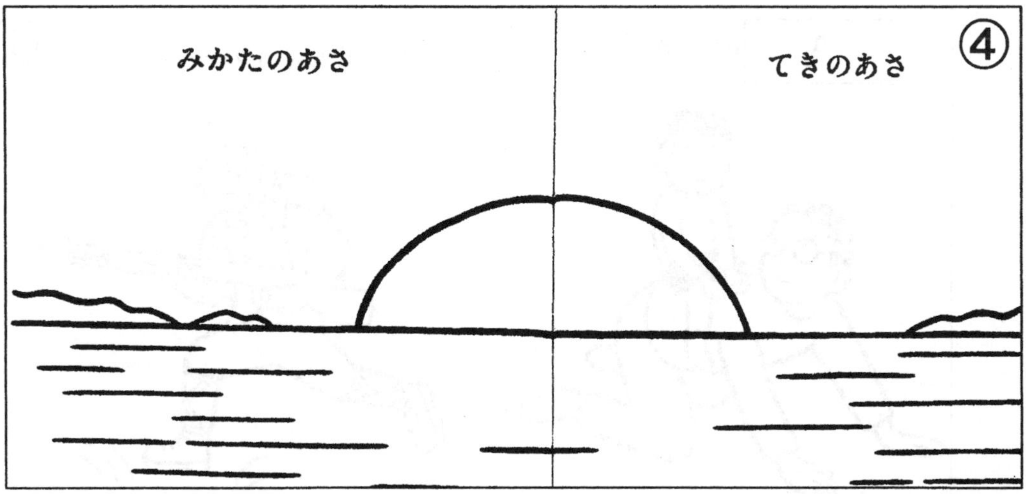

（たにかわ　しゅんたろう脚本　Noritake 画）

三 次の①～⑤の絵は、同じ絵本から抜《ぬ》き出したものです。これをよく見て、後の問いに答えなさい。

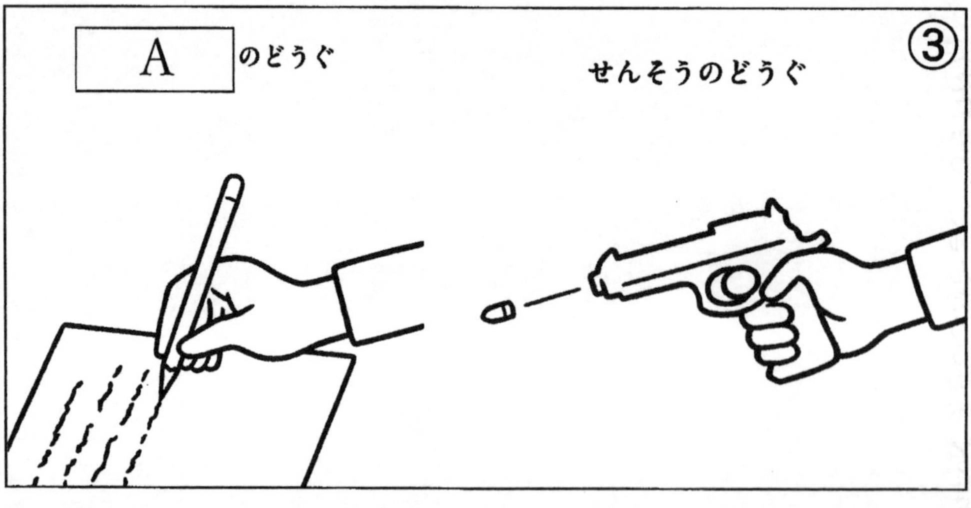

問十一　傍線部Ｉに「僕は祖母に会える」とありますが、これはどのようなことを意味していますか。説明として最も適当なものを次の中から選び、記号で答えなさい。

ア　みんなが「僕」のことを祝ってくれるたびに、祖母が目の前に現れて、調子に乗っている「僕」を見つけて叱りに来るということ。

イ　みんなが「僕」のことを祝ってくれるたびに、祖母の寂《さび》しげな後ろ姿を思い出して、思わず「僕」自身が暗い気持ちになるということ。

ウ　みんなが「僕」のことを祝ってくれるたびに、祖母も一緒になって「僕」の成功をお祝いして、これからの活躍《かつやく》を願ってくれるということ。

エ　みんなにちやほやされて「僕」が調子に乗りそうになると、思い出の中の祖母が「僕」を叱る言葉を投げかけて反省させてくれるということ。

オ　みんなにちやほやされて「僕」が調子に乗りそうになると、「僕」をいましめてくれるかのように祖母の姿が思い起こされるということ。

問八　傍線部Ｇに「『むりしなくて、いいんだよ。』おばあちゃんは、やさしいこえで、そういいながら、ぼくのあたまを、なでつづけていた」とありますが、ここからどのようなことが読み取れますか。説明として適当なものを次の中から二つ選び、記号で答えなさい。

ア　おばあちゃんの「むりしなくて、いいんだよ。」という言葉は、食べたくもないのに無理をしておにぎりを食べようとしている「ぼく」を気づかう言葉だった。

イ　おばあちゃんの「むりしなくて、いいんだよ。」という言葉は、おばあちゃんのおにぎりにこめられたまごころに気付いた「ぼく」を心から慈《いつく》しむ言葉だった。

ウ　おばあちゃんの「むりしなくて、いいんだよ。」という言葉は、おばあちゃんの気持ちに気付いた「ぼく」に同情にも似た哀《あわ》れみを表すためにかけた言葉だった。

エ　おばあちゃんがやさしいこえであたまをなでてくれたおかげで、「ぼく」はおばあちゃんのやさしさに触《ふ》れて、自分を思ってくれる家族の大切さに気付くことができた。

オ　おばあちゃんがやさしいこえであたまをなでてくれたおかげで、「ぼく」は毎日作ってくれたおばあちゃんのおにぎりの美味しさに改めて気付くことができた。

カ　おばあちゃんがやさしいこえであたまをなでてくれたおかげで、「ぼく」はおばあちゃんが気分を害していながらもがまんをしていることに気付くことができた。

問九　空欄［Ⅱ］に当てはまる言葉として最も適当なものを次の中から選び、記号で答えなさい。

ア　裸一貫《はだかいっかん》　イ　貧弱　ウ　無一文　エ　火の車　オ　四苦八苦

問十　傍線部Ｈに「だが、祖母の背中は、僕を叱る」とありますが、なぜ祖母の「背中」が「叱る」と筆者（僕）は表現したのですか。本文中の言葉を用いて、「～から。」に続くように、四十字以内で分かりやすく説明しなさい（句読点等も字数に含む）。

問四　傍線部Ｄで「えーっ、あの、おにぎりぃ!?」とさけんだ後、主人公はおばあちゃんに本当は何と言いたかったのですか。本文中から二十四字で抜き出しなさい（句読点等も字数に含む）。

問五　空欄［Ⅰ］に当てはまる言葉として最も適当なものを次の中から選び、記号で答えなさい。

ア　おばあちゃんのおにぎり、おいしいのにもったいないなあ。
イ　おばあちゃんに、何て言えばいいんだろう。
ウ　おばあちゃんは、いつもやさしかったのに。
エ　おばあちゃんのおにぎり、たくさん残ったけれどどうしよう。
オ　おばあちゃんに、だまされた。

問六　傍線部Ｅに「くびが、まえへうなだれてきた」とありますが、次の文章はそのときに「ぼく」が考えたことをまとめたものです。空欄［ア］・［イ］に当てはまる言葉を、本文中からそれぞれ指定された字数で抜き出して答えなさい（句読点等も字数に含む）。

> おばあちゃんは「ぼく」のために、「ぼく」が［ア（六字）］なおにぎりを作ってくれたのに、そのおにぎりを食べなかったことで、おばあちゃんの［イ（十五字）］かもしれないと思い、おばあちゃんの顔をみるのがつらくなった。

問七　傍線部Ｆに「いろいろなかたちに、にぎられていたおにぎりは、お茶をかけられて、茶わんのなかで、くずれていた」とありますが、これはどのようなことを表していますか。説明として最も適当なものを次の中から選び、記号で答えなさい。

ア　おばあちゃんに作ってもらった「ぼく」のお気に入りの三角形のおにぎりがくずれてしまったということ。
イ　おばあちゃんがおにぎりを通して伝えてくれたお祝いの気持ちを「ぼく」が台無しにしてしまったということ。
ウ　おばあちゃんが「ぼく」のふるまいに失望して、あきらめの気持ちでおにぎりをくずしていたということ。
エ　おばあちゃんのおにぎりはお茶づけにしても食べられるので、「ぼく」も一緒に食べようとしたということ。
オ　おばあちゃんがせっかく作ったおにぎりをお茶づけにしてしまった理由が「ぼく」には分からなかったということ。

「厳しい戦いを生き抜《ぬ》いた人ほど、自分の戦いの壮絶さを他人に見せたがらない。」

祖母の「語らなかった」教えである。

（文章１・２とも　さだまさし　著　『おばあちゃんのおにぎり』による　※設問の都合により、文章ならびに表記は一部変更《へんこう》されています）

問一　傍線部《ぼうせんぶ》Ａに「すこし、きんちょうしているみたいだ」とありますが、それはなぜですか。次の空欄《くうらん》［Ｘ］に当てはまる形で、本文中から十二字で抜き出しなさい（句読点等は字数に含《ふく》まない）。

いよいよ［　　Ｘ　　］がはじまるから。

問二　傍線部Ｂに「王さまのきぶんだ」とありますが、この時の自分の気持ちを「ぼく」自身は後でどのようにとらえなおしましたか。二重傍線部ア〜オの中から最も適当なものを選び、記号で答えなさい。

ア　だんだん、はらがたってきた
イ　あまりたのしくなかった
ウ　おばあちゃんのかおを見るのが、つらい
エ　すこし、ほっとした
オ　ちょうしにのっていたんだ

問三　傍線部Ｃに「おにぎりのかずは、やはり、ひとつもへっていない」とありますが、その理由について、いくつか書き出してみました。次の空欄［Ｙ］に当てはまる言葉を本文中から十六字で抜き出して答えなさい（句読点等も字数に含む）。

・おにぎりは、いつでもたべられるものだから。
・今日は［　　Ｙ　　］から。
・おにぎりは他のごちそうに比べると見た目が地味で目立たないから。

ヒット曲が出て有名になると、周りのみんなが大げさに誕生会をやってくれる。それは嬉《うれ》しいものだ。ところが、僕がちやほやされている時に限って、必ずその会場に祖母が現れるのである。それも決まって、うす暗い台所のテーブルに座って、お茶漬《づ》けを食べている祖母の背中なのである。

もちろん、僕の勝手な幻想《げんそう》にすぎない。

祖母自身が、もし、今も生きて元気だったなら、一緒《いっしょ》に大喜びでパーティに参加しているだろうし、僕があげたお小遣いをこっそりためておいて、びっくりするようなプレゼントをくれると思うのだ。

H**だが、祖母の背中は、僕を叱《しか》る。**

ちやほやされていると、必ず叱る。

「感謝しなさい」「感謝しなさい」と叱る。

だから僕は、なかなかちやほやされて有頂天になれない体質に育ってしまった。

実は、感謝しているんだけどね、そんな祖母の背中に。

だから、逆に言うと、みんながちやほやしてくれたら、I**僕は祖母に会える**ってこと。

祖母はこんな風に、今も生きている。

僕が生きて、彼女を忘れない限り、生きている。

人の「命」とは、なんと不思議なのだろう。

〈一体、生きることに何の意味があるのだろう。〉

そんな風に考えるのは、「平和」だからだ。

いや、実際、人々が「平和」のために命を投げ出して戦うことだってあるのに、だ。

〈もともと、生きることに意味はない。〉

だが、その意味のない「生きること」に意味を発見するための自分との戦いを、「人生」と言うのではなかったのか？

僕たちは、「生きること」は自分自身との壮絶《そうぜつ》な戦いだということを、忘れてはいけない。

ひとつ信じていることがある。

そういって、ぼくのあたまを、やさしくなでた。

おばあちゃんは、ぼくを、おこらない。ぼくが、おばあちゃんのプレゼントに、はらをたてたことも、だれひとり、おにぎりをたべなかったことも、おばあちゃんは、わかっているのに、ぜんぜんおこっていない。

ぼくは、そんなおばあちゃんに、なんていうことをしてしまったのだろう……。

たくさんのプレゼントをもらって、オちょうしにのっていたんだ。

むねが、きゅーんと、いたんだ。

「おばあちゃん。ごめんね。」

ぼくは、りょう手に、おにぎりをつかんで、ふたつのおにぎりを、いっぺんにたべはじめた。なみだが、あとから、あとからながれてきた。

G「むりしなくて、いいんだよ。」

おばあちゃんは、やさしいこえで、そういいながら、ぼくのあたまを、なでつづけていた。

【文章1】の「ぼく」は大人になり、大ヒット曲を多数生み出し多くのファンに応援《おうえん》される歌手になった。次の文章は、「ぼく」が大人になってから、祖母との思い出や、祖母の戦争体験を「あとがき」として書いたものである。

【文章2】

この物語は、ちょうど僕《ぼく》の七歳《さい》の誕生祝いの時の「事件」である。

当時、父の材木屋の経営状態はほとんど［Ⅱ］で、実際のところ、父は祖母に小遣《こづか》いをやるような余裕《よゆう》すらなかったはずである。従って、祖母はほとんどお金を持っておらず、そこで誕生祝いの苦肉の策が、その「おにぎり」だったのではなかったろうか。

こういう客観的な考察は、大人になってから初めて気づいた視点で、当時はまったく意外な「事件」にしか映らなかった。腹を立てて遊びにいったことも、気になって急いで帰って、おにぎりを食べたことも、まったくの実話である。そして、この「事件」が、ある意味での自分の精神的外傷（トラウマ）となっていることに気づいたのは、もっとずっと大人になってからのことだ。

「ぼく、ちょっと、さきにかえる。みんな、きょうは、ありがとう！」

ぼくは、そういうと、あそびのわのなかから、ぬけて、うちにかえった。

家がちかくなると、ぼくは、だんだん、気がおもくなってきて、Ｅくびが、まえへうなだれてきた。おばあちゃんのことは、気になるけれども、かえって、ウおばあちゃんのかおを見るのが、つらい。おこっていても、かなしんでいても、いやだな、とおもった。

門をはいって、にわをつっきって、おかって口（台所に通じる出入り口）から、台所にはいる。

あかるいそとからかえると、台所は、まっくらに見えた。

「ただいまぁー！」

ぼくは、台所を見まわした。

「おかえり。」

すぐちかくで、おばあちゃんのこえがする。こえのちょうしからすると、おこってはいないようだ。エすこし、ほっとした。

くらさに、目がなれてくると、台所のテーブルの上に、おにぎりがおいてあるのが、見えた。白いおにぎりが、たくさん、ならんでいる。

そのよこで、おばあちゃんが、せなかをむけて、なにかしていた。

「おかえり。ちゃんと、手をおあらい。」

おばあちゃんが、ぼくのほうをふりむきながら、いった。

おばあちゃんは、のこったおにぎりを、茶わんにいれて、お茶づけにして、たべていたのだ。

Ｆいろいろなかたちに、にぎられていたおにぎりは、お茶をかけられて、茶わんのなかで、くずれていた。

ぼくは、どきりとした。おばあちゃんの、たんじょう日プレゼントが、くずれていた。

「ああ、そうだ……。おばあちゃんのおにぎり、たべなくちゃあ。ぼく、おなかへっちゃった……。」

ぼくは、そんなことをいって、ごまかしながら、白いおにぎりに、手をのばした。おばあちゃんは、その手をとると、

「いいの、いいの、気にしなくって。きょうは、ごちそうがいっぱいだったからね。おまえは、もう、おなかいっぱいなんだろ？　ちっともむりをしなくて、いいんだよ。」

そうおもうと、アだんだん、はらがたってきた。

「もういいよ。」

ぼくは、そういうとぷいとかおをそむけて、たんじょう会のほうへ、もどっていった。おさらの上にのっている、だれもたべなかった、おにぎりを、見おろしながら、

I

と、ぼくはおもった。

こんなもので、たんじょう日のおいわいなんて……。おばあちゃん、なにをかんがえているんだろう。

「そとで、あそぼうぜ！」

ぼくたちは、おもてへ、とびだした。

ぼくたちは、あつまると、いつも、うまとびや、すもうや、〈ターザンごっこ〉などをして、あそんだ。みんな、ずいぶんともりあがっている。

でも、そのなかで、ぼくだけは、どういうわけか、イあまりたのしくなかった。たぶん、おばあちゃんのことが、気になっているんだとおもう。

どうして、おばあちゃんは、ほかのプレゼントがよういできなかったんだろう？

買うお金が、なかったのかな？

ほんとうに、そうかもしれないな。

それで、いっしょうけんめいかんがえて、いちばんお金もかからなくって、ぼくがいちばんすきな、おにぎりを、おもいついたのかもしれないな。だとしたら、どうしよう。

ぼくは、おばあちゃんのまごころを、きずつけてしまったかもしれない。いまごろ、おばあちゃんは、どんなきもちだろう。いっしょうけんめい、つくったおにぎりを、ぼくが、ひとつもたべなかったから、おこっているかしら？　それどころか、だれも、たべなかったのだから、がっかりして、かなしんでいるかもしれない……。

「あー、おなかいっぱい！」

弟が、たたみの上に、りょう手をひろげて、ひっくりかえる。ごちそうのほとんどは、みんなのおなかに、はいってしまった。テーブルには、おばあちゃんのおにぎりだけが、のこっていた。

C おにぎりのかずは、やはり、ひとつもへっていない。ぼくは、ちょっと、おばあちゃんに、すまない気がした。

（そうだ、おばあちゃんのプレゼントって、なんだろう？）

と、きゅうに、おばあちゃんのプレゼントのことを、おもいだした。

おばあちゃんは、ぼくの〈いちばんすきなもの〉を、くれるって、いっていた。ともだちでさえ、これだけのプレゼントをくれたんだから、おばあちゃんは、きっと、ものすごいものをくれるにちがいない。

なんだろう、ぼくの〈いちばんすきなもの〉って……？

ぼくは、えんがわにいる、おばあちゃんのところへ、はしっていった。

「おばあちゃん！　ねえ、おばあちゃんのプレゼントって、なに？」

おばあちゃんは、よんでいたしんぶんを、たたみながら、

「ん？　ほら、おまえのだいすきなおにぎりが、たくさん、あったでしょう。あれが、おばあちゃんのプレゼントだよ。」

といった。

D 「えーっ、あの、おにぎりぃ!?」

ぼくは、びっくりして、へんなこえでさけんだ。

「おにぎりが、おばあちゃんのプレゼントなの？」

「そうそう。だって、おまえ、いつもいってくれるじゃないの、『おばあちゃんのおにぎりが、いちばんすき』って。」

「そりゃ、すきだけど……。」

きょうはたんじょう日だよ。とくべつな日なんだよ。ぼくは、いいにくいことばを、心のなかでつぶやいた。

（おにぎりだったら、ぼくが『にぎって』っていったら、おばあちゃん、あしたでもあさってでも、おなじおにぎりを、にぎってくれるじゃない。）

「ぼくも、もってきた！」

「わたしも！」

そういって、みんなは、つぎつぎに、プレゼントをだしてくれた。目のまえに、十いくつもの、つつみがならんだ。

「わあ、みんな、ありがとう！」

いままで、こんなにたくさんのプレゼントを、いっぺんにもらったことなんて、ない。ぼくは、すっかり、まいあがってしまった。

とにかく、すごいかずのプレゼントが、ぜんぶ、ぼくのものなんだ。

さいこうに、きぶんがいい。みつぎものをたくさんもらった、B王さまのきぶんだ。

「みんな、どんどんたべて。ジュースも、いっぱいあるからね！」

ぼくは、そうさけぶと、じぶんのまえにあった、ジュースのびんをつかんで、ごくりとのんだ。

いつもなら、しょくじをしているときに、おおきなこえでわらったり、ふざけたりすると、父さんや母さんに、しかられる。でも、きょうは、とくべつなんだ。みんな、おもいきり、おおごえをだしたり、ふざけたりした。

いろとりどりの、ごちそうのなかに、おばあちゃんのおにぎりがある。

おばあちゃんのおにぎりは、なかに、ぐが、はいっていない。のりもまいていない。ごはんを、しおでにぎってあるだけのものだ。でも、ものすごく、おいしい。そして、いろんなかたちをしている。おばあちゃんは、どんなかたちにでも、にぎることができるんだ。

ぼくが、「まんまる！」といえば、まんまるのおにぎりを、「しかく！」といえば、しかくいおにぎりを、にぎってくれる。

「ピラミッドがた」でも、「たわらがた」でも、「こばんがた」でも、ひょいひょいひょいと、つくってくれるんだ。

なにもたべたくない、びょうきのときだって、おばあちゃんのおにぎりなら、いくらでもたべることができる。

たんじょう会のテーブルには、おおきなおさらに、ぎっしりとのった、まるや、しかく、ひしがたや、ほしがたのおにぎりが、ならんでいた。

でも、きょうはほかに、たくさんのごちそうがあるので、だれも、おにぎりには手をつけない。さすがのぼくも、きょうは、おばあちゃんのおにぎりよりも、ポテトサラダやシュウマイのほうが、よかった。それに、ケーキや、もものかんづめもあるし……。

二　次の【文章１】・【文章２】は、他者を思いやる、まごころ（慈愛《じあい》の心）の芽生えを描《えが》いた小説と、そのあとがきである。読んで、後の問いに答えなさい。

【文章１】

「ぼく」は小学生となり、母さんと以前から約束していたとおり、家ではじめてのたんじょう会を行うことになった。すると、おばあちゃんから、たんじょう会の日に「ぼく」が〈いちばんすきなもの〉をプレゼントすると予告された。次はそれに続く場面である。

たんじょう会には、きんじょのともだちや、学校のともだちが、十人くらいあつまってくれた。女の子も、ふたりいる。

みんな、きょうは、いつもより、ちょっといいふくをきていて、かみも、かおも、どことなくさっぱりとしている。それぞれ、手にプレゼントをもって、Aすこし、きんちょうしているみたいだ。

へやの、おおきなテーブルの上には、母さんがつくってくれたごちそうが、ならんでいる。ポテトサラダ、シュウマイにたまごやき、たこのウインナも、ちゃんとある。りょうりは、どれもいろとりどりで、きれいだ。そこに、ジュースや、ケーキまでもが、いっぺんにならんでいる。まるで、おとぎの国の、ばんさん会みたい。

「さあさ、みんな、おせきについて。」

母さんがいうと、みんなは、さきをあらそうように、テーブルのまえへ、すわった。弟も妹も、なかまにくわわって、へやは、子どもでいっぱいだ。

「みんな、たくさん、たべるのよ。ケーキは、いちばんさいごにしなさいね。」

母さんは、そういうと、むこうのへやへいってしまった。いよいよ、子どもだけのたんじょう会が、はじまる。

「たんじょう日、おめでとう！」

「ありがとう。」

「これ、プレゼント！」

ともだちのひとりが、さっそく、プレゼントをとりだした。

2023年度 麗澤中学校

【国　語】〈第三回試験〉（五〇分）〈満点：一〇〇点〉

一　次のそれぞれの問いに答えなさい。

問　次の①～⑫の各文について、傍線部《ぼうせんぶ》のカタカナを漢字に直して書きなさい。

① オンシへの感謝の思いを手紙で伝える。

② 児童ケンショウをわかりやすく解説する。

③ テンネンの資源を次の世代のために大切にする。

④ 百年以上にわたり店のカンバンを守り続ける。

⑤ 難しいジョウケンの問題に全力で取り組む。

⑥ 臓器イショクの手術のための募金《ぼきん》活動に協力する。

⑦ 何年ものクセツを経て、ようやく国に平和が訪れた。

⑧ 公正なボウエキを行うことで途上《とじょう》国を支援《しえん》する。

⑨ 世界の情勢に合わせた新しい企画《きかく》をリツアンする。

⑩ 中世に描《えが》かれた名画のライレキを調べる。

⑪ どんな困難もシリゾけて良い結果が出るまで挑戦《ちょうせん》する。

⑫ 心の力を磨《みが》き、本物の叡智《えいち》をヤシナう。

問　次の⑬～⑮の四字熟語の空欄《くうらん》に当てはまる言葉を、（　）内の意味を参考にして漢字で答えなさい。

⑬ 三寒□（寒暖を繰《く》り返しながらだんだん暖かくなって、日本にも春が来たということ。）

⑭ □末節（ものごとの本質からはずれた主要ではない細かな部分。）

⑮ □応報（前世や過去の行いによって現在の状況《じょうきょう》が生じているということ。）

問　次の例にならって、⑯～⑱にある各漢字（部分）すべてと組になることができる漢字を答えなさい。

例　彳　亻　氵　木　↓　答え　主　（※それぞれ「往」「住」「注」「柱」になる。）

⑯ 氵　忄　日　争　　⑰ 开　山　少　隹　　⑱ 川　午　周　果

2023年度

麗澤中学校 ▶解説と解答

算数 ＜第３回試験＞（50分）＜満点：100点＞

解答

1 (1) 1 (2) 62 (3) 9 (4) 9.64 (5) 0.95 (6) $4\frac{16}{105}$ (7) $\frac{2}{3}$ (8) $27\frac{1}{2}$ 2 (1) 11 (2) 120 (3) 7 (4) 120 (5) 4.5 (6) 72 3 (1) 5：8 (2) 1.5cm (3) 2：1 (4) 5：1 4 (1) **個数**…６個，**和**…732 (2) 5 (3) 2023

解説

1 四則計算

(1) $1+2-3+4+5-6+7-8+9-10=(1+2+4+5+7+9)-(3+6+8+10)=28-27=1$

(2) $4\times16+7-117\div13=64+7-9=71-9=62$

(3) $(27\times4-18\times3)\div(93-25-62)=(108-54)\div(68-62)=54\div6=9$

(4) $12.5+3.72-2\times3.29=16.22-6.58=9.64$

(5) $0.5\times\{7\times0.4-(2.7-1.8)\}=0.5\times(2.8-0.9)=0.5\times1.9=0.95$

(6) $2\frac{1}{5}+3\frac{2}{7}-1\frac{1}{3}=2\frac{21}{105}+3\frac{30}{105}-1\frac{35}{105}=4\frac{16}{105}$

(7) $\left(1\frac{11}{12}-\frac{1}{3}\right)\div1\frac{3}{4}\div1\frac{5}{14}=\left(\frac{23}{12}-\frac{4}{12}\right)\div\frac{7}{4}\div\frac{19}{14}=\frac{19}{12}\times\frac{4}{7}\times\frac{14}{19}=\frac{2}{3}$

(8) $\left(7-5\frac{1}{3}\right)\times3.3\div\left(\frac{4}{5}-0.6\right)=\left(\frac{21}{3}-\frac{16}{3}\right)\times\frac{33}{10}\div\left(\frac{4}{5}-\frac{3}{5}\right)=\frac{5}{3}\times\frac{33}{10}\div\frac{1}{5}=\frac{5}{3}\times\frac{33}{10}\times\frac{5}{1}=\frac{55}{2}=27\frac{1}{2}$

2 数列，濃度《のうど》，速さ，つるかめ算，売買損益，比の性質，面積，相似，体積

(1) となり合う２つの数の和が次の数になっているから，□にあてはまる数は，４＋７＝11とわかる。

(2) （食塩の重さ）＝（食塩水の重さ）×（濃度）より，６％の食塩水105ｇに含《ふく》まれている食塩の重さは，105×0.06＝6.3（ｇ），12％の食塩水75ｇに含まれている食塩の重さは，75×0.12＝９（ｇ）とわかる。よって，これらの食塩水を混ぜると，食塩水の重さは，105＋75＝180（ｇ），食塩の重さは，6.3＋９＝15.3（ｇ）になる。さらに，水を混ぜると，食塩の重さは15.3ｇで変わらず，濃度が5.1％になったので，水を混ぜた後の食塩水の重さを□ｇとすると，□×0.051＝15.3（ｇ）と表すことができる。したがって，□＝15.3÷0.051＝300（ｇ）と求められるから，混ぜた水の重さは，300－180＝120（ｇ）である。

(3) 右の図①のようにまとめることができる。分速160ｍで12分走ったとすると，160×12＝1920（ｍ）進むので，実際に進んだ道のりよりも，1920－1360＝560（ｍ）長くなる。分速160ｍで走るかわりに分速

図①

分速80m ／ 分速160m ｛ 合わせて 12分で1360m

80mで歩くと，進む道のりは１分あたり，160－80＝80(m)ずつ短くなるから，分速80mで歩いた時間は，560÷80＝７(分)と求められる。よって，走り始めたのは家を出てから７分後である。

⑷　前日と次の日の１個あたりの値段の比は，１：(１－0.25)＝４：３である。また，前日と次の日の売り上げが等しいので，前日と次の日に売れた個数の比は，$\frac{1}{4}$：$\frac{1}{3}$＝３：４となる。この差が20個だから，比の１にあたる個数は，20÷(４－３)＝20(個)となり，前日に売れた個数は，20×３＝60(個)とわかる。よって，前日の１個あたりの値段は，7200÷60＝120(円)と求められる。

⑸　３枚重なっているのは，右の図②のかげをつけた２つの部分である。そのうちの１つについて斜線《しゃせん》部分を矢印のように移動すると，半径が３cmで中心角が90度のおうぎ形から，底辺と高さが３cmの三角形を除いたものになる。よって，その面積は，$3\times3\times3\times\frac{90}{360}-3\times3\div2=2.25(\text{cm}^2)$なので，３枚重なっている部分の面積は，$2.25\times2=4.5(\text{cm}^2)$と求められる。

図②

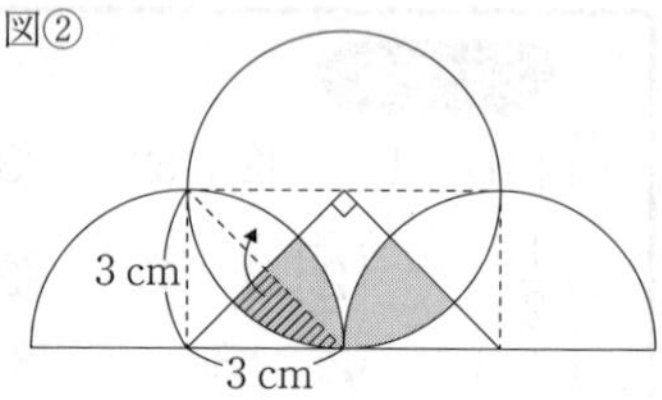

⑹　右の図③で，三角形ABCを１回転させたときにできる立体の体積は，三角形FECを１回転させたときにできる円すい㋐の体積から，三角形FDAを１回転させたときにできる円すい㋑，三角形BADを１回転させたときにできる円すい㋒，三角形BECを１回転させたときにできる円すい㋓の体積をひいて求めることができる。はじめに，三角形FDAと三角形FECは相似であり，相似比は，DA：EC＝２：４＝１：２だから，FD：DE＝１：(２－１)＝１：１となり，FD＝２＋２＝４(cm)とわかる。よって，円すい㋐の体積は，$4\times4\times3\times(4+4)\div3=128(\text{cm}^3)$，円すい㋑の体積は，$2\times2\times3\times4\div3=16(\text{cm}^3)$，円すい㋒の体積は，$2\times2\times3\times2\div3=8(\text{cm}^3)$，円すい㋓の体積は，$4\times4\times3\times2\div3=32(\text{cm}^3)$と求められる。したがって，三角形ABCを１回転させたときにできる立体の体積は，$128-(16+8+32)=72(\text{cm}^3)$である。

図③

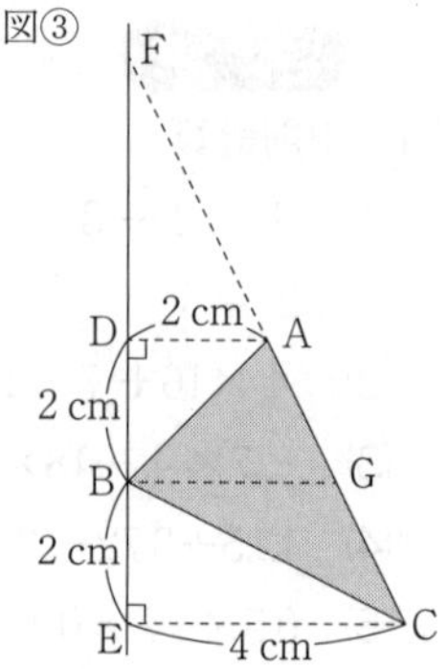

３　平面図形─相似，長さ

⑴　$\text{AE}=6\times\frac{3}{3+1}=4.5(\text{cm})$，EB＝６－4.5＝1.5(cm)，$\text{BF}=6\times\frac{1}{1+4}=1.2(\text{cm})$，FC＝６－1.2＝4.8(cm)，AG＝GD＝６÷２＝３(cm)より，右の図１のようになる。三角形GHDと三角形CHFは相似であり，相似比は，GD：CF＝３：4.8＝５：８だから，DH：HF＝５：８となる。

⑵　三角形BJFと三角形CDFは相似であり，相似比は，BF：CF＝１：４なので，$\text{BJ}=6\times\frac{1}{4}=1.5(\text{cm})$と求められる。

⑶　三角形CDIと三角形EJIは相似であり，相似比は，CD：EJ＝６：(1.5＋1.5)＝２：１だから，CI：IE＝２：１とわかる。

図１

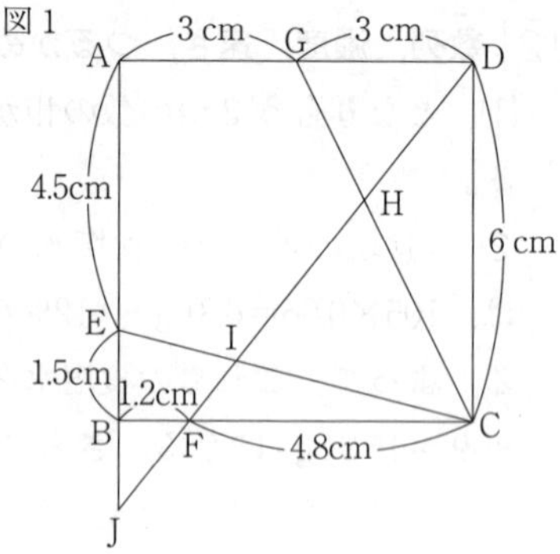

図２

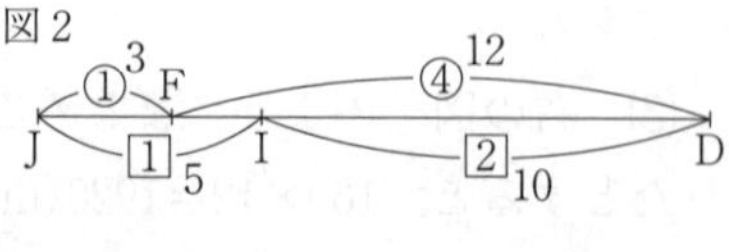

⑷　三角形BJFとCDFの相似比が１：４だから，JF：FD＝１：４となり，三角形CDIとEJIの相似比が２：１だから，DI：IJ＝２：１となる。よって，

JDの長さを，１＋４＝５と，２＋１＝３の最小公倍数の15にそろえると，上の図２のようになる。したがって，DI：IF＝10：（５－３）＝５：１と求められる。

4 整数の性質

⑴ 右の図１の計算から，507を素数の積で表すと，507＝３×13×13となる。よって，507の約数は｛1，３，13，39，169，507｝の６個であり，これらの和は，１＋３＋13＋39＋169＋507＝732となる。

図１

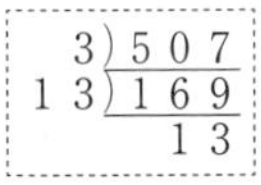

⑵ ２×２×２×２×２＝32，３×３×３×３×３＝243，４×４×４×４×４＝1024，５×５×５×５×５＝3125より，条件に合う数は５とわかる。

⑶ 約数の個数が６個である整数は，素数の積で表したときに，㋐□×△×△，㋑□×□×□×□×□と表すことができる。㋐の場合，６個の約数は｛1，□，△，□×△，△×△，□×△×△｝と表すことができ，さらに，これらの和は右の図２の太線で囲んだ長方形の面積になる。また，右下の図３の計算から，2456を２つの整数の積で表すと，１×2456，２×1228，４×614，８×307となるから，□として考えられる数は，４－１＝３，または，８－１＝７である。□＝３の場合，１＋△＋△×△＝614となるが，△に素数をあてはめて計算すると，これにあてはまる△の値はないことがわかる。よって，□＝７であり，このとき，１＋△＋△×△＝307となる。すると，１＋17＋17×17＝307より，△＝17があてはまる。したがって，条件に合う整数は，７×17×17＝2023と求められる。なお，㋑の場合，約数全部の和は，□＝３とすると，１＋３＋９＋27＋81＋243＝364，□＝５とすると，１＋５＋25＋125＋625＋3125＝3906となるので，条件に合わない。

図２

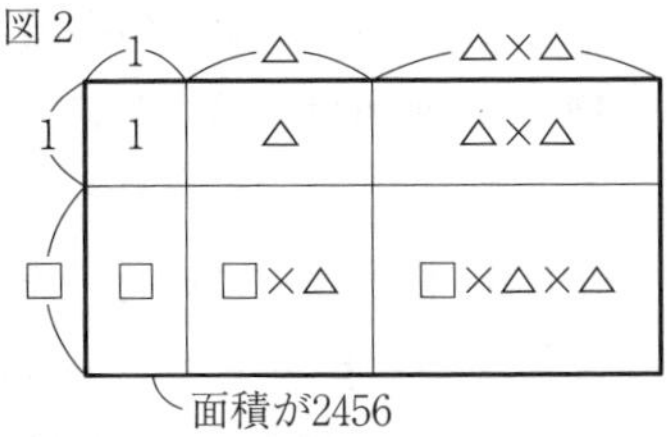

図３

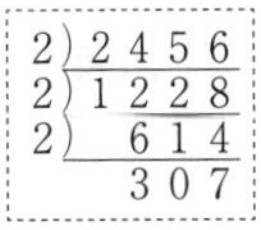

国　語　＜第３回試験＞（50分）＜満点：100点＞

解　答

一　①～⑫　下記を参照のこと。　⑬　四温　⑭　枝葉　⑮　因果　⑯　青　⑰　石　⑱　言　二　**問１**　子どもだけのたんじょう会　**問２**　オ　**問３**　ほかに，たくさんのごちそうがある(から。)　**問４**　きょうはたんじょう日だよ。とくべつな日なんだよ。　**問５**　オ　**問６**　**ア**　いちばんすき　**イ**　まごころを，きずつけてしまった　**問７**　イ　**問８**　イ，エ　**問９**　エ　**問10**　(例)　僕は，言葉では決してしからない祖母から，感謝を忘れないことの大切さを教えられた(から。)　**問11**　オ　三　**問１**　**(一)**　へいわ　**(二)**　(例)　戦争によって家族が急いで家の外に逃げた。　**問２**　(例)　**ア**　ピストル　**イ**　命　**ウ**　時間　**エ**　気持ち　**オ**　伝える　**カ**　言葉でわかりあうこと　**問３**　(例)　**ア**　太陽　**イ**　地球　**ウ**　かけがえのない同じ命　**エ**　人生　**オ**　大切な人と過ごす時間

●**漢字の書き取り**

一　①　恩師　②　憲章　③　天然　④　看板　⑤　条件　⑥　移植　⑦　苦節　⑧　貿易　⑨　立案　⑩　来歴　⑪　退(け)　⑫　養(う)

解説

一 漢字の書き取り，四字熟語の完成，漢字の部首

① 教えを受けた，恩のある先生。　② 重要なことを定めた取り決め，おきて。　③ 自然。自然のままであること。　④ ここでは，世間に信用される店の名。店の信用。　⑤ あるものごとが成立したり，実現したりするのに十分な，または必要なことがら。　⑥ 体の組織や器官の一部を切り取って，同じ個体のほかの場所またはほかの個体に移しかえること。　⑦ 逆境にあっても，自分の信念を守りぬくこと。　⑧ 他国との間で商品を売り買いすること。　⑨ 新たに計画を立てること。　⑩ ものごとの，それまで経てきた過程。　⑪ 音読みは「タイ」で，「引退」などの熟語がある。　⑫ 音読みは「ヨウ」で，「養分」などの熟語がある。　⑬ 「三寒四温」は，冬に寒い日が三日ほど続くと，その後は，四日ほど暖かい日が続き，春が近づくこと。　⑭ 「枝葉末節」は，“中心から外れた，どうでもよいこと”という意味。　⑮ 「因果応報」は，よい行いをすれば，よい報《むく》いがあり，悪い行いをすれば，悪い報いがあるということ。　⑯ 「青」という漢字を入れれば，「清」「情」「晴」「静」という漢字ができる。　⑰ 「石」という漢字を入れれば，「研」「岩」「砂」「確」という漢字ができる。　⑱ 「言」という漢字を入れれば，「訓」「許」「調」「課」という漢字ができる。

二 出典はさだまさしの『おばあちゃんのおにぎり』による。おばあちゃんからのたんじょう日のプレゼントが，ただのおにぎりだったことに腹を立てた「ぼく」だったが，おばあちゃんのまごころをきずつけたことに気づく。

問１ 母さんがむこうの部屋へ行ってしまった後に，「いよいよ，子どもだけのたんじょう会が，はじまる」ようすが描《えが》かれている。このことから，「ぼく」のたんじょう会に来てくれたともだちは，「子どもだけのたんじょう会」がはじまるため，「すこし，きんちょうしているみたい」だったと考えられる。

問２ 「たくさんのプレゼントを，いっぺんにもらったこと」で，「ぼくは，すっかり，まいあがって」しまい，「さいこうに，きぶんがいい」と感じた。これを傍線部《ぼうせんぶ》オをふくむ文で，「たくさんのプレゼントをもらって，ちょうしにのっていた」と反省している。

問３ 前の部分に注目する。「たんじょう会のテーブル」には，おばあちゃんのおにぎりがたくさんならんでいたが，「きょうはほかに，たくさんのごちそうがあるので，だれも，おにぎりには手をつけ」なかったのである。

問４ おにぎりが，「おばあちゃんのプレゼント」だと聞いて，「ぼく」はおどろいた。今日は，「ぼく」のたんじょう日でとくべつな日なので，おばあちゃんが「ものすごいものをくれるにちがいない」と「ぼく」は思いこんでいたからである。後の部分にあるとおり，「きょうはたんじょう日だよ。とくべつな日なんだよ。」と「いいにくいことばを，心のなかでつぶやい」ているので，この部分がぬき出せる。

問５ 「おばあちゃんは，ぼくの〈いちばんすきなもの〉を，くれるって，いっていた」のに，実際にくれたのは，おにぎりだった。おばあちゃんの言葉はうそではなかったが，いつでも食べられるおにぎりは，たんじょう日のプレゼントにふさわしいものではない。だれも食べなかったおにぎりを見おろしているうちに，「ぼく」は，おばあちゃんに，言葉たくみにごまかされたと感じて，腹が立ってきたのである。

問６　ア，イ　おばあちゃんは，「ぼく」のたんじょう日を祝うために，「ぼく」が「いちばんすき」だといっていた，おにぎりを作った。そのおにぎりを食べなかったことで，「ぼくは，おばあちゃんのまごころをきずつけてしまったかもしれない」と思い，不安や申しわけなさを感じたのである。

問７　おばあちゃんは，「ぼく」を喜ばせようと思って，おにぎりを「いろいろなかたち」ににぎったのである。しかし，「ぼく」は，おにぎりがプレゼントであることに不満を感じ，そのおにぎりを食べようとしなかった。おにぎりのかたちがくずれていくことは，おにぎりにこめられたおばあちゃんの気持ちが「ぼく」に伝わらず，むだになってしまった，ということを表している。

問８　「ぼく」は，おにぎりにおばあちゃんのまごころがこめられていたことにようやく気がついて，おにぎりを食べようとした。おばあちゃんは，そんな「ぼく」の変化を感じ取って，「ぼく」を心から愛おしいと思ったことが読み取れるので，イが合う。また，「ぼく」は，おばあちゃんのプレゼントがおにぎりであることに腹を立てて，おにぎりを一つも食べなかったが，おばあちゃんは，そんな「ぼく」の頭をなでてくれた。それによって，「ぼく」は，おばあちゃんが，どれほど優しい人であり，「ぼく」のことを愛しているかに気づいたのだから，エが選べる。

問９　「火の車」は，“家計や経済状態が非常に苦しい”という意味。「裸一貫《はだかいっかん》」は，自分の体以外，資本となるものを何も持っていないこと。「貧弱」は，みすぼらしく，弱々しいさま。「無一文」は，“全くお金を持っていない”という意味。「四苦八苦」は，“非常に苦労する，または，大変な苦しみ”という意味。

問10　祖母(＝おばあちゃん)は，自分がまごころをこめて作ったおにぎりを子どもの「ぼく」が食べなくても，決して叱《しか》らなかった。しかし，「お茶漬《づ》けを食べている祖母の背中」を見て，「僕」(＝「ぼく」)は，自分のことを思ってくれる人には感謝しなければいけないことを学んだ。そのようにして，祖母は，口には出さなくても，大切なことを「ぼく」に教えてくれたのである。

問11　ここでの「祖母に会える」とは，祖母の姿をはっきりと思い出すということ。「僕」が，まわりからちやほやされて，有頂天になりそうになると，たんじょう会のときの祖母の姿が思い浮《う》かび，ちょうしにのってはいけない，と気持ちが引きしまることを表している。

三 **出典はたにかわしゅんたろう・文，Noritake・絵の『へいわとせんそう』による。**戦争と平和について描かれている。

問１　(一)　「せんそう(戦争)」は，軍事力を用いた，国家と国家の争い。対義語は，戦争がなく，世の中がおだやかな状態にあることを意味する「へいわ(平和)」。　**(二)**　「せんそうのかぞく」の絵では，いすがたおれ，茶わんやはしが床《ゆか》に落ちている。食事をしていた家族が，戦争のために，あわてて家から逃《に》げ出した，と考えられる。

問２　ア～オ　「せんそうのどうぐ」では，手にピストルが握《にぎ》られている。ピストルは，相手の命を「一瞬《いっしゅん》にして奪《うば》うこと」のできる道具である。「へいわのどうぐ」では，文章を書くペンが描かれている。文章を書くことは，時間や手間がかかる作業であるが，自分の気持ちや考えを相手に伝える手段である。「へいわのどうぐ」がペンであるのは，「へいわ」の実現のためには，言葉によって，自分の気持ちを相手に伝え，相手の気持ちを理解することが重要だからだといえる。

問３　ア～オ　「てきのあさ」「みかたのあさ」は，水平線から太陽が昇《のぼ》るようすを描いた絵である。二つで一つの太陽にしたのは，みかたも，てきも，同じ地球に生きている，ということを表すためだと考えられる。また，「みかたのあかちゃん」と「てきのあかちゃん」が「全く同じに描かれている」ので，どちらのあかちゃんも，同じように大切な命として生まれてきたことを意味していると考えられる。それなのに，戦争によって，「あかちゃん」の人生や運命は大きく変わってしまう。たとえば，②の絵では，家族で食事を楽しむという大切な時間が，戦争によって奪われてしまうようすが描かれているのである。

2022年度　麗　澤　中　学　校

〔電　話〕　04(7173)3700
〔所在地〕　〒277－8686　千葉県柏市光ヶ丘２－１－１
〔交　通〕　JR常磐線・地下鉄千代田線―南柏駅よりバス

【算　数】〈第１回試験〉（50分）〈満点：100点〉

1　次の計算をしなさい。

（１）　$3+5+7+9+11+13+15+17+19+21$

（２）　$6\times9+5-108\div9$

（３）　$(15\times5-19\times3)\div(87-31-49+2)$

（４）　$6.21+8.33-4.5\times2.9$

（５）　$7.25+3.14\times8.8-1.57\times2\times1.8$

（６）　$3\frac{1}{2}+2\frac{2}{3}-2\frac{3}{5}$

（７）　$\left(3\frac{1}{8}-2\frac{5}{6}\right)\div\frac{7}{12}\times2\frac{2}{5}$

（８）　$\left(1.51+\frac{7}{20}\times3-\frac{13}{50}+1.2\right)\times\frac{2}{7}$

2 次の □ にあてはまる数を答えなさい。

（１）下の数字の列は，ある規則にしたがって並んでいます。

$$\frac{1}{6},\ \frac{1}{3},\ \frac{1}{2},\ \frac{2}{3},\ \square,\ 1,\ \cdots$$

（２）食塩水Ａの濃《のう》度は，食塩水Ｂの濃度の３倍です。食塩水Ａと食塩水Ｂを４：１の割合で混ぜると10.4％の食塩水ができました。食塩水Ｂの濃度は □ ％です。

（３）家から兄が，学校から弟が同時に向かい合って出発します。兄は分速80ｍ，弟は分速30ｍで歩きます。出会うまでに弟は途《と》中で２分休憩《けい》しました。また，出会うまでに兄は弟よりも810ｍ多く歩きました。家から学校までの距離《きょり》は □ ｍです。

（４）1000円で仕入れた品物に □ ％の利益を見込んで定価をつけ，売れました。次に同じ品物をまた1000円で仕入れたときに，40％の利益を見込んで定価をつけましたが，売れなかったので，定価の10％引きで売ったところ，前回よりも40円利益が下がりました。

（５）下の図の平行四辺形の内部にある斜線《しゃせん》部分の面積は □ cm^2 です。ただし，円周率は３とします。

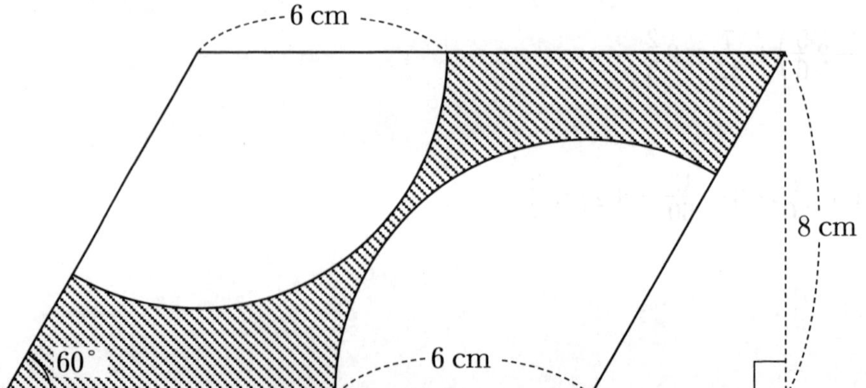

（６）縦《たて》が 4cm，横が 3cm，高さが 5cm の直方体があります。この直方体を，縦にも横にもすき間なく並べ，さらに上にも積み重ねてできる立方体のうち，最も小さいものを作ります。このとき，もとの直方体は □ 個必要です。

3 三角すい O-ABC があります。OA＝OB＝OC＝5cm，AB＝BC＝CA＝6cm とし，OE＝2cm となる点 E を辺 OA 上にとります。三角形 OAB の面積が 12cm^2 のとき，次の問いに答えなさい。

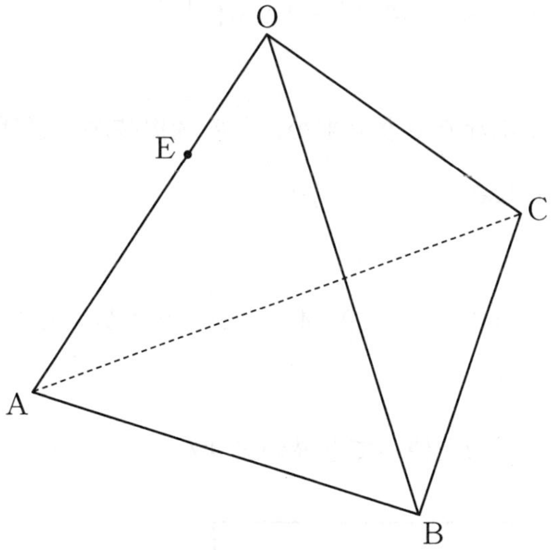

（１） 三角形 OCE と三角形 ACE の面積の比を求めなさい。

OF＝OG＝2cm となる点 F，G をそれぞれ辺 OB，OC 上にとります。

（２）底面を三角形 EFG とするとき，三角すい O-EFG の側面積を求めなさい。

（３）四角すい E-BCGF と三角すい O-ABC の体積の比を求めなさい。

4 次の問いに答えなさい。

（1）下の数字の列は，ある規則にしたがって並んでいます。□ に入る数字を答えなさい。

$$1,\ \frac{1}{2},\ \frac{1}{4},\ \frac{1}{8},\ \frac{1}{16},\ \square,\ \frac{1}{64},\ \cdots$$

（2）（1）で並んでいる数字を前から順番にたす，つまり

$$1+\frac{1}{2}+\frac{1}{4}+\frac{1}{8}+\frac{1}{16}+\square+\frac{1}{64}+\cdots\cdots$$

を計算すると，その和はいくつになりそうですか。下の選択肢《せんたくし》から選び番号で答え，その選択肢を選んだ理由を説明しなさい。

①　1.5　　②　2　　③　2.5　　④　3　　⑤　4　　⑥　とにかく大きくなる

なお，説明するときには下の正方形を使っても構いません。

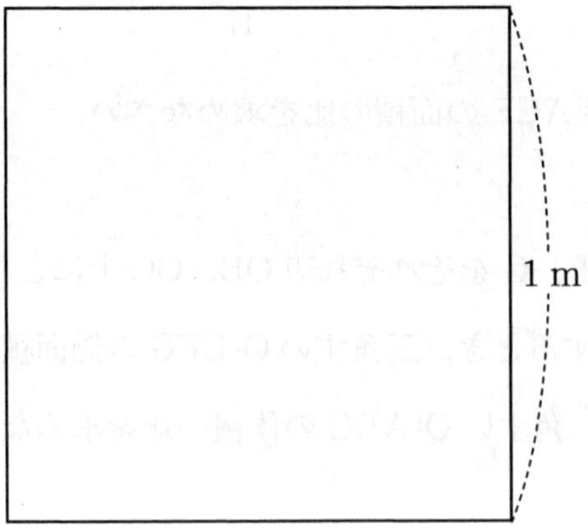

【社　会】〈第１回試験〉（30分）〈満点：50点〉

1　次の地図は日本の一部分を切り取ったものである。後の問いに答えなさい。

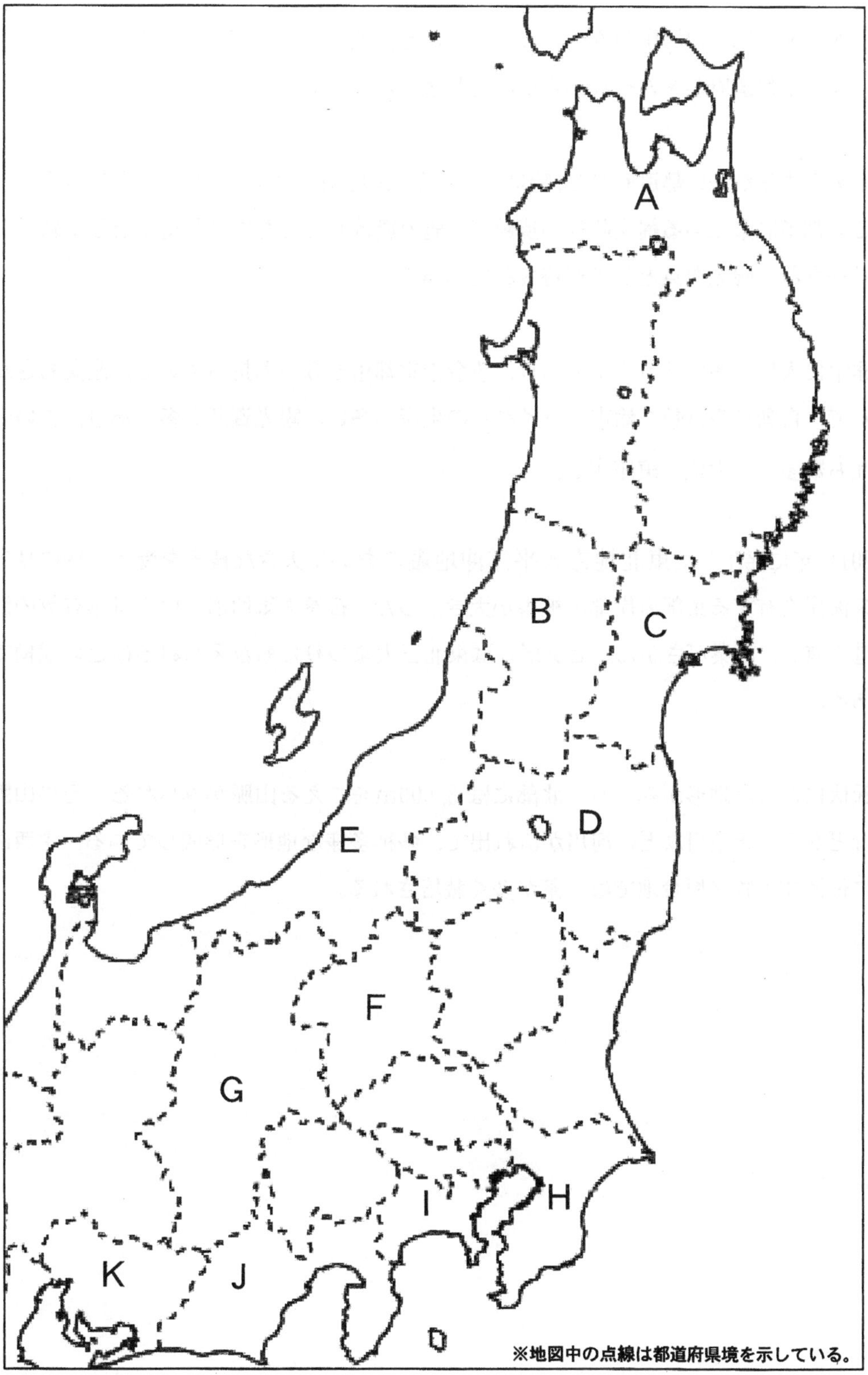

問１　地図中のＡ，Ｃ，Ｇ，Ｋにあてはまる都道府県名を答えなさい。（漢字で）

問２　次の文章は，地図中のＡ～Ｋのいずれかを説明したものである。①～④にあてはまる都道府県をＡ～Ｋからそれぞれ選びなさい。

①　果実の生産が多い都道府県で，特にリンゴなどの生産がさかんである。2021年7月，この都道府県にある縄文時代の遺跡が，他の遺跡群とともに世界遺産として新たに登録され，観光拠点として期待されている。

②　非常に人口の多い都道府県であり，政令指定都市を３つも持っている。産業もさかんで，自動車や自動二輪車（バイク）の生産が多い。観光資源も多くあり，古い寺社も数多く，大仏も鎮《ちん》座《ざ》する。

③　2011 年に発生した東北地方太平洋沖地震において大きな被害を受け，特にリアス海岸を有する東部海岸部の被害が大きかった。石巻や気仙沼という日本有数の漁港を有し，漁業がさかん。七夕祭りは東北三大まつりにも数えられるほどの規模である。

④　起伏にとんだ地形がみられ，北部には 3,000mをこえる山脈がみられる。その山脈などから，天竜川などの河川が流れ出て，多種多様な地形を形成している。中西部に位置する牧ノ原台地では，茶が多く栽培される。

問３　次の表は，きゃべつ，米（水稲），日本なし，もも，それぞれの生産量上位５位までの都道府県と，その生産量を示したものである。表中の（１）～（４）にあてはまる都道府県を，５ページの地図中の**Ａ～Ｋ**よりそれぞれ選びなさい。

きゃべつ（単位：千ｔ）	
群馬	276
（１）	246
（２）	125
茨城	110
鹿児島	76

米（水稲）（単位：千ｔ）	
（３）	646
北海道	588
秋田	527
山形	404
宮城	377

日本なし（単位：百ｔ）	
（２）	182
長野	137
茨城	135
（４）	129
栃木	113

もも（単位：千ｔ）	
山梨	39
（４）	24
長野	13
山形	8
和歌山	7

※きゃべつ，ももは2018年，米は2019年統計『データブックオブ・ザ・ワールド』より

※日本なしは2020年統計「農林水産省ホームページ」より

2 日本や世界に関して，次の問いに答えなさい。

問１ 次の表は，とある化石燃料のエネルギー資源について，その生産量上位５カ国のうち，４カ国を抜き出して比較《ひかく》したものである。後の各問いに答えなさい。

国名	生産量（万 t）	消費量（万 t）	１人当たり消費量（kg）
サウジアラビア	52, 301	9, 449	2, 869
ロシア	52, 172	12, 082	839
アメリカ	43, 805	74, 762	2, 304
X	19, 969	51, 429	365

※『データブックオブ・ザ・ワールド』より

※統計年次は生産量は 2016 年，他は 2017 年

（１）上記の表があらわしている資源名を答えなさい。（**漢字２文字で**）

（２）表中のXにあてはまる国名を答えなさい。

（３）この資源について述べた文として，正しいものを次の**ア～エ**より１つ選びなさい。

ア サウジアラビアは，生産量が世界一となっているが，１人当たりの消費量が多いため，消費量が生産量より多く，輸入国となっている。

イ ロシアは，生産量が多い上に，１人当たりの消費量が比較的少ないため，この資源を輸出している国であると考えられる。

ウ アメリカは，生産量が多いが消費量も多く，１人当たりの消費量も世界で１番多い国となっている。

エ 表中のXの国は，生産量のわりに１人当たりの消費量が少ないため，この資源を輸出している国だと考えられる。

（４）この資源は，燃やすことでCO_2（二酸化炭素）を排出《はいしゅつ》することが知られており，このようなガスは地球温暖化などの環境問題を引き起こすといわれている。地球温暖化の原因の一つとされている，このようなガスを何と呼ぶか。解答欄に従って答えなさい。（**漢字４文字で**）

（５）環境問題について述べた文として，**誤っているもの**を次の**ア～エ**より１つ選びなさい。

ア　1960年代の日本では，工業廃水や排気ガスなどにより，公害が多く発生したため，公害対策基本法が制定され，対策が取られるようになった。

イ　中国では，工業用地の確保のため多くの森林が伐採《ばっさい》され，森林面積が近年大きく減少しており，自然エネルギーの利用も行われていない。

ウ　ブラジルでは，農業用地の確保などのために，熱帯林の樹木を伐採することで，森林減少が問題となっている。

エ　北アフリカでは，大きな砂漠の周辺で，過度な放牧などが行われ，植生《しょくせい》が失われることで砂漠化が発生している。

問２　次の図は，日本の鉄鉱石の輸入先について，上位の国の国名とその割合を示したものである。Ｙにあてはまる国名を答えなさい。

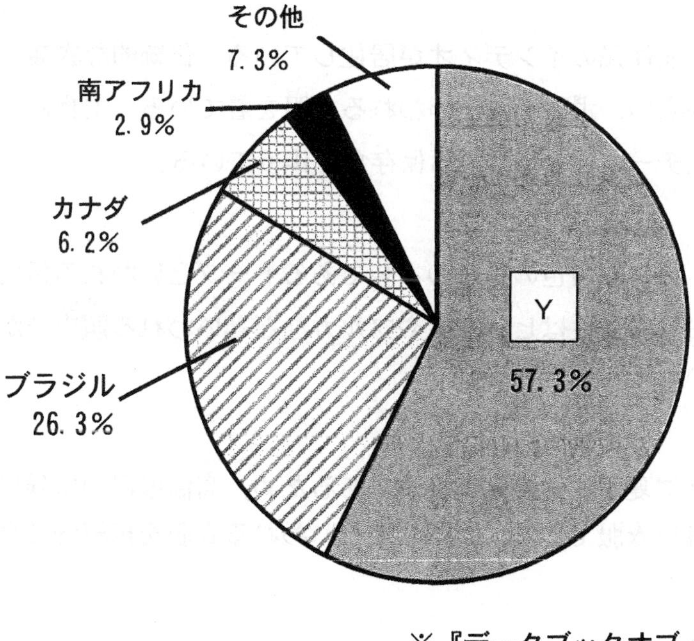

※『データブックオブ・ザ・ワールド』より

※統計年次は2019年

問３　後の文章**ア～エ**は，地図中の**Ａ～Ｄ**の地域に居住する少数民族や先住民の生活について述べたものである。地図中の**Ａ**について述べた文章を後の**ア～エ**より１つ選びなさい。

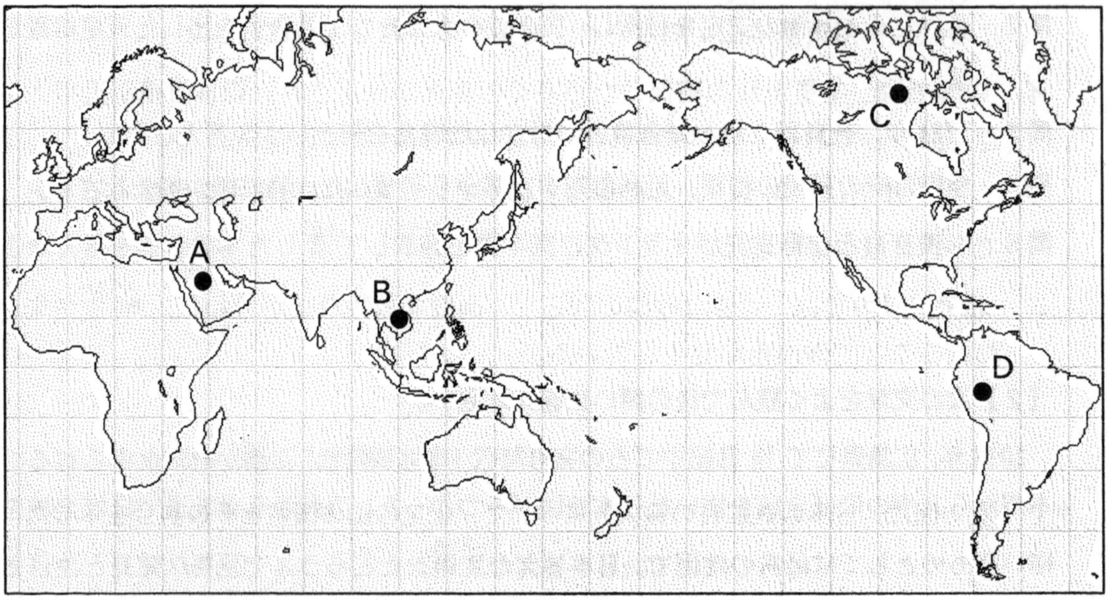

ア　この地域には，先住民のインディオが居住している。伝統的な衣装として，体温調節がしやすい，ポンチョといわれる衣服を着ている。主食としてジャガイモを干したチーニョといわれる保存食を作っている。

イ　この地域では，男性は白色の長袖《ながそで》の衣装であるトーブといわれる伝統的な衣装を着用しており，女性はヒジャブやブルカなどといわれる頭巾《ずきん》をかぶっていることが多い。

ウ　この地域は，特に夏季に雨の多い気候であるため，高温多湿《たしつ》の気候に適応した，風通しの良い衣服である，アオザイといわれる衣服を伝統的に身につけている。

エ　この地域にはイヌイットといわれる人々が居住しており，伝統的にそりなどの乗り物を使い，生活のために狩猟採集を行い，独特の言語を話すなど，寒冷地に対応した特異な生活を送っている。

3

【１】次の問いに答えなさい。

問１　律令制において，稲の収穫の３％ほどを地方の役所に納める税を何というか答えなさい。**(漢字１字で)**

問２　仏教による政治の安定を目指し，国分寺や大仏をつくる命令を出した天皇は誰か答えなさい。

問３　1221年，後鳥羽上皇と鎌倉幕府が対立した戦乱を何というか答えなさい。

問４　室町幕府の最後の将軍，足利義昭を京都から追放した人物は誰か答えなさい。

問５　杉田玄白と前野良沢がオランダの医学書を翻訳《ほんやく》して著《あらわ》した本の名前を答えなさい。

【２】次の文章をよく読んで後の問いに答えなさい。

2018年，広島県にて14世紀中ごろの室町時代(南北朝時代)に描《えが》かれたとみられる，本州から九州のほぼ全域を描いた日本地図がみつかった。九州から東北までほぼ全域を描いたものとしては最古の地図で，日本地図の変遷《へんせん》をたどるうえで重要な発見と注目されている。

現在に近い形の日本列島が形成されたのは，約１万年前に気候が温暖化した影響が大きい。これにともなって人々の生活も大きく変わり，縄文文化が形成された。やがて，**a　弥生時代**になると，稲作の開始にともなって貧富や身分の差が生まれ，徐々に国家が形成されていった。

８世紀に入り，**b　律令に基づいて国家が運営されるようになる**と，国家の資料として地図が作成された。『続日本紀』には，天平10年(738年)の８月に諸国に地図をつくらせたことが記されており，このころには全国地図も存在していた可能性が高い。

中世になると，**c　鎌倉時代**の『二中歴』という事典に，京都から他の地域に至る原始的な地図が載せられていたり，**d　室町時代**初期までには完成したとされる『拾芥《しゅうがい》抄《しょう》』という百科事典にも地図が掲載されたりしている。しかし，残念ながら描かれた当時のものは現存していない。

c　江戸時代中頃の1745年，現在の千葉県九十九里町に伊能忠敬が生まれた。彼は，50歳で江戸に出て天文学，地理学を学び，幕府の命令で全国の沿岸を測量し，『大日本沿海輿《よ》地全図』の作成にあたった。実測に基づく驚異的な正確さを誇るこの地図は，彼の死の３年後の1821年に完成した。この年は，**f　寛政の改革と天保の改革**の間の時期にあたる。

問６　下線部ａについて。弥生時代を説明した文として正しいものを次の**ア～エ**より１つ選びなさい。

ア　大陸から青銅器や鉄器などが伝わり，利用された。
イ　邪馬台国の卑弥呼は，「漢委奴国王」と刻まれた金印を受け取った。
ウ　狩りのために弓矢が使用されはじめた。
エ　竪穴住居での定住生活がはじまった。

問７　下線部ｂについて。律令体制に向けて改革が進む飛鳥時代から平安時代のできごとを説明した次の**ア～エ**の文を年代順に並べ変えなさい。

ア　藤原道長が幼少期の天皇を補佐《ほさ》する，摂政となった。
イ　中大兄皇子が中臣鎌足らの協力を得て，蘇我氏を滅ぼした。
ウ　鑑真が日本に渡ろうとして何度も失敗し，盲目《もうもく》となりながらも来日を果たした。
エ　保元の乱に勝利した後，後白河上皇が院政を開始した。

問８　下線部ｃについて。鎌倉幕府の実権をにぎった，北条氏について述べた文として正しいものを次の**ア～エ**より１つ選びなさい。

ア　北条氏は，将軍を補佐する管領に代々就任した。
イ　北条氏は，武士の守るべき決まりとして武家諸法度を制定した。
ウ　北条氏は，天皇を補佐する関白として権力をふるった。
エ　北条氏は，借金苦の御家人を救おうと永仁の徳政令を出した。

問９　下線部ｄについて。室町時代の説明をした次のＸ・Ｙの文の正・誤の組み合わせとして正しいものを後の**ア～エ**より１つ選びなさい。

Ｘ　幕府の８代将軍足利義政は，日明貿易を開始し，金閣を建《た》てた。
Ｙ　新たに登場した銭貨として，和同開珎が広く使用された。

ア　Ｘ－正　Ｙ－正　　**イ**　Ｘ－正　Ｙ－誤
ウ　Ｘ－誤　Ｙ－正　　**エ**　Ｘ－誤　Ｙ－誤

問 10　下線部 e について。次の各問いに答えなさい。

（１）江戸幕府の将軍の家臣のうち，１万石以上の領地を持つ者は大名と呼ばれた。大名のうち，関ヶ原の戦い以前から徳川家に従っていた者を何と呼ぶか答えなさい。

（２）1858 年，日米修好通商条約を結んだ江戸幕府の大老は誰か答えなさい。

問 11　下線部 f について。寛政の改革，天保の改革など，幕府は財政再建のための改革を行ったが，これに関して次の各問いに答えなさい。

（１）白河藩主から幕府の老中になり，寛政の改革を行った人物は誰か答えなさい。

（２）幕府が財政難になったのは，幕府の財政が年貢を売却《ばいきゃく》した収入に依存《いぞん》していて，その収入が減ったことによるものと考えられる。次の資料を参考にして，米の生産量と価格の変化について，40 字以内で答えなさい。

【資料１】江戸時代の農地と農業

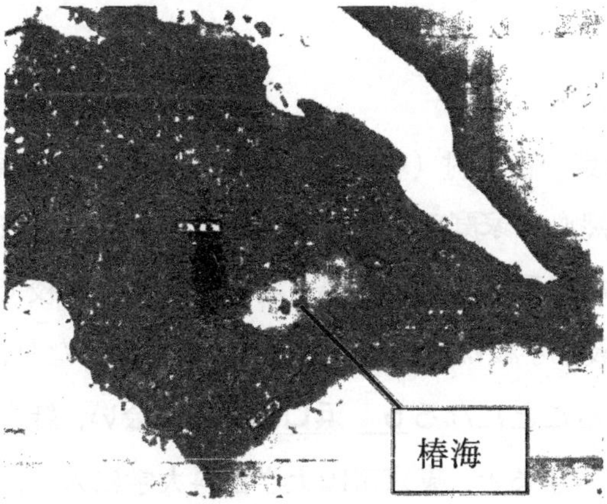

・左の図について

かつての千葉県の地図には「椿海《つばきのうみ》」という，諏訪湖の３倍の面積の湖がみられる。江戸の有力町人が幕府の資金援助《しきんえんじょ》のもと干拓《かんたく》を進め，18 カ村の新田村落《しんでんそんらく》が生まれた。

（国立公文書館蔵）

・左の図について

江戸時代に新たに登場した農具の絵が多く掲載《けいさい》されている。(『老農夜話《ろうのうやわ》』より)

【資料２】江戸時代の米価

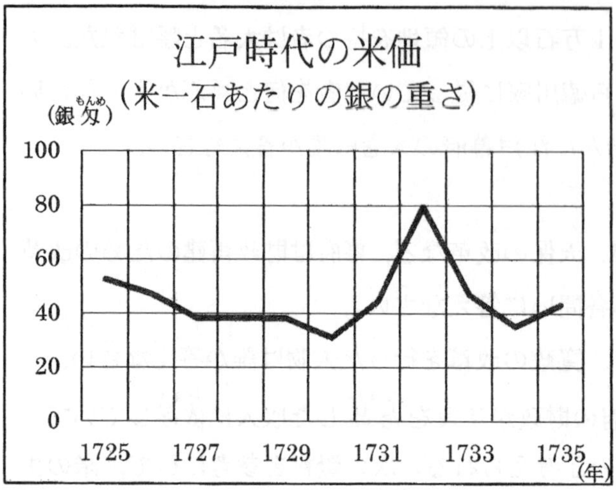

グラフ中の1731年～1732年にかけては，米の価格が大きく上がっていることがわかる。これは，「享保の飢饉《ききん》」と呼ばれる不作による食料不足が起こったためである。一般に，物は不足すると価格が上がり，余っていると値段が下がる。

(岩橋勝「近世米価・貨幣相場一覧」『日本歴史大事典４』(小学館) より作成)

4　**次の文章をよく読んで後の問いに答えなさい。**

幣原喜重郎は，a　1872年，堺県茨《まっ》田《た》郡《ぐん》門《かど》真《ま》一番下村（現在の大阪府門真市）に幣原家の次男として生まれた。幣原家は大変教育熱心な家庭で，1883年，幣原は大阪中学校に入学した。大阪中学校は西洋の学問も積極的に受容しようという精神に富んだ学校で，英語教育にも力を入れている学校だった。大阪中学校はその後，第三高等中学校となり，そこで後に総理と外務大臣として国務にあたることになるb　浜口雄幸と出会い，絆を深めた。そして1892年，第三高等中学校を卒業すると，東京帝国大学法科大学に入学，勉学に励《はげ》み，1895年に卒業した。

その後，幣原は1895年11月穂積陳重の紹介で農商務省に入局したが，外交官への思いがたち切れず，翌年1896年9月の外交官試験を受験し，合格した。この時のc　外務次官が小村寿太郎，農商務次官は金子堅太郎だった。そして幣原は1897年，最初の赴《ふ》任《にん》地である仁川に領事館補として赴任，そこから外交官生活をスタートした。

幣原は1914年6月，駐オランダ公使兼デンマーク公使となり，7月に赴任した。ちょうどd　第一次世界大戦が始まる直前のことだった。第一次世界大戦が続く中，幣原は翌年帰国して外務次官に就任した。外務次官として悪化する日中関係，満州やモンゴル地域に持つ日本の権益に対するアメリカの干渉などに対処することとなった。その中で周囲の信頼を勝ち得た幣原は，1919年に駐米大使となり，ワシントン会議に参加した。同会議では海軍軍縮，東アジア情勢，太平洋をめぐる問題などについて議論がなされた。

この会議の結果，五カ国条約や九カ国条約，四カ国条約が締結《ていけつ》された。幣原は，中国の権益に群がる列強の中で，列強の各国と協調することにより，日本の国益を守ろうと，懸命《けんめい》につとめ，それはのちに「幣原外交」「協調外交」と呼ばれる。そして幣原は浜口内閣，続く第二次若槻内閣で外相に就任する。しかし，国内でこうした協調路線に対する反発が強まる中，柳条湖事件が起こるなど，幣原外交は行き詰まりを見せる。そして第2次若槻内閣が倒れるとともに，幣原外交は終わった。

その後日本は日中戦争，大東亜戦争（太平洋戦争）と大きな戦争を経験し，1945年8月15日，終戦を迎え，連合国の占領下となった。その中で幣原は内閣総理大臣に就任するのである。日本政府は幣原内閣の下で，ＧＨＱによる五大改革指令，憲法の草案作成や，天皇の人間宣言など，**e　目まぐるしい難題**への対応をしていくことになる。そして1946年5月，幣原内閣が総辞職すると，次の吉田内閣では国務大臣を務め，その後も衆議院議長などを務めた。長く外交に携《たずさ》わって日本の国のために尽力《じんりょく》してきた幣原は1951年3月，この世を去った。奇《く》しくもこの年の9月，サンフランシスコ平和条約が締結され，翌年発効し日本は独立を回復した。

問１　下線部ａについて。この年，学制が制定された。これについて述べた文として正しいものを次の**ア～エ**より１つ選びなさい。

ア　学制は制定されたが，教育を受けさせることは義務ではなかった。
イ　学制は制定されたが，費用負担の問題などからなかなか就学率は上がらなかった。
ウ　学制が制定され，６，３，３，４制の現在の教育のシステムが確立した。
エ　学制が制定され，すぐに義務教育が普及した。

問２　下線部ｂについて。浜口雄幸総理のもと，幣原喜重郎はロンドン海軍軍縮条約を結んだが，これに不満を持った海軍青年将校らが，1932年，犬養毅首相を暗殺した。このできごとを何というか答えなさい。

問3　下線部cについて。小村寿太郎と金子堅太郎について述べた次のX・Yの文の正誤の組み合わせとして正しいものを後の**ア～エ**より1つ選びなさい。

X　小村寿太郎は日英同盟を結び，1911年にはアメリカとの間で関税自主権の撤廃に成功した。

Y　金子堅太郎が原案づくりに関わった大日本帝国憲法は，国会での審議を経て定められた民定憲法だった。

ア　X－正　Y－正　　**イ**　X－正　Y－誤
ウ　X－誤　Y－正　　**エ**　X－誤　Y－誤

問4　下線部dについて。第一次世界大戦について述べた文として正しいものを次の**ア～エ**より1つ選びなさい。

ア　日本は日英同盟に基づき，フランスに宣戦布告した。
イ　日本は大戦中に中国に対して山東省の権益の継承などを含めた二十一カ条の要求を突き付けた。
ウ　第一次世界大戦はヨーロッパで行われた戦争だったので，日本は参戦しなかった。
エ　日本は日独伊三国軍事同盟に基づき，アメリカに宣戦布告した。

問5　下線部eについて。占領下の日本で行われた諸改革について述べた文のうち，**誤っているもの**を次の**ア～エ**より1つ選びなさい。

ア　1945年11月，三井，三菱，安田，住友などの財閥の解散が決定された。
イ　1945年12月の衆議院議員選挙法改正により，女性にも参政権が認められた。
ウ　1950年，朝鮮戦争の始まりを受けて，沖縄県が本土に復帰した。
エ　1946年から，政府が地主から一定面積以上の土地を強制的に買い上げ，小作農に払い下げる農地改革が始まった。

5　次のA～Cの文章は，東京2020オリンピック・パラリンピックをきっかけに，『多様性と調和』について生徒がまとめたものや，話し合った一部である。内容をよく読み，あとの問いに答えなさい。

A　あきらさんの発表内容の一部

「多様性と調和」の表れの例として，私は，「民族の多様性」を取り上げます。東京オリンピック閉会式中盤には，日本各地の多様な祭りの映像が流され，世界平和に思いを巡らせる演出がなされていました。紹介されたのは次の４つです。

１．北海道の**a　先住民族**の古式踊り

２．沖縄県の琉球エイサー

３．秋田県の西馬音内盆踊り

４．岐阜県の郡上踊り

各地の伝統衣装に身を包んだ踊り手が，独特の音楽に合わせて踊る映像が流され，南北に長い日本の文化の多様性や伝統を紹介していました。各地の映像も合わせて紹介され，コロナ禍で移動に厳しい制約が課されている海外の選手たちに，各地を疑似《ぎじ》旅行したような体験を提供しました。

世界のおよそ10億人の人々が少数民族に属しています。その多くは差別や追放の対象となり，しばしば武力紛争の犠牲者となっています。民族的・種族的・宗教的かつ言語的民族の正当な願望《がんぼう》を満たすことは，**b　基本的人権**の保護を強化することであり，文化的多様性を保護してそれを受け入れることが必要です。また，それは社会全体の安定を強化することにもつながると考えます。私は，東京大会をきっかけに，多様性と調和の重要性を改めて認識しました。

問1　下線部aが指している民族名を答えなさい。

問2　下線部bについて。基本的人権について述べた次のXとYの文の正誤の組み合わせとして正しいものを，後の**ア～エ**から１つ選びなさい。

X　日本には，最も重い刑罰として，死刑制度がある。
Y　外国人には，日本の教育を受ける権利はない。

ア　X－正　Y－正　　**イ**　X－正　Y－誤

ウ　X－誤　Y－正　　**エ**　X－誤　Y－誤

問３　生徒たちは学習を深めるために，現在もなお残る人権問題について，人権問題が起こっている ア と イ の２つの国についてカード状のメモを作成した。後の各問いに答えなさい。

ア の先住民族について

- この国の先住民族であるアボリジニーは，イギリス人入植者による虐殺《ぎゃくさつ》や伝染病によって人口減少した。
- 対先住民政策をとおした同化や統合など，先住民族であるアボリジニーは迫害を受けていた。
- 1967 年に白豪主義が終わりを告げ，アボリジニーの市民権は，ようやく認められた。

イ の人権問題について

- この国では，1989 年，民主化を求めていた学生らが政権によって武力弾圧された。
- 近年では，チベットなどで暴動が発生している。
- **ｃ　雨傘運動と呼ばれる民主化運動が行われ，デモ隊と警察が衝突するなど大きな人権問題や国際問題に発展**している。

（１）メモ中の ア はどの国か，国名を答えなさい。

（２）下線部ｃの問題が起こっている，1997 年までイギリス領だった都市はどこか。次の**ア**～**エ**より１つ選びなさい。

ア　上海　　**イ**　北京　　**ウ**　南京　　**エ**　香港

B　しゅうじさんの発表内容の一部

「多様性と調和」の表れの例として，私は，「**d　性差別**」の問題を取り上げます。

東京大会では，トランスジェンダーを公表しているニュージーランド代表のハバード選手が女子ウエイトリフティングに出場しました。これは，生まれた時とは違う性別でオリンピックに出場する初めての例となりました。

そこで，男女平等に関する主な法令の歩みについて，次の表にまとめました。

年	できごと
1945	国際連合憲章の前文で男女同権を確認
1947	日本国憲法の第 14 条で法の下の平等を定める
1948	世界人権宣言で誰もが差別を受けず，権利と自由を持つと宣言
1979	女子差別撤廃条約の締約国に女性差別撤廃の措置を求める
1985	女子差別撤廃条約の批准を受け，日本においても雇用における男女の平等を定める
1999	**e　性別に関係なく能力を発揮できる社会の実現を目指した法律が定められる**

性差別がなくなるよう，国際機関との連携などを通して男女の多様性が尊重される環境作りは，オリンピックだけでなく，国際社会全体に必要であると私は考えます。

問４　下線部ｄについて，現在の日本に関して説明した次のＸとＹの文の正誤の組み合わせとして正しいものを，後の**ア〜エ**より１つ選びなさい。

Ｘ　男女が結婚するときは，すべての夫婦は必ず同じ氏（「姓」や「名字」のことを法律上は「氏」と呼んでいる。）を名乗らなければならない。

Ｙ　歴代の内閣総理大臣の中で，女性は選出されていない。

ア　Ｘ－正　Ｙ－正　　**イ**　Ｘ－正　Ｙ－誤

ウ　Ｘ－誤　Ｙ－正　　**エ**　Ｘ－誤　Ｙ－誤

問５　Bの表中の下線部ｅが説明している法律は何か答えなさい。

問６　「持続可能な開発目標（ＳＤＧs)」では 169 のターゲットを掲げている。右図中の空欄［　　　　］には，男女の「性差」を意味する言葉が入る。上記の発表をもとに，あてはまる語句を答えなさい。（**カタカナ５字で**）

C班の会話の一部である。

しょう：東京オリンピックでメダル獲得数が１番の国は（　A　）で，経済規模も世界１位だね。

かずこ：2020年には大統領選挙も話題になっていた国だね。

しょう：それ以外にも，メダル獲得数には人口規模が関係しているかもしれない。メダル獲得数が２番の国は（　B　）で，人口規模は世界１位だよ。最近（　B　）は，（　A　）と貿易の話でよくニュースになるね。以前，貿易の話で話題になったのは，（　A　）と（　C　）だったのにね。

よしお：やっぱり，人口規模が大きく，資金力のある国が有利となると考えられるね。

かずこ：それだけとは限らないかも。（　C　）の人口は，メダル数が上位の国より多くはないけれど，経済規模は第３位だよ。近年，（　C　）の経済規模は（　B　）に抜かれて３位に後退したけれど，それまでは２位の経済力を誇っていたからね。

しょう：こうやって，メダル獲得数と人口規模，経済規模を比べてみると，国際社会で力を持っている国々が，メダル争いでも存在感を示していることがわかるね。

かずこ：メダル獲得数は，経済格差を示していることがわかったね。

国名	メダル数	人口 (2020年)	経済規模（GDP） (2020年)
（　A　）	113個	3位	1位
（　B　）	88個	1位	2位
ROC（ロシア）	71個	9位	11位
イギリス	65個	21位	5位
（　C　）	58個	11位	3位

※総務省統計局『世界の統計』2021を参考に編集

問7　Cの会話文と表中の（　A　）・（　B　）・（　C　）にあてはまるのはそれぞれどこの国か。次の**ア〜ク**よりそれぞれ１つずつ選び記号で答えなさい。

ア　ブラジル　　**イ**　ドイツ　　**ウ**　日本　　**エ**　南アフリカ

オ　中国　　**カ**　アメリカ　　**キ**　カナダ　　**ク**　インドネシア

【理　科】〈第1回試験〉(30分)〈満点：50点〉

1　以下の問いに答えなさい。

(1)　次の**ア**～**エ**は，身近な道具を示しています。これらの道具のうち，支点が力点と作用点の間にあるものはどれですか。**ア**～**エ**から2つ選び，記号で答えなさい。

ア　**イ**　**ウ**　**エ**

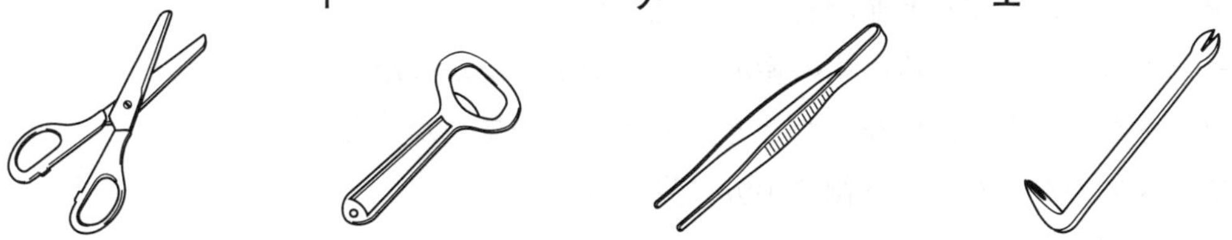

はさみ　せんぬき　ピンセット　くぎぬき

(2)　気体を発生させる実験で，空気より軽い気体が発生するのはどれですか。正しいものを次の**ア**～**エ**から1つ選び，記号で答えなさい。

ア　二酸化マンガンにうすい過酸化水素水を加える。
イ　うすい水酸化ナトリウム水溶液にうすい塩酸を加える。
ウ　マグネシウムをうすい塩酸に入れる。
エ　石灰石をうすい塩酸に入れる。

(3)　火山の近くで採取《さいしゅ》した花こう岩をルーペで観察し，スケッチしました。花こう岩を表した図として，正しいものを次の**ア**～**エ**から1つ選び，記号で答えなさい。

ア　**イ**　**ウ**　**エ**

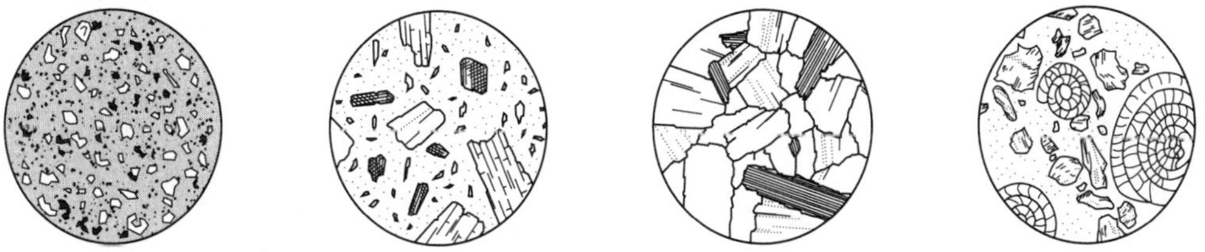

(4)　本校の校舎のまわりは，緑が豊かでたくさんのこん虫を観察することができます。こん虫の中には，めずらしいものもいます。2021年に大阪の小学5年生が，めずらしいクマゼミを見つけました。このクマゼミは，オスとメスの両方の特ちょうをもっていました。どのような特ちょうが見られたと考えられますか。正しいものを次の**ア**～**エ**から1つ選び，記号で答えなさい。

ア　鳴くための器官と産卵管が両方見られた。
イ　メスがもっているはずの産卵管は見つからなかった。
ウ　さなぎから成虫になったときのぬけがらが見つかった。
エ　メスのからだは，下側の半分に見られた。

(5)　右の図は，メダカの尾《お》びれを顕微鏡《けんびきょう》で観察したときのスケッチです。図中の**X**は血液の固形の成分の一つを示しています。成分**X**にふくまれていて，酸素と結びつく性質がある物質を何といいますか。

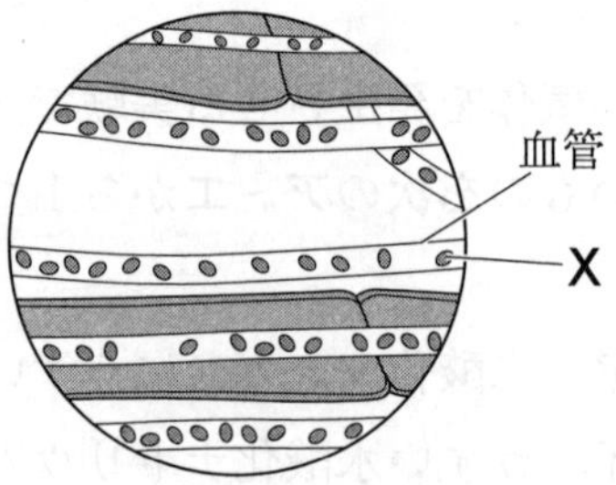

2 以下の問いに答えなさい。

電熱線に電流を流したときの発熱のようすを調べるため，**図1**のように，電源装置，電熱線，電流計，電圧計，温度計を使って，実験装置を組み立てました。ビーカーに水を入れ，電熱線を水の中に入れて電流を流したところ，水の温度がいくらか上昇《じょうしょう》しました。

図1

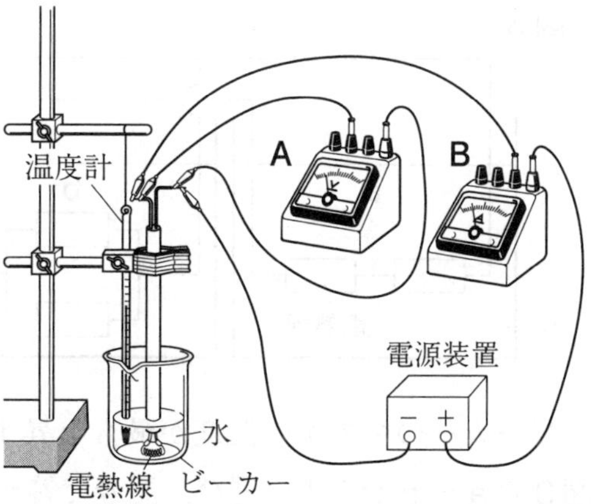

(1) **図1**の**A**，**B**の装置のうち，電流計はどちらですか。記号で答えなさい。

(2) 電流計の使い方として，正しいものを次の**ア**～**エ**から1つ選び，記号で答えなさい。

ア 電流計の－端子《たんし》は大きな値《あたい》のものからつなぎ，針がふり切れた場合には小さな値のものに順につなぎかえていく。

イ 電流計の－端子は大きな値のものからつなぎ，針のふれが小さい場合には小さな値のものに順につなぎかえていく。

ウ 電流計の－端子は小さな値のものからつなぎ，針がふり切れた場合には大きな値のものに順につなぎかえていく。

エ 電流計の－端子は小さな値のものからつなぎ，針のふれが小さい場合には大きな値のものに順につなぎかえていく。

(3) 電流計の＋端子と500mAの－端子に導線をつなぎ，電流計の目もりを見ると，**図2**のようになっていました。このとき，流れている電流の値はいくらですか。単位もあわせて答えなさい。

図2

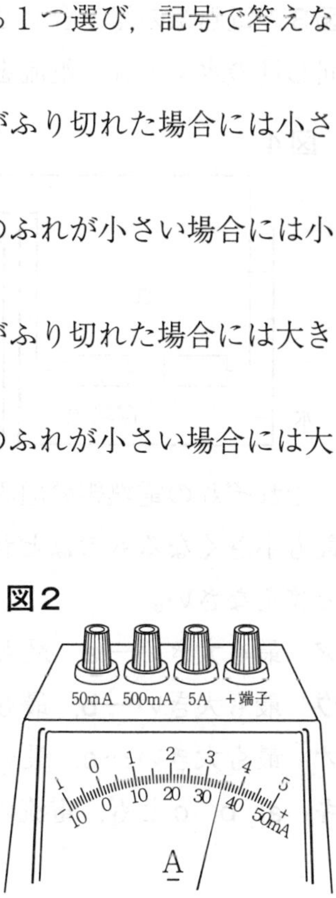

次に，**図１**で用いたものと同じ電熱線をいくつか用意し，**図３**のように電熱線の組み合わせ**a**，**b**，**c**をつくりました。これらの電熱線を**図３**のようにつなぎ，それぞれ同じ量の水が入っているビーカーに入れ，電流を流しました。

図３

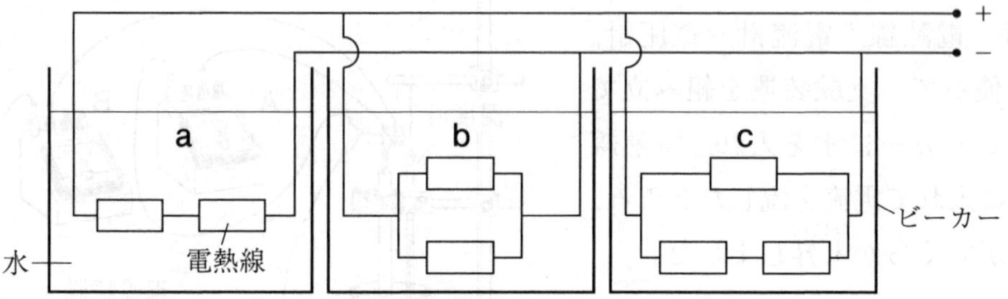

(4)　ビーカーの中の水の温度が最も上昇するのはどの電熱線の組み合わせですか。**図３**の**a**～**c**から１つ選び，記号で答えなさい。

図３の電熱線の組み合わせ**a**，**b**，**c**を**図４**のようにつなぎ，それぞれのビーカーに同じ量の水を入れ，電流を流しました。

図４

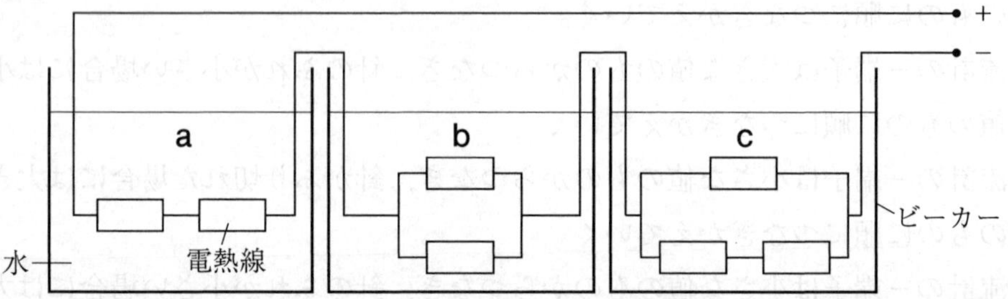

(5)　それぞれの電熱線の組み合わせに流れる電流が最も大きくなるものと，電流が最も小さくなるものはどれですか。正しいものを次の**ア**～**キ**から１つ選び，記号で答えなさい。

ア　最も大きい―**a**，最も小さい―**b**　　**イ**　最も大きい―**a**，最も小さい―**c**
ウ　最も大きい―**b**，最も小さい―**a**　　**エ**　最も大きい―**b**，最も小さい―**c**
オ　最も大きい―**c**，最も小さい―**a**　　**カ**　最も大きい―**c**，最も小さい―**b**
キ　**a**，**b**，**c**とも，電流の大きさは同じ

(6)　ビーカーの中の水の温度が最も上昇するのはどの電熱線の組み合わせですか。**図４**の**a**～**c**から１つ選び，記号で答えなさい。

3　同じこさのうすい塩酸50cm³を６つのフラスコにそれぞれ入れました。その後，それぞれのフラスコに重さがちがうアルミニウムを入れて，気体を発生させる実験を行いました。下の**表**はアルミニウムの重さと発生した気体の体積を測った結果の一部です。この実験について，あとの問いに答えなさい。

表

アルミニウムの重さ〔g〕	1.0	2.0	4.0	6.0	8.0	10.0
発生した気体の体積〔L〕	1.5	3.0	6.0	7.5	7.5	7.5

(1)　発生した気体の性質や特ちょうについて，正しいものを次の**ア**～**オ**から１つ選び，記号で答えなさい。

ア　水にとけやすく，空気より重い気体である。
イ　鼻をつくつよいにおいがする気体である。
ウ　石灰水を白くにごらせる気体である。
エ　ものを燃やすのを助けるはたらきがある気体である。
オ　ガソリンに代わる新しい燃料として利用され始めている。

(2)　アルミニウムの重さを5.0 gにしたときに発生する気体の体積は何Lですか。

(3)　アルミニウムの重さが8.0 gのとき，とけずに残っているアルミニウムがありました。これについて，次の各問いに答えなさい。

①　とけずに残っていたアルミニウムは何gですか。

②　アルミニウム8.0 gをすべてとかすには，うすい塩酸は全部で何cm³必要ですか。

(4) うすい塩酸の体積は変えずに，こさを２倍にして同じ実験を行いました。アルミニウムの重さと発生した気体の体積の結果を表すものを，次のグラフ中の**ア**～**エ**から１つ選び，記号で答えなさい。

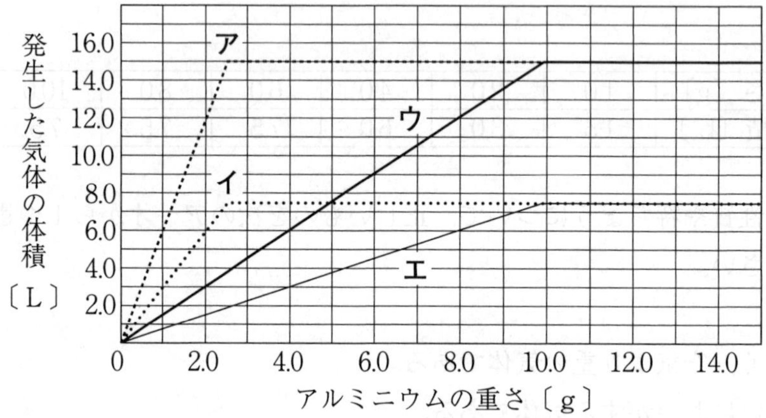

(5) この実験で発生する気体と同じ気体を発生させることのできる物質の組み合わせとして正しいものを，次の**ア**～**エ**から１つ選び，記号で答えなさい。

ア　二酸化マンガンとオキシドール
イ　鉄とうすい塩酸
ウ　貝がらとうすい塩酸
エ　塩化アンモニウムと水酸化カルシウム

4 植物の成長について，以下の問いに答えなさい。

(1) **図１**は，インゲンマメとイネの発芽前の種子をたてに切った断面を表したものです。この断面にヨウ素液をつけたところ，どちらの種子にも青むらさき色に変化した部分がありました。これについて，次の各問いに答えなさい。

図１

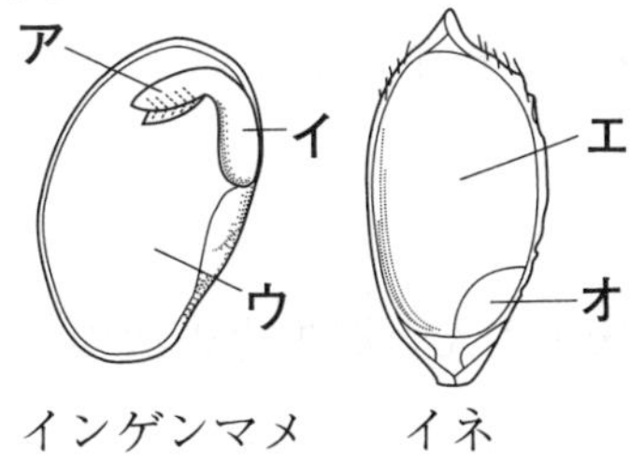

① 青むらさき色に変化した部分を，**図１**の**ア**～**オ**から<u>すべて選び</u>，記号で答えなさい。

② イネの種子で青むらさき色に変化した部分のつくりを何といいますか。

③ ヨウ素液をつけたときに青むらさき色に変化した部分があったことから，種子にはある物質がたくわえられていることがわかります。その物質を何といいますか。

(2) 種子の発芽に必要な条件を調べるために，インゲンマメの種子を５つ用意して，それぞれ**図２**の**A**～**E**のようにして数日置いておいたところ，**A**と**D**の種子だけが発芽しました。これについて，あとの各問いに答えなさい。

図２

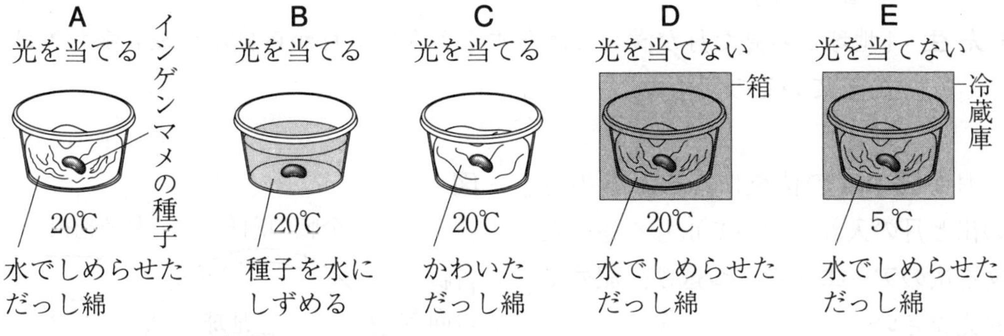

① 発芽に水が必要かどうかを調べるには，**A**～**E**のうち，どれとどれの結果を比べればよいですか。<u>２つ選び</u>，記号で答えなさい。

② この実験の結果から，インゲンマメの種子が発芽するためには，何が必要だとわかりますか。正しいものを次の**ア**～**エ**から<u>すべて選び</u>，記号で答えなさい。

ア 空気　　**イ** 光　　**ウ** 適当な温度　　**エ** 水

(3)　発芽したインゲンマメを調べたところ，子葉が２枚見られました。インゲンマメと同じように子葉が２枚である植物を次の**ア**～**エ**から１つ選び，記号で答えなさい。

ア　トウモロコシ　　**イ**　マツ　　**ウ**　ヘチマ　　**エ**　イネ

5　麗子《れいこ》さんと澤《さわ》先生の次の会話文を読み，あとの問いに答えなさい。

麗子さん：「去年，スーパームーンを見ました。大きくてとてもきれいでした。」
澤 先 生：「そうでしたね。大きな満月でしたね。」
麗子さん：「はい。私は，月は満月がいちばん好きです。でも，満月のときは長く続かないのですよね。」
澤 先 生：「麗子さん，月がどうしてかがやいて見えるか知っていますか。」
麗子さん：「はい。太陽の光を反射しているからです。」
澤 先 生：「その通り。月は地球のまわりを回っているから，太陽の光が当たらない部分は欠けて見えるのですね。月は27.3日かけて地球を１回りするのですよ。」
麗子さん：「そうなのですか。……ところで先生，月に行ってみたいですか。」
澤 先 生：「来年には月旅行が実現すると報道されていますが，まだどうなるかわかりませんね。」
麗子さん：「私はいつか行ってみたいです。月から地球を見ると，どう見えるのでしょうか。」
澤 先 生：「地球から見た月が満ち欠けをするように，月から見る地球も満ち欠けをしているのですよ。」

(1)　月が**図**のＡの位置にあるときの月の出と月の入りについて正しく述べた文を次の**ア**～**エ**から１つ選び，記号で答えなさい。

図

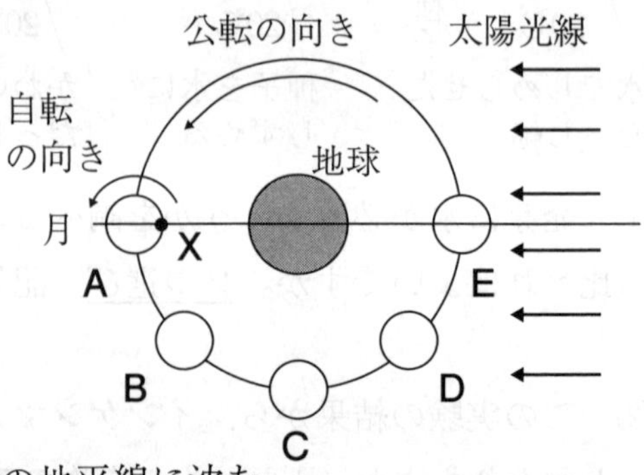

ア　夕方に東の空からのぼり，明け方，西の地平線に沈《しず》む。
イ　真夜中に東の空からのぼり，正午近くに西の地平線に沈む。
ウ　明け方に東の空からのぼり，夕方，西の地平線に沈む。
エ　正午近くに東の空からのぼり，真夜中に西の地平線に沈む。

(2) 地球から日食が見られるのは月がどの位置にあるときですか。**図**の**Ａ～Ｅ**から１つ選び，記号で答えなさい。

(3) 月は27.3日に１回自転しています。したがって，月は自転周期と公転周期が等しいです。そのために起こる現象を次の**ア～エ**から１つ選び，記号で答えなさい。

ア 月がのぼるときと沈むときは，同じ形に見える。

イ 月の形は，27.3日後は同じ形に見える。

ウ 地球上からは月の裏側を見ることができない。

エ クレーターは27.3日間に増えたり減ったりする。

図の月面上の**Ｘ**点に月面基地があるとします。ある宇宙飛行士が月面基地で１カ月間観測を続けました。

(4) 月面基地から見た場合，日の出から日の入りまでにかかる時間は約何時間ですか。最も近いものを，次の**ア～エ**から１つ選び，記号で答えなさい。

ア 12時間　**イ** 24時間　**ウ** 160時間　**エ** 340時間

(5) 月面基地から見た地球の見える位置について，正しいものを次の**ア～オ**から１つ選び，記号で答えなさい。

ア 少しずつだんだん西に動き，24時間後に元の位置にもどる。

イ 少しずつだんだん西に動き，27.3日後に元の位置にもどる。

ウ 空の一点で止まったまま，ほとんど動かない。

エ 少しずつだんだん東に動き，24時間後に元の位置にもどる。

オ 少しずつだんだん東に動き，27.3日後に元の位置にもどる。

【英　語】〈第１回試験〉（60分）〈満点：100点〉
〈編集部注：実際の試験問題では，読解のグラフとリスニングの一部を除くイラストはカラー印刷です。〉
（読解）

Ⅰ

A. 次の(1)～(4)の質問を読み、指示に従って**英語で**答えてください。

(1) The day before Monday is Sunday. What is the day after Thursday? Answer in six letters.

(2) The colors of the leaves in autumn are yellow, red, and brown. What is the most common color of the leaves in summer? Answer in five letters.

(3) It is an insect that lives in large groups. It is usually small and black. It looks for food on the ground. What is it? Answer in three letters. The word begins with "a."

(4) You can see many kinds of animals in the zoo. An elephant has a long trunk. A giraffe has long legs and a long what? Answer in four letters.The word begins with "n."

B. 次の(1)～(4)の質問を読み、**数字で**答えてください。

(1) Mr. Baker likes video games. He had eight games last year. He bought one new game and sold three old ones this year. His favorite is the oldest one. How many video games does he have now?

(2) Ken's family went to a theme park. Ken and his two younger brothers got $7 for each from their mother. At lunch time she bought pizza for her family. It was $15. And then she bought a cup of juice for her youngest son for $2. How much in total did she spend?

(3) Mrs. Scott went to bed at 10:30 p.m. and woke up at 8:30 a.m. the next morning. How many hours did she sleep?

(4) Mark's mother gave pen cases to her four sons. She put three pens and one eraser in each pen case. How many pens did she need?

II

次の図を参照しながら、(1)の文章を読み、(2)の文章がほぼ同じ内容となるよう下線部ア～エに適切な英語を１語ずつ書いてください。図にメモを書き入れても構いません。図の○は、人が座っていることを表します。

列車の座席(上側が進行方向)

		A	B		C	D	E	
	1		Ken			○	○	
	2			通路	Tom	○	Mary	
窓	3				○	○	○	窓
	4							
	5							

(1) Liz sits between Tom and Mary. Sally sits in front of Liz. Ben is next to Sally. The teacher sits behind Liz and between Bob and Charlie. Bob sits by the window.

(2) ア____________ is just in front of Mary.

Bob sits to the right of the イ__________ by the ウ__________.

Tom sits in front of エ____________.

III

A. 次の文は、オンライン英会話で交わされた会話である。文中の空所①～④に入る最も適切な文をア～カの中から選び、記号で答えてください。

Tim : Hello. Nice to meet you. I'm Tim.

Yoko : Hello, Tim. My name is Yoko. Nice to meet you, too.

Tim : So, is this your first time to take an online English lesson?

Yoko : (　①　) I'm a bit nervous.

Tim : Don't be nervous. Please enjoy the lesson. So, shall we start?

Yoko：(　②　)

Tim：Let's talk about your hobby today. What is your hobby?

Yoko：My hobby is ... my hobby is playing games.

Tim：Oh, really? I love playing video games, too. (　③　)

Yoko：Ah, I like card games. Not video games. I like playing *Babanuki.*

Tim：(　④　) You like card games. By the way, what is *Babanuki*? I've never heard of it.

ア. Oh, I'm sorry.
イ. That's too bad.
ウ. Thank you very much.
エ. Yes, let's.
オ. What video game do you like the best?
カ. No, this is my second lesson.

B. 次のア～オの各文が意味の通る文章となるように、各文を並べかえ、その順序を記号で答えてください。なお、最後の文はすでに書かれています。

ア. Before leaving there, I bought a shirt with my favorite player's name on it.
イ. More than 8,000 people waited for the game to start there.
ウ. When I was 10 years old, we went to the National Stadium to watch a professional soccer game.
エ. My best memory is watching a soccer game with my father.
オ. My favorite team won the game, so I was very happy.

（最後の文）I treasure this memory.

Ⅳ

A. 次のグラフを参考に下の英語を読み、質問に答えてください。

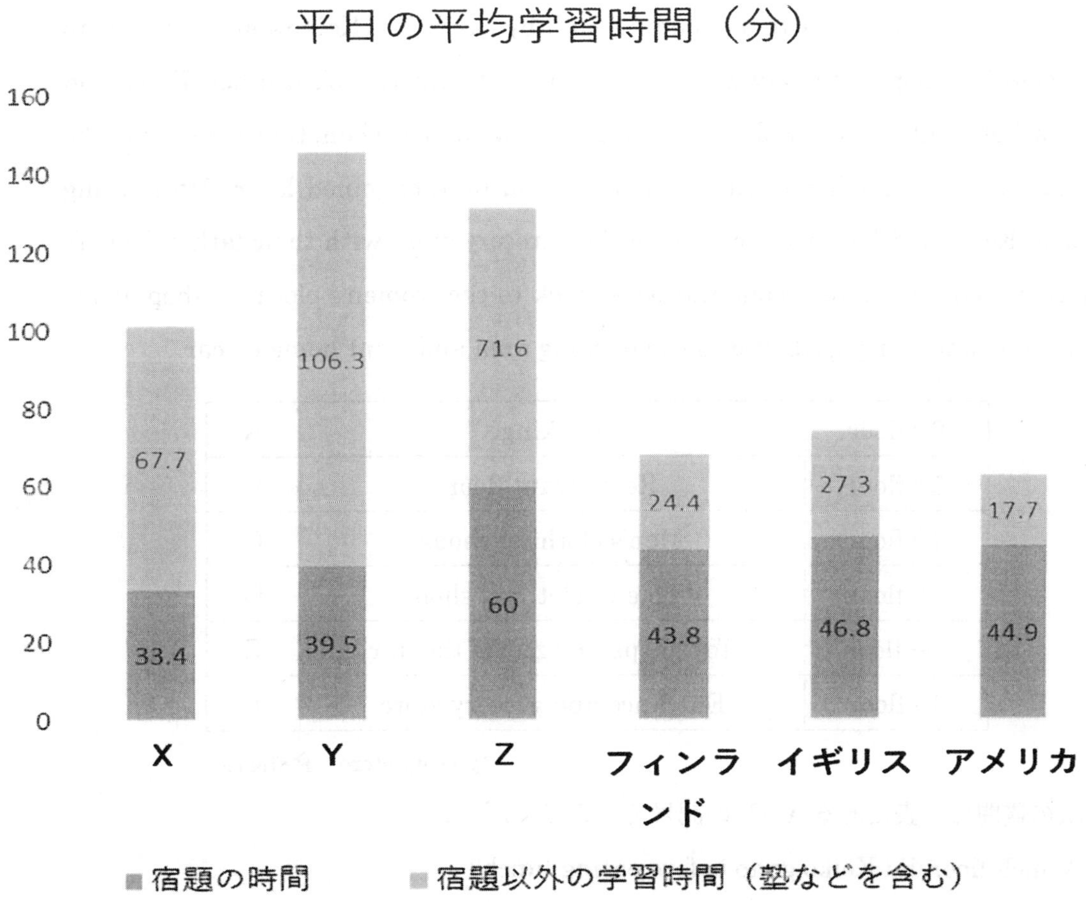

How long do you study each day? Look at this graph. It shows how many minutes 11 year-old children study on average in a day. Korean children study the most. They study for more than 2 hours. Chinese students also study for more than 2 hours spending one hour on their homework. Children in Japan spend the least time on their homework, but in total they study for about one hundred minutes. Students in non-Asian countries, like France, don't study as long as Asian students.

(質問) グラフの X～Z は次のア～オのどの国を表しますか。最も適切なものを選び、記号で答えてください。

ア. フランス　　イ. 韓国　　ウ. 日本　　エ. イタリア　　オ. 中国

B.　次の文章はショッピングモールでの、Keiko一家の様子を表したものです。
表を参考にしながら英語を読み、下の質問に答えてください。

Keiko's family went to a shopping mall by car today. Keiko's mother went to the clothing shop to buy a winter coat for herself with Keiko's brother. Keiko and her father went to the toy shop and bought a few games. Then, they went up to the restaurant area for lunch. Keiko's mother and brother joined later. After eating lunch, Keiko and her brother went to the *grocery store with their father. Keiko's mother went to the restroom and went back to the women's clothing shop alone. One hour later, they gathered in the parking area and went home by car.

6th floor	Parking	A
5th floor	Restaurant floor	B
4th floor	Men's clothing shops	C
3rd floor	Women's clothing shops	D
2nd floor	Toy shops and movie theater	E
1st floor	Entrance and grocery store	F

*grocery store：食料品店

(1) 次の質問に、表にあるA～Fの記号で答えてください。

Which floor did Keiko go to before eating lunch?

(2) 次の質問の答えを、下のア～エの中から1つ選び、記号で答えてください。

Who went to the restaurant floor first?

ア. Keiko's mother and Keiko's brother

イ. Keiko and her father

ウ. Keiko and her brother

エ. All the members of Keiko's family

(3) 以下の空所に入れるのに最も適切な英語を書いてください。1語とは限りません。

Q: Who moved in the order as below?

A ⇒ D ⇒ B ⇒ F ⇒ A

A: (　　　　) did.

C. 次のカレンダーを参考に以下の英語を読み、質問に答えてください。

September

Monday	Tuesday	Wednesday	Thursday	Friday	Saturday	Sunday
6	7	8	9	10	11	12
		ア				
13	14	15	16	17	18	19
イ	ウ					エ
20	21	22	23	24	25	26
		オ				カ
27	28	29	30			
			★			

Steve is looking forward to the event on September 30th. Before that event, he must do a few things. First, he will take an Eiken test this weekend, so he needs to study English. He needs to go to a bookstore today and find a good studybook for it. His sister's birthday is tomorrow. He bought a doll for her about one week ago. He hopes she will be glad. A soccer game is scheduled next weekend. He belongs to a local club team. If they win the game, they will become the number one team in the area, so they are practicing very hard. After that, the event will come! He wants a new video game and his parents know it. He hopes they will give it to him on that day.

(1) 次の a~e の出来事は、カレンダー内のいつ起こるものだと考えられますか。
カレンダー内の記号でそれぞれ答えてください。

a. Celebrate Steve's sister's birthday.

b. Play in a soccer game.

c. Go to a bookstore.

d. Buy a doll.

e. Take an Eiken test.

(2) 以下の空所に入れるのに最も適切な 1 語を英語で答えてください。

Q : What is the event on September 30th?

A : It's Steve's (　　　　　).

（リスニング）

I

A. これからあなたについて英語で質問します。その答えを３語以上の英語で書いてください。質問は２回ずつ読まれます。数字も英語で書いてください。

(1)

(2)

(3)

B. これから英単語が２回ずつ読まれます。解答用紙の下線部に入れる適切なアルファベットを１文字ずつ書いてください。

(1)

(2)

(3)

(4)

C. これから２人による会話文が流れます。２番目の話者のところでベルの音が鳴ります。その箇所《かしょ》に入れるより適切な文を選び、解答用紙の記号に○をつける問題です。会話は１度しか読まれません。

例題

John: Good morning. How are you, Ken?

Ken: （ベル音）

John: That's good.

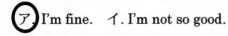

ア. I'm fine.　イ. I'm not so good.

(1)

(2)

(3)

(4)

(5)

II

A. これから英文と質問が流れます。その質問の答えとして最もふさわしいものをア～エの中から選び、記号で答えてください。英文と質問は２回ずつ読まれます。

	ア	イ	ウ	エ
(1)				

	ア	イ	ウ	エ
(2)				

	ア	イ	ウ	エ
(3)	16	10	6	20

	ア	イ	ウ	エ
(4)		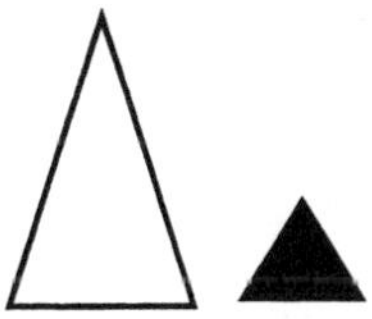	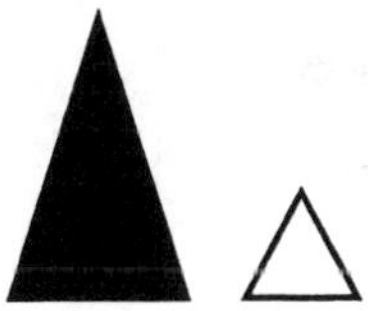	

B. これからある国の国旗について説明する英文が流れます。その説明に最も近いものをア～クの中から選び、記号で答えてください。問題は２問で、英文はそれぞれ２回読まれます。

ア	イ	ウ	エ

オ	カ	キ	ク

〈編集部注：国旗はカラーのものを弊社ホームページに掲載してあります。
右のＱＲコードからもアクセス可能です。〉

(1)

(2)

III これから東京地方の天気予報が英語で流れます。次の(1)～(5)の内容を聞き取り、解答用紙に数字または英単語で答えてください。英文は２回読まれます。

(1) 現在の天気　＊英単語で

(2) 現在の気温　＊数字で

(3) 今週の天気　＊英単語で

(4) 今週の最高気温　＊数字で

(5) 今日の日付　＊数字で

IV これから流れる英語の指示を聞きながら、そのイラストを描きなさい。イラストの上手さは問いません。英文は３回読まれます。

※〈リスニングテスト原稿〉は次のページ以降に掲載してあります。

〈リスニングテスト原稿〉

これからリスニングのテストを始めます。問題冊子の１ページを開いてください。リスニングテストは、Ⅰから Ⅳ まであります。

Ⅰ　A

これからあなたについて英語で質問します。その答えを３語以上の英語で書いてください。質問は２回ずつ読まれます。数字も英語で書いてください。では始めます。

No.1　What subject do you like the best? What subject do you like the best?
No.2　What day is it today? What day is it today?
No.3　How old are you? How old are you?

次は B です。これから英単語が２回ずつ読まれます。解答用紙の下線部に入れる適切なアルファベットを１文字ずつ書いてください。では始めます。

No.1　black black
No.2　house house
No.3　box box
No.4　flower flower

次は C です。これから２人による会話文が流れます。２番目の話者のところでベルの音が鳴ります。その箇所に入れるより適切な文を選び、解答用紙の記号に○をつける問題です。まず例題を見てください。

John: Good morning. How are you, Ken?
Ken: (bell sound)
John: That's good.

Ken のせりふとしてよりふさわしいのは I'm fine.ですので、正解のアに○をします。会話は１度しか読まれません。では始めます。

No.1
M: Are you ready for the test tomorrow?
X: (bell sound)
M: Do you need any help?

No.2

W: Do you want to go shopping this afternoon?

X: (bell sound)

W: How about watching TV at home?

No.3

M: How did you come here?

X: (bell sound)

M: Really? That's too expensive.

No.4

W: Where is my key?

X: (bell sound)

W: Oh, thank you.

No.5

M: Who is that man?

X: (bell sound)

M: OK, I'll ask Tom.

II　A

これから英文と質問が流れます。その質問の答えとして最もふさわしいものをア～エの中から選び、記号で答えてください。英文と質問は２回ずつ読まれます。では始めます。

No.1

It is food. It is usually sweet, but sometimes it can be bitter. You shouldn't eat too much of it because it can make you fat. What is it?

It is food. It is usually sweet, but sometimes it can be bitter. You shouldn't eat too much of it because it can make you fat. What is it?

No.2

It is an animal. It has four legs. It eats grass. It can run very fast. What is it?

It is an animal. It has four legs. It eats grass. It can run very fast. What is it?

No.3

There are 30 students in this class. 14 students are girls. 10 students are from Tokyo. How many boys are there?

There are 30 students in this class. 14 students are girls. 10 students are from Tokyo. How many boys are there?

No.4

I drew two triangles. One is smaller than the other. The smaller one is black. The bigger is white. Which picture is it?

I drew two triangles. One is smaller than the other. The smaller one is black. The bigger is white. Which picture is it?

次は B です。これからある国の国旗について説明する英文が流れます。その説明に最も近いものをア～クの中から選び、記号で答えてください。問題は２問で、英文はそれぞれ２回読まれます。では始めます。

No.1

This flag has six wavy lines across the bottom. They are blue and white.

The sun is above the top of the lines.

There is a bird over the sun.

This flag has six wavy lines across the bottom. They are blue and white.

The sun is above the top of the lines.

There is a bird over the sun.

No.2

There are two yellow stripes that make an X across the flag.

The right and the left areas are black.

The top and the bottom areas are green.

There are two yellow stripes that make an X across the flag.

The right and the left areas are black.

The top and the bottom areas are green.

Ⅲ　これから東京地方の天気予報が英語で流れます。次の(1)～(5)の内容を聞き取り、解答用紙に数字または英単語で答えてください。英文は２回読まれます。では始めます。

It is eight a.m. Now we are going to tell you the weather forecast. It is raining in Tokyo. The current temperature is 25 degrees Celsius with a wind from the south at a speed of 3 meters. Next, the week's weather from tomorrow. Monday, August 20th until Friday, the 24th; this week will be mostly sunny, the expected high is 36 degrees Celsius, and the expected low is 21 degrees Celsius. The sky will be clear and it will be very hot and humid. Please be aware of heat stroke.

繰り返します。

It is eight a.m. Now we are going to tell you the weather forecast. It is raining in Tokyo. The current temperature is 25 degrees Celsius with a wind from the south at a speed of 3 meters. Next, the week's weather from tomorrow. Monday, August 20th until Friday, the 24th; this week will be mostly sunny, the expected high is 36 degrees Celsius, and the expected low is 21 degrees Celsius. The sky will be clear and it will be very hot and humid. Please be aware of heat stroke.

Ⅳ　これから流れる英語の指示を聞きながら、そのイラストを描きなさい。イラストの上手さは問いません。英文は３回読まれます。では始めます。

First, draw a big desk in the middle of the box. There are two glasses on the desk. There is a lot of water in both of them. Under the desk, draw a camera. Next, draw a map of Japan in the top right corner of the box.

繰り返します。

First, draw a big desk in the middle of the box. There are two glasses on the desk. There is a lot of water in both of them. Under the desk, draw a camera. Next, draw a map of Japan in the top right corner of the box.

これでリスニングテストを終わります。

② 空欄【 c 】・【 d 】に入る内容の組み合わせとして最も適当なものを次の中から一つ選び、記号で答えなさい。

ア c 約束を守るということの意味を深く考えておらず、りちぎに約束を果たそうとする人に疑問をいだいている
　d 自身は約束を守る一方で、雨のせいで待ち合わせ場所にこられず、結果的に約束を守れなかった友達に同情している

イ c 約束を守って義務を果たしたことを誇りに思い、待ち合わせ場所にこない友達をろこつに軽蔑《けいべつ》している
　d 信夫以外の友達が約束を破ったことに失望したが、事情は人それぞれだと自分に言い聞かせて怒《いか》りをこらえている

ウ c 父や友達の目を気にしてばかりで、自分の意思で約束を守るかどうかを決められなかったことに負い目を感じている
　d 友達が約束を守ってくれるとは期待していない一方で、自分が正しいと思うことをつらぬく強い信念を持っている

エ c 父に言われて待ち合わせ場所にきただけなのに、自主的に約束を守った気になって、こなかった友達を責めている
　d 約束を守ることを特別なことと考えずに自然に実行し、待ち合わせ場所にこなかった友達の立場も思いやっている

オ c 自身の考えをつらぬいて約束を守ったことで、自分をばかにしていた友達を見返すことができそうだと満足している
　d 自分自身も約束を守ったのにそれを自慢《じまん》することなく、雨の中待ち合わせ場所にきた信夫に対して敬意を表している

問七 本文中では、「約束」とはどのようなものであると語られていますか。五十字以内で説明しなさい（句読点等も字数に含《ふく》む）。

問五　傍線部Cに「わずか四、五丁の道が、何十丁もの道のりに思われて、信夫は泣きたくなった」とありますが、校庭にたどりつくまでの信夫の心情の説明として**適当でないもの**を次の中から一つ選び、記号で答えなさい。

ア　無意味な約束のせいで、夜、雨の中を出かけるはめになったことを情けなく感じている。

イ　だれも約束を守りそうもない状況で、自分を学校へ行かせる父に反発している。

ウ　考えなしに同級生たちと約束してしまったことを心からくやんでいる。

エ　約束を守る気もないのに、自分を巻きこんだ同級生たちに腹を立てている。

オ　雨で歩きにくくなった道を苦労して進まねばならないことにうんざりしている。

問六　次に示すのは、児童二人が本文の内容をまとめるために話している場面です。読んで、後の問いに答えなさい。

Aさん　まず、場面から読み取っていこうか。

Bさん　そうだね。場面としては、初めに主人公である信夫たちが学校にいる場面、次に信夫が家にいる場面、そして家から出て学校に向かう場面、最後に学校の場面にもどるね。

Aさん　うん。季節は、「【　a（五字）】」や「春の雨」とあるから春だとわかるよ。

Bさん　たしかにそうだね。私は、人物像にも注目してみたよ。信夫は学校では【　b（二字）】を務めているよ。そして信夫は自分がその立場にあることに自負心を持っているし、同級生から夜、学校に集まることを提案されたときには、立場にふさわしい冷静な様子を見せているね。

Aさん　なるほど。自負心があり、同級生の前では冷静な態度をとる人物なんだね。しかしそれだけではなくて、信夫は自分の問題点を反省し、相手の良いところを認められる素直《すなお》なところのある人物だと私は思ったよ。

Bさん　そうだね、私もそのように読み取れたよ。もう一人の登場人物である吉川についてはどうかな。吉川の存在が信夫に影響《えいきょう》をあたえていると感じたよ。

Aさん　そうだね。信夫は【　　　c　　　】自分に対して、吉川については【　　　d　　　】と感じているね。

①　空欄【　a　】・【　b　】に入る言葉を、指定された字数に従って、本文中から抜き出して答えなさい。

問一　傍線部《ぼうせんぶ》①の「断乎として」・②の「勝手」の本文中の意味として最も適当なものを次の中からそれぞれ一つずつ選び、記号で答えなさい。

①「断乎として」

ア　他人に意見をおしつけるような、強引《ごういん》な態度で　　イ　他人に左右されない、きっぱりとした態度で

ウ　いいかげんなことを許さない、きまじめな態度で　　エ　他人の内心を思いやらない、冷たい態度で

②「勝手」

ア　自分が関わる物事の状況《じょうきょう》や様子　　イ　自分だけの都合に合わせたやり方

ウ　自分が自由に行動できる範囲《はんい》　　エ　自分が物事を行うときの速度

問二　傍線部Ａに「松井は、逃がさないぞという顔をした」とありますが、松井がこのような顔をしたのはなぜですか。理由として最も適当なものを次の中から一つ選び、記号で答えなさい。

ア　いつもとはちがい、副級長の大竹が賛成してくれているので、級長の信夫さえ説得できれば自分の提案が通ると考えたから。

イ　一見落ちついた顔をしている信夫が、内心ではおばけをおそれていることを的確に見ぬいて、からかってやりたくなったから。

ウ　自分より人望のある信夫が参加してみんなにも勧《すす》めてくれれば、きっと全員が自分の提案にのってくれるだろうと考えたから。

エ　慎重《しんちょう》な性格の信夫が、参加することをためらっていることに気づいて、決心がつくよう後押《あとお》ししてやろうと考えたから。

オ　おばけはいないと主張する信夫が、おばけをこわがって参加しないなどという矛盾《むじゅん》した態度はとれないだろうと考えたから。

問三　二か所ある空欄《くうらん》［Ｘ］には、同じ言葉が入ります。本文中から五字で抜《ぬ》き出して答えなさい。

問四　傍線部Ｂに「しぶしぶと信夫はたちあがった」とありますが、このときの信夫について説明した次の文の空欄【　ａ　】・【　ｂ　】に入る言葉を、指定された字数に従って、本文中から抜き出して答えなさい。

おばけがいるかどうかを確かめるために集まるという、それほど【　ａ（二字）】とも思えない約束のために、雨の中、だれもいないであろう学校へ行くことに【　ｂ（二字）】はあるが、貞行に反論できず、いやいやながら出かけようとしている。

「ああ、吉川か。ひどい雨なのによくきたな」

だれもくるはずがないと決めていただけに、信夫はおどろいた。

「だって約束だからな」

淡々《たんたん》とした吉川の言葉が大人っぽくひびいた。

(約束だからな)

信夫は吉川の言葉を心の中でつぶやいてみた。するとふしぎなことに、「約束」という言葉の持つ、ずしりとした重さが、信夫にもわかったような気がした。

(ぼくはおとうさまに行けといわれたから、仕方なくきたのだ。約束だからきたのではない)

信夫は急にはずかしくなった。吉川修が一段えらい人間に思われた。日ごろ、級長としての誇《ほこ》りを持っていたことが、ひどくつまらなく思われた。

「みんな、こないじゃないか」

「うん」

「どんなことがあっても集まるって約束したのにな」

信夫はもう、自分は約束を守ってここにきたような気になっていた。

「雨降りだから、仕方がないよ」

吉川がいった。その声に俺《おれ》は約束を守ったぞというひびきがなかった。信夫は吉川をほんとうにえらいと思った。

(三《み》浦《うら》綾《あや》子《こ》『塩狩峠《しおかりとうげ》』による　※設問の都合により、文章ならびに表記は一部変更《へんこう》されています)

※注「高等科」…高等小学校。戦前にあった教育機関で、現代の中学校に近い。

「歩きなずんだ」…なかなか歩みがはかどらなかった。

「四、五丁」…約四三六メートルから約五四五メートル。一丁は約一〇九メートル。

信夫は不満そうに口をとがらせた。

「信夫。守らなくてもいい約束なら、はじめからしないことだな」

信夫の心を見通すように貞行はいった。

「はい」

Ｂ**しぶしぶと信夫はたちあがった。**

外に出て、何歩も歩かぬうちに、信夫はたちまち雨でずぶぬれになってしまった。まっくらな道を、信夫は爪先《つまさき》でさぐるように歩いていった。思ったほど風はひどくはないが、それでも雨にぬれた、まっくらな道は、歩きづらい。四年間歩きなれた道ではあっても、ひるの道とは全く②**勝手**がちがった。

（つまらない約束をするんじゃなかった）

信夫はいくども後悔《こうかい》していた。

（どうせだれもきているわけはないのに）

信夫は貞行の仕打ちが不満だった。ぬかるみに足をとられて、信夫は※歩きなずんだ。春の雨とはいいながら、ずぶ濡《ぬ》れになった体が冷えてきた。

（約束というものは、こんなにまでして守らなければならないものだろうか）

Ｃ**わずか※四、五丁《ちょう》の道が、何十丁もの道のりに思われて、信夫は泣きたくなった。**

やっと校庭にたどりついたころは、さいわい雨が小降りになっていた。暗い校庭はしんとしずまりかえって、何の音もしない。だれかきているかと耳をすましたが話し声はなかった。ほんとうにどこからか女のすすり泣く声がきこえてくるような、無気味なしずけさだった。集合場所である桜の木の下に近づくと、

「誰《だれ》だ」

と、ふいに声がかかった。信夫はぎくりとした。

「永野だ」

「何だ、信夫か」

信夫の前の席に並んでいる吉川修《よしかわおさむ》の声だった。吉川はふだん目だたないが、落ちついて学力のある生徒だった。

「［X］ことなんだけれど……。そうだ。行っても［X］ことだから、やめようかな」
信夫はふたたび外をみた。雨の音が激しかった。
「何かあるのか」
新聞を見ていた貞行《さだゆき》が顔をあげた。
「※高等科の便所に夜になると女の泣き声がするんだって。みんなで今夜集まって、それがおばけかどうかみるんだって」
「まあ、おばけなんて、この世にいるわけがありませんよ。そんなことで、こんな雨ふりに出かけることはありませんよ。ねえ、あなた」
菊はおかしそうに笑った。貞行は腕《うで》を組んだまま、少しむずかしい顔をしていた。
「ええ、ぼく、いかないよ。こんなに雨が降ってきたらだれも集まらないのに決まっているから」
「そうか。やめるのはいいが、信夫はいったい、みんなとどんな約束をしたんだね」
「今夜、八時に桜の木の下に集まるって」
「そう約束したんだね。約束したが、やめるのかね」
貞行はじっと信夫をみつめた。
「約束したことはしたけれど、行かなくてもいいんです。おばけがいるかどうかなんて、つまらないから」
こんな雨の中を出ていかなければならないほど、大事なことではないと信夫は考えた。
「信夫、行っておいで」
貞行がおだやかにいった。
「はい。……でも、こんなに雨が降っているんだもの」
「そうか。雨が降ったら行かなくてもいいという約束だったのか」
貞行の声がきびしかった。
「いいえ。雨が降った時はどうするか決めていなかったの」
信夫はおずおずと貞行をみた。
「約束を破るのは、犬猫《ねこ》に劣《おと》るものだよ。犬や猫は約束などしないから、破りようもない。人間よりかしこいようなものだ」
（だけど、大した約束でもないのに）

三　**小学四年生の永野信夫《ながののぶお》はある日、同級生たちから学校におばけが出るらしいという話を聞いた。次の文章はそれに続く場面である。読んで、後の問いに答えなさい。**

「そんなものはいないよ」
信夫が①**断乎《だんこ》として**いった。
「そうかい。じゃ、ほんとうにおばけが出るかどうか、今夜八時にこの木の下に集まることにしないか」
松井がいった。
「どうする？　集まらないのか？」
松井が返事をうながした。風が吹《ふ》いて、うつむいている男の子供たちの上に、桜の花びらが降りしきった。
「みんなで集まるんだから、こわくはないぜ」
「そうだ。みんなで夜集まるのはおもしろいぞ」
副級長の大竹が、ガキ大将の言葉に賛成した。
「永野はくるだろうな」
Ａ**松井は、逃《の》がさないぞという顔をした。**
「くるよ。今夜八時にここに集まるのだな」
信夫は級長らしい落ちつきをみせてうなずいた。
「よし。じゃ、みんなもくるだろうな。どんなことがあってもな」
松井はそういって一同をみまわした。みんな口々に「うん」といった。
夕食の時になって、雨がぽつぽつ降りだしていたが、七時をすぎたころには、雨に風をまじえていた。
「おかあさま、ぼくこれから学校に行ってもいい？」
さっきから、暗い外をながめていた信夫がいった。
「まあ、これから学校にどんな用事がありますの」
菊《きく》はおどろいて、信夫をみた。

問七　次に示すのは【文章１】・【文章２】を読んだ五人の児童が、その内容について話をしている場面です。読んで、後の問いに答えなさい。

Aさん　【文章１】では、「貢献」は日本の伝統的な労働観で重んじられていることの一つだと述べられているね。そして【文章２】では、フランスのある山村に住む子どもたちの、村に対する「貢献」について述べられているよ。

Bさん　【文章２】によれば「貢献」とは、【　　a（十六字）　　】になるということなんだね。幼い頃から仕事をするなんて、大変だな。

Cさん　でも、子どもたちは自分たちの仕事を誇らしく思っているようだよ。ここが大切なところで、「何かに『貢献』していると感じられる労働」は、自分たちがその社会にとって【　b（七字）】存在であると実感させてくれるものなんだよ。

Dさん　なるほど。「何かに『貢献』していると感じられる労働は少なくなった」という今日の状況は、働く人たちがそうした実感をもてなくなっていることを意味しているんだね。

Aさん　うん。「修業」と「貢献」を重視するかつての日本の労働観は戦後失われたように見えるけれど、それは表面上のことで、私たち日本人の精神の根底には人知れず誰かのために頑張《がんば》るという労働観が残っているんだね。

Bさん　そうだね。だから戦後のアメリカ的な労働のあり方を拒否《きょひ》して、収入確保を動機とする労働と、コミュニティのための労働を統一してとらえようとする動きが生まれたのか。

Cさん　筆者が訪ねたフランスの村では、大人も子どももコミュニティの生活を守るために不可欠な労働を受けもっているそうだけれど、これは上野村で「仕事」と呼ばれる労働の形に通じるものがあるよ。

Dさん　そのフランスの村の子どもたちは小さな仕事をこなすことで、コミュニティの生活を守るための人間関係のなかに参加していくわけだけれど、それが自分の存在意義に自信をもつことにもつながるんだね。

Eさん　日本の伝統的な労働観でも、そうした自分たちの住む世界につながる労働を中心に行って、収入のための労働はあくまで補助として行うという形が理想とされていたようだよ。

①　空欄【　a　】・【　b　】に入る言葉を、指定された字数に従って、【文章２】の中から抜《ぬ》き出して答えなさい（句読点等も字数に含む）。

②　［　　］で囲まれた、五人の発言の中から【文章１】・【文章２】に述べられている内容と**合わないもの**を一つ選び、記号で答えなさい。

ア　Aさん　イ　Bさん　ウ　Cさん　エ　Dさん　オ　Eさん

問六　二重傍線部に「若い人たちはむしろ伝統的な労働観に戻ってきている」とありますが、これはなぜだと考えられますか。理由として最も適当なものを次の中から一つ選び、記号で答えなさい。

ア　若い人たちが、個々のもつ能力ばかりを重視する現在の労働状況《じょうきょう》では生産性が上がらないことに気づき、昔の日本のように社会との深い結びつきのなかで労働者が協力し合わなければ、日本の勢いがおとろえると考えるようになったから。

イ　若い人たちが、劣悪《れつあく》な労働条件のもとで働かざるをえない今日の競争社会のあり方を厳しく批判し、昔の日本のように利益をいっさい求めずに自分の生きる世界との結びつきを深め、心身を豊かにできる労働のあり方を目指すべきだと考えているから。

ウ　若い人たちが、労働のための技術をろくに学ばないまま働かされる今日の状況に限界を感じ、社会との深い結びつきのなかで「修業」して実力をつけてから独り立ちするという昔と同じような労働のあり方を求めるようになったから。

エ　若い人たちが、企業の利益追求のために利用されるばかりの現在の労働のあり方に反発し、昔の日本のように個々の自己実現のために労働を行うことができるような社会をつくりたいと望むようになったから。

オ　若い人たちが、金銭のためだけに労働が行われ、社会とのつながりや労働に対する自負を感じられない今日の状況に疑問をもち、自分の生きる世界との結びつきを大切にする昔の日本の労働のあり方に強い魅力《みりょく》を感じているから。

問三　傍線部Bに「もうひとつ、日本の伝統的な労働観には、次のような性格があった」とありますが、ここでの「日本の伝統的な労働観」にはどのような性格がありましたか。説明として最も適当なものを次の中から一つ選び、記号で答えなさい。

ア　共同体の一員としての自覚をうながし、自分の精神を成長させるためのものとして労働をとらえる性格。

イ　共同体と自分を結びつけて適切な人間関係をつくり、自身の人生を豊かにするものとして労働をとらえる性格。

ウ　共同体のなかで個人が果たすべき役割を示し、全体の経済をより発展させるものとして労働をとらえる性格。

エ　共同体との密接な関わりのなかで生き方や暮らし方をも形成し、それらを維持《いじ》するためのものとして労働をとらえる性格。

オ　共同体のなかでの生き方を決定し、その生き方から外れないよう行動を律するものとして労働をとらえる性格。

問四　傍線部Cの「『仕事』と『稼ぎ』」について、上野村で使われている意味でのa「仕事」とb「稼ぎ」にあたる具体例の組み合わせとして最も適当なものを次の中から一つ選び、記号で答えなさい。

ア　a　地域に新しくできたスーパーマーケットでレジ係を務める。
　　b　近所に住む子どもたちの家庭教師をして、子どもの親から授業料を得る。

イ　a　いこいの場として親しまれている公園を、当番制で住民が清掃《せいそう》する。
　　b　秋に食料になる実をつける木々が枯《か》れないように、定期的に手入れする。

ウ　a　地域で毎年行われている伝統行事の準備を、住民が分担して行う。
　　b　地元の図書館で週三回スタッフとして業務をこなし、旅費をためる。

エ　a　会社に勤めるかたわら、インターネットを通じて自作のアクセサリーの宣伝をする。
　　b　知人が社長を務める建設会社に正社員として就職して働く。

オ　a　古着をおしゃれなデザインに作り直したうえで友達にあげる。
　　b　隣家《りんか》の引っ越《こ》しを手伝ったお礼として、その家で栽培《さいばい》した野菜をもらう。

問五　空欄［Ⅰ］・［Ⅱ］に入る語として最も適当なものを次の中からそれぞれ一つずつ選び、記号で答えなさい。ただし、同じ記号は一度しか選べないものとする。

ア　しかも　　イ　それでも　　ウ　ところで　　エ　つまり　　オ　ただし

自分は必要な人間として、この村で暮らしている、この感覚に支えられた自信と安心感が村の大人たちの世界であり、その大人たちの世界を模写するように、子どもたちもまた誰もが有意義な人間たちの世界に加わっていくのです。子どもたちは、わずかな仕事を受け持つようになったときに、自分は子どもから「小さな大人」、「小さな村人」になったと感じます。村の暮らしを守る関係の世界の一員になったことに、誇りをもつのです。

（内山節『子どもたちの時間』による　※設問の都合により、文章ならびに表記は一部変更されています）

※注　「この山の村」…筆者が訪ねたフランスの山村。

問一　傍線部《ぼうせんぶ》①の「内在化」・②の「風土」の本文中の意味として最も適当なものを次の中からそれぞれ一つずつ選び、記号で答えなさい。

①「内在化」

ア　気をつけるべき戒《いまし》めを心の内にとどめておくこと。　イ　いざというときに役立つ知識を保持すること。

ウ　ある価値観を自分のなかに取りこむこと。　エ　経験を通して得た情報を他者と共有すること。

②「風土」

ア　誰が見てもはっきりとわかるその土地の慣習。　イ　思想や文化などの形成に影響《えいきょう》をもたらす環境《かんきょう》。

ウ　その土地を活性化させるもとになっている美点。　エ　昔から現代までに受け継がれてきた風習。

問二　傍線部Aに「『修業』と『貢献』に労働の意味をみいだす労働観」とありますが、こうした農民社会における労働観は、どのような考えから生まれたのですか。それを説明した次の文の空欄《くうらん》【　】に入る言葉を、六十字以内で答えなさい（句読点等も字数に含《ふく》む）。

一人前の農民になるために、【　　　　　　】ことが必要だという考え。

りも切れ、自分の生きる世界との結びつきも収入だけになっていった。労働それ自身に誇りや幸福感がなくなってしまったのである。[Ⅱ]、安定的雇用《こよう》や金銭的な面からも見放された労働が若者を中心に広がっている。労働を金儲《もう》けの道具にのみしてしまった社会がもたらした現実が、ここにはある。

（内山節《うちやまたかし》「よみがえる日本的労働観」による　※設問の都合により、文章ならびに表記は一部変更《へんこう》されています）

※注「村の家」…筆者は東京都と群馬県の上野村を行き来《き》する生活をしている。

「結い」…家と家との間で労働力を貸し合うこと。

【文章２】

※この山の村でも、子どもたちは、小学校に上がる頃《ころ》になると、誰もが自分の仕事をもっていました。そしてその仕事が終われば、後は子どもたちの自由な時間なのです。

もちろん今日の村で、大人たちが子どもの労働力を必要とする理由は何もありません。それなのに、どの子どもたちも自分の仕事をもっています。そして自分の仕事について語るとき、子どもたちは誇らしげであり、仕事をもっていることが、これほど子どもたちを自由にしているのかと、驚《おどろ》かされてしまいます。

彼《かれ》らは、その仕事をこなすことによって、自分はこの村で必要な人間として暮らしている、と感じているようです。そしてこの子どもの誇らしげな世界は、村の大人たちの世界を模写したものでもあるのです。

村の暮らしを守っていくためには、いろいろな仕事が必要になります。村人の集まるレストランやカフェ、村の雑貨屋、肉屋、郵便局、学校などを受けもつ人々の仕事も必要になります。暮らしていくうえで必要なものが最小限そろっているのが、村＝コミューンなのです。

ここに、誰もが村の暮らしを守るうえで必要な仕事をしている、という村の雰囲気《ふんいき》がかたちづくられています。自分がその仕事をしなくなったら、代わってくれる人がいないかぎり村人全員が困るという関係が、誰にでもよくわかるのです。ですから、ここでは、誰もがかけがえのない村人です。

（中略）

そんな村の仕事を受け持ち、その仕事をこなすかぎり、大人も子どもも村の暮らしにとっては必要な人間です。そして、そのような関係のなかに自分がいることが、村ではとてもよくわかるのです。

自分たちがつくっている生命的世界と結ばれた労働のことで、この中には畑仕事や山仕事もあるし、集落の方針を決めるための会合＝「寄り合い」に出るのも「仕事」である。村には共同で道を直したりする「※結《ゆ》い」としての作業もあり、さらには助け合いも仕事である。自然とともに、人々とともに村の生命系は形成されているのだから、収入になる、ならないにかかわらず「仕事」と位置づけられる働きの世界が形成されるのである。

それに対して「稼ぎ」と呼ばれているものは、収入の確保を動機としておこなわれる。目的は収入の量である。「仕事」は自分たちの生きる世界と結ばれた質としておこなわれているが、「稼ぎ」は金銭的な量が目的なのである。

一応述べておけば、労働は概念（物事の性質における共通の認識《にんしき》）によってつくられたものではない。概念がつくられる前から労働はおこなわれていたのである。だから労働の概念とは労働のとらえ方にすぎない。［Ⅰ］どんなふうに労働をとらえようとも自由なのである。かつては、欧米《おうべい》では労働を労苦としてとらえるが日本では生きがいとしてとらえる、というような言われ方がよくなされていた。このような対比で欧米と日本を比較《ひかく》するのは適切ではないと私は思っているが、労働を労苦として、あるいは生きがいとしてとらえること自身が問題なのではない。そうとらえてもかまわないのである。

むしろ重要なのは次のところにある。仮に労働を労苦としてとらえるなら、できるだけ労働時間を短縮し、早く労働からリタイアするのがよいということになる。逆に労働が生きがいであるなら、誰もが働きつづけられる社会が理想になる。労働をどうとらえるかによって、自分たちの生き方や社会のデザインのされ方が変わるのである。重要なのは労働概念それ自身にあるのではなく、どういうふうに労働をとらえると、どういう社会のあり方がみえてくるのかということの方にある。

とすると労働に修業と貢献を求め、さらには「仕事」と「稼ぎ」を分けながらとらえられていた日本の伝統的な労働観からは、どんな社会がイメージされていたのであろうか。それは自然や文化、暮らし方、コミュニティなどを包摂《ほうせつ》した（より大きな範囲《はんい》の中に包みこんだ）自分たちの生きる世界をつくりだす働きを軸《じく》にしながら、「稼ぎ」を補助的に展開させる社会のあり方を理想とする社会デザインであり、そのどちらにも「修業」と「貢献」を求めていける社会のあり方であった。労働の軸になるのは、個人の自己実現などという皮相（表面）的なものではなく、一種の社会思想としての労働論だったのである。

このような視点から見るなら、今日の労働はかなりやせ細っている。労働は企業《きぎょう》の、あるいは個人の利益追求の道具になり、しかも過酷《かこく》な市場競争のもとで、劣悪《れつあく》な労働条件を甘受《かんじゅ》するしかない労働やノルマに押《お》しつぶされそうになっている労働が広がっている。「修業」どころか心身の消耗《しょうもう》しかないような労働が増え、何かに「貢献」していると感じられる労働は少なくなった。社会とのつなが

二　次の文章を読んで、後の問いに答えなさい。

【文章１】

かつて日本の人々は、労働のなかに「修業《しゅぎょう》」と「貢献《こうけん》」という言葉を①内在化させてきた。私はそれは農民社会がつくったものだと思っているが、気象変動の激しい日本で一人前の農民になるためには、さまざまな判断力や技《わざ》が必要だった。農業は気候が安定しているときは、まじめにやれば誰《だれ》にでもできるという入り口の低さがあるが、気候が不順な年でも安定的に作物を収穫《しゅうかく》するためには、実に多様なことを学び、自分の技にしていかなければならないのである。その意味で農業は修業の連続であり、農民たちは自分の技が高められていくことに、誇《ほこ》りや喜びを感じていた。

とともに、ある程度のことができるようになってくると、次には自分を一人前に育ててくれたものたちにお礼をする、お返しをすることが大事だった。それが村への貢献や自分の家への貢献、さらには自然への貢献を重んじる②風土をつくった。他者に貢献できる人間になることもまた農民の誇りであり、喜びであった。

こうして生まれたのが、A「修業」と「貢献」に労働の意味をみいだす労働観である。それは非農業的労働にも受け継《つ》がれ、職人や商人も「修業」と「貢献」を重んじるようになっていった。今日の私たちも一面では同じような気持ちをもっている。だから、いくら働いても能力が向上していかないような仕事や、何かに貢献できることが実感できない仕事には次第《しだい》に嫌気《いやけ》がさしてくる。

そういう感覚を基層精神（精神の根本部分）にもちながらも、表面的にはそれを壊《こわ》していったのが日本の戦後社会でもあった。戦後の日本は自分のために働く時代をつくりだした。その点ではアメリカ化された時代だった。だがいまでは、若い人たちはむしろ伝統的な労働観に戻《もど》ってきている。

Bもうひとつ、日本の伝統的な労働観には、次のような性格があった。それは労働を労働としてのみ独立させてとらえるのではなく、自分の人生観や暮らし方、さらには自分と結んでいる社会との関係のなかでとらえるという性格である。労働は生き方や暮らし方と一体のものであったばかりでなく、自分が生きる世界としてのコミュニティ＝共同体とも一体のものとしてとらえられていた。

その結果、労働はふたつの側面からとらえられるようになった。ひとつは収入を目的とした労働、もうひとつは生活や文化、コミュニティなどとともにある労働である。

たとえば私の「※村の家」がある群馬県の山村、上野《うえの》村では、C「仕事」と「稼《かせ》ぎ」という言葉が使い分けられている。「仕事」とは

二〇二二年度 麗澤中学校

【国語】〈第一回試験〉（五〇分）〈満点：一〇〇点〉

一 次の①～⑧の各文について、傍線部《ぼうせんぶ》のカタカナを漢字に直しなさい。また、⑨・⑩については、二字の熟語が四つ完成するように、空欄《くうらん》に当てはまる漢字を書きなさい。

① 毎日の勉強が明るい未来をテらすだろう。

② 両親にキッポウを届けるべく、日々努力を重ねる。

③ 限りあるシゲンを大切に感謝して使う。

④ 新幹線のシャソウから見える富士山のすばらしさに息をのむ。

⑤ 著名な作家のコウエンを聞き感銘《かんめい》を受ける。

⑥ 母のコキョウに住む祖父母を思い、一日一枚の葉書を書く。

⑦ オリンピックのセイカ台を目指す。

⑧ 将来は法律のセンモン家になり、困っている人を助けたい。

⑨

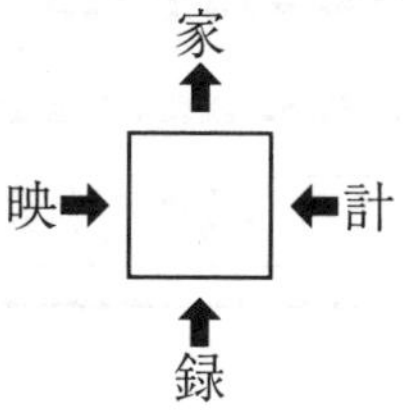

⑩

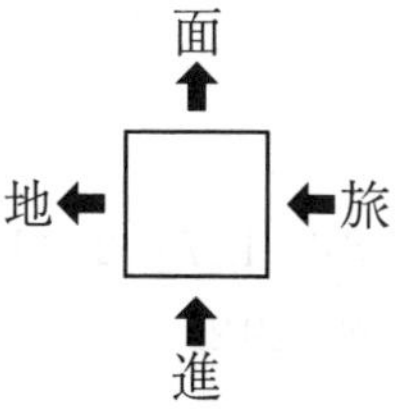

2022年度 麗澤中学校 ▶解説と解答

算数 ＜第１回試験＞（50分）＜満点：100点＞

解答

1 (1) 120　(2) 47　(3) 2　(4) 1.49　(5) 29.23　(6) $3\frac{17}{30}$　(7) $1\frac{1}{5}$　(8) 1　2 (1) $\frac{5}{6}$　(2) 4　(3) 1590　(4) 30　(5) 40　(6) 3600　3 (1) 2：3　(2) $5\frac{19}{25}\text{cm}^2$　(3) 42：125　4 (1) $\frac{1}{32}$　(2) **選択肢**…②，**理由**…（例）解説を参照のこと。

解説

1 四則計算，計算のくふう

(1) $3+5+7+9+11+13+15+17+19+21=(3+21)+(5+19)+(7+17)+(9+15)+(11+13)=24+24+24+24+24=24\times5=120$

(2) $6\times9+5-108\div9=54+5-12=47$

(3) $(15\times5-19\times3)\div(87-31-49+2)=(75-57)\div9=18\div9=2$

(4) $6.21+8.33-4.5\times2.9=14.54-13.05=1.49$

(5) $A\times B+A\times C=A\times(B+C)$となることを利用すると，$7.25+3.14\times8.8-1.57\times2\times1.8=7.25+3.14\times8.8-3.14\times1.8=7.25+3.14\times(8.8-1.8)=7.25+3.14\times7=7.25+21.98=29.23$

(6) $3\frac{1}{2}+2\frac{2}{3}-2\frac{3}{5}=3\frac{15}{30}+2\frac{20}{30}-2\frac{18}{30}=3\frac{17}{30}$

(7) $\left(3\frac{1}{8}-2\frac{5}{6}\right)\div\frac{7}{12}\times2\frac{2}{5}=\left(3\frac{3}{24}-2\frac{20}{24}\right)\div\frac{7}{12}\times\frac{12}{5}=\left(2\frac{27}{24}-2\frac{20}{24}\right)\div\frac{7}{12}\times\frac{12}{5}=\frac{7}{24}\times\frac{12}{7}\times\frac{12}{5}=\frac{6}{5}=1\frac{1}{5}$

(8) $\left(1.51+\frac{7}{20}\times3-\frac{13}{50}+1.2\right)\times\frac{2}{7}=(1.51+0.35\times3-0.26+1.2)\times\frac{2}{7}=(1.51+1.05-0.26+1.2)\times\frac{2}{7}=3.5\times\frac{2}{7}=\frac{7}{2}\times\frac{2}{7}=1$

2 数列，濃度《のうど》，旅人算，売買損益，面積，倍数

(1) 分母を6にそろえると，$\frac{1}{6}$，$\frac{2}{6}$，$\frac{3}{6}$，$\frac{4}{6}$，□，$\frac{6}{6}$，…となる。このとき，分子には1から順に整数が並ぶから，□に入る分数は$\frac{5}{6}$とわかる。

(2) 食塩水Aの重さを400g，食塩水Bの重さを100gとすると，混ぜてできた食塩水の重さは，$400+100=500$(g)になる。ここで，(食塩の重さ)＝(食塩水の重さ)×(濃度)より，この食塩水に含《ふく》まれる食塩の重さは，$500\times0.104=52$(g)とわかる。また，食塩水Aと食塩水Bの濃度の比は3：1なので，食塩水Aと食塩水Bに含まれていた食塩の重さの比は，$(400\times3):(100\times1)=12:1$となる。よって，食塩水Bに含まれていた食塩の重さは，$52\times\frac{1}{12+1}=4$(g)だから，食塩水Bの濃度は，$4\div100=0.04$，$0.04\times100=4$(%)と求められる。

(3)　弟が２分休憩《きゅうけい》している間に兄は，80×２＝160(m)歩くので，この分を除くと，兄は弟よりも，810－160＝650(m)多く歩いたことになる。また，２人がともに歩いているとき，兄は弟よりも１分間に，80－30＝50(m)多く歩くから，２人がともに歩いた時間は，650÷50＝13(分)と求められる。よって，兄が歩いた時間は，13＋２＝15(分)，弟が歩いた時間は13分なので，家から学校までの距離《きょり》は，80×15＋30×13＝1590(m)とわかる。

(4)　40％の利益を見込《みこ》んだときの定価は，1000×(１＋0.4)＝1400(円)であり，定価の10％引きは，1400×(１－0.1)＝1260(円)だから，この場合の利益は，1260－1000＝260(円)とわかる。よって，はじめに売ったときの利益は，260＋40＝300(円)なので，はじめに見込んだ利益の割合は，300÷1000＝0.3，0.3×100＝30(％)である。

(5)　平行四辺形の面積は，14×８＝112(cm^2)である。また，２つのおうぎ形の中心角はどちらも，180－60＝120(度)だから，２つのおうぎ形の面積の和は，$6\times6\times3\times\frac{120}{360}\times2=72$($cm^2$)とわかる。よって，斜線《しゃせん》部分の面積は，112－72＝40(cm^2)と求められる。

(6)　最も小さい立方体の１辺の長さは，４と３と５の最小公倍数の，４×３×５＝60(cm)になる。よって，並べる直方体の数は，縦方向に，60÷４＝15(個)，横方向に，60÷３＝20(個)，高さ方向に，60÷５＝12(個)なので，全部で，15×20×12＝3600(個)必要である。

3　立体図形─辺の比と面積の比，相似，表面積，体積

(1)　面 OCA は右の図１のようになる。図１で，三角形 OCE の底辺を OE，三角形 ACE の底辺を EA とすると，この２つの三角形の高さは等しくなる。よって，面積の比は底辺の比と等しくなるから，三角形 OCE と三角形 ACE の面積の比は，OE：EA＝２：(５－２)＝２：３とわかる。

図１

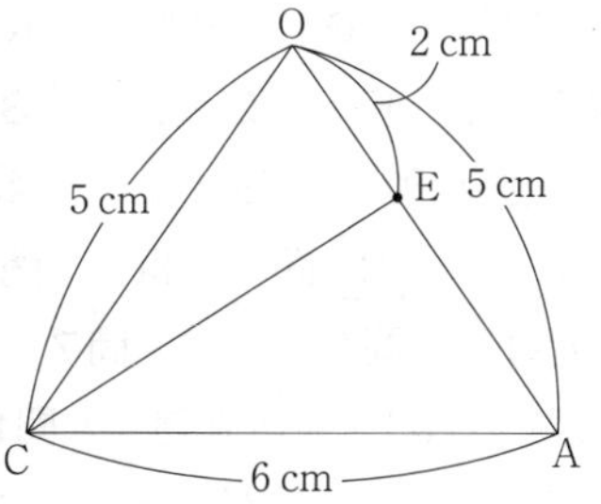

図２

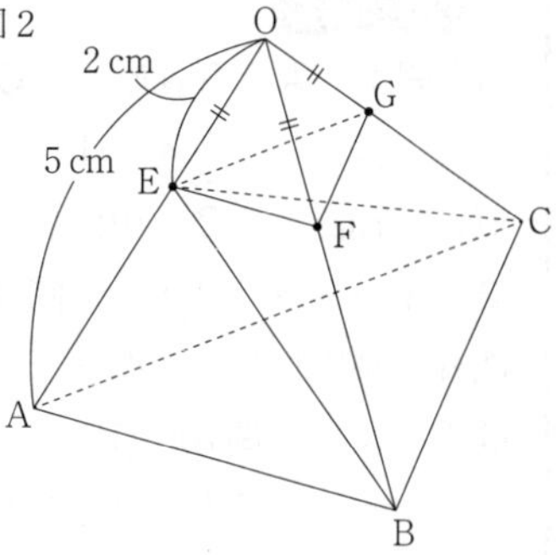

(2)　右上の図２で，三角形 OAB と三角形 OEF は相似である。このとき，相似比は，OA：OE＝５：２なので，面積の比は，(５×５)：(２×２)＝25：４となる。また，三角形 OAB の面積は12cm^2だから，三角形 OEF の面積は，$12\times\frac{4}{25}=\frac{48}{25}$($cm^2$)とわかる。さらに，３つの三角形 OEF，OFG，OGE は合同だから，三角すい O－EFG の側面積は，$\frac{48}{25}\times3=\frac{144}{25}=5\frac{19}{25}$($cm^2$)と求められる。

(3)　はじめに，三角すい O－ABC の底面を三角形 OCA，三角すい E－OBC の底面を三角形 OCE とすると，この２つの三角すいの高さは等しいので，体積の比は底面積の比に等しく，(２＋３)：２＝５：２となる。つまり，三角すい E－OBC の体積は三角すい O－ABC の体積の$\frac{2}{5}$倍だから，三角すい O－ABC の体積を１とすると，三角すい E－OBC の体積は，$1\times\frac{2}{5}=\frac{2}{5}$になる。次に，三角すい E－OBC の底面を三角形OBC，四角すい E－BCGF の底面を四角形 BCGF とすると，この２つの立体の高さは等しくなる。また，三角形 OBC と三角形 OFG の面積の比は25：４なので，２つの立体の底面積の比は，25：(25－４)＝25：21とわかる。よって，四角すいE－BCGFの体積は三角すいE－OBCの体積の$\frac{21}{25}$倍だから，$\frac{2}{5}\times\frac{21}{25}=\frac{42}{125}$と求められる。したがって，四角すいE－BCGFと三角すいO－ABCの体積の比は，$\frac{42}{125}$：1＝42：125である。

4 数列，条件の整理

(1)　$1\times\frac{1}{2}=\frac{1}{2}$，$\frac{1}{2}\times\frac{1}{2}=\frac{1}{4}$，$\frac{1}{4}\times\frac{1}{2}=\frac{1}{8}$，…のように，前の数を$\frac{1}{2}$倍にした数が並んでいる。よって，□に入る数は，$\frac{1}{16}\times\frac{1}{2}=\frac{1}{32}$となる。

(2)　正方形を次々と半分に分けていくと，$1+\frac{1}{2}+\frac{1}{4}+\frac{1}{8}+\frac{1}{16}$の値は，右の図のかげをつけた部分の面積と等しくなることがわかる。これをどこまでくり返しても正方形2個分の面積，つまり，$1\times1\times2=2(m^2)$にはならないから，$1+\frac{1}{2}+\frac{1}{4}+\frac{1}{8}+\frac{1}{16}+\cdots$の値は2に近づいていく。よって，正しいのは②である。

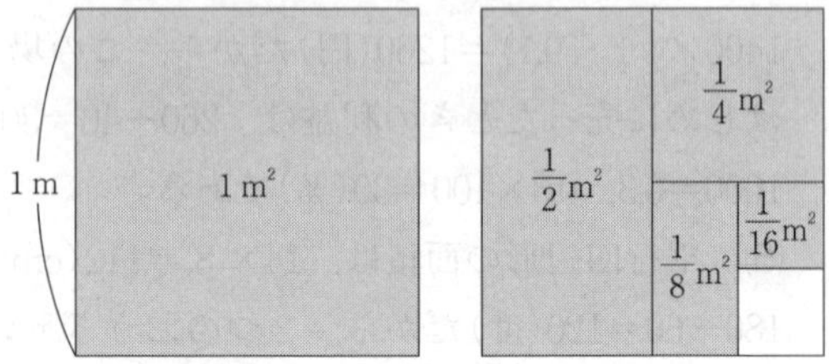

社　会　＜第1回試験＞（30分）＜満点：50点＞

解　答

1 **問1**　**A**　青森県　**C**　宮城県　**G**　長野県　**K**　愛知県　**問2**　①　A　②　I　③　C　④　J　**問3**　**1**　K　**2**　H　**3**　E　**4**　D　**2** **問1**　(1)　原油（石油）　(2)　中国（中華人民共和国）　(3)　イ　(4)　温室効果（ガス）　(5)　イ　**問2**　オーストラリア　**問3**　イ　**3** **問1**　租　**問2**　聖武（天皇）　**問3**　承久の乱　**問4**　織田信長　**問5**　解体新書　**問6**　ア　**問7**　イ（→）ウ（→）ア（→）エ　**問8**　エ　**問9**　エ　**問10**　(1)　譜代大名　(2)　井伊直弼　**問11**　(1)　松平定信　(2)　（例）農地が増え，農具も改良されたので，米の生産量が増え，米の価格が下がったから。　**4** **問1**　イ　**問2**　五・一五事件（5・15事件）　**問3**　エ　**問4**　イ　**問5**　ウ　**5** **問1**　アイヌ　**問2**　イ　**問3**　(1)　オーストラリア　(2)　エ　**問4**　ア　**問5**　男女共同参画社会基本法　**問6**　ジェンダー　**問7**　**A**　カ　**B**　オ　**C**　ウ

解　説

1 東日本各県の特色についての問題

問1　**A**　青森県は本州の最北端《さいほくたん》に位置し，津軽海峡《かいきょう》をへだてて北海道と向かい合っている。　**C**　宮城県の面積は東北地方6県の中で最も小さいが，人口は最も多く，県庁所在地の仙台市は東北地方の政治・経済の中心地となっている。統計資料は『日本国勢図会』2021／22年版などによる（以下同じ）。　**G**　長野県は中部地方の中央部に位置する内陸県である。8つの県と接しており，47都道府県の中で隣接《りんせつ》する県の数が最も多い。　**K**　愛知県は中部地方の南西部に位置し，県庁所在地の名古屋市は中部地方の政治・経済の中心地となっている。なお，地図中のBは山形県，Dは福島県，Eは新潟県，Fは群馬県，Hは千葉県，Iは神奈川県，Jは静岡県にあたる。

問2　①　青森県の津軽平野はリンゴの栽培《さいばい》がさかんである。青森県のリンゴの生産量は全国第1

位で，日本全体の生産量の２分の１以上を占《し》めている。また，青森県には日本最大級の縄文時代の遺跡《いせき》である三内丸山遺跡があり，これをふくめた北海道と青森・岩手・秋田県にまたがる遺跡群が2021年に「北海道・北東北の縄文遺跡群」として，ユネスコ(国連教育科学文化機関)の世界文化遺産に登録された。　②　神奈川県の人口は東京都についで全国で２番目に多く，県庁所在地の横浜市のほか川崎市・相模原市の３市が政令指定都市となっている。また，かつて幕府が置かれた鎌倉市には寺社が多く，鎌倉大仏など観光資源も豊富である。　③　東北地方の太平洋側に位置する宮城県は，2011年に発生した東日本大震災の津波による被害《ひがい》が特に大きく，石巻や気仙沼などの漁港は深刻な被害にあった。仙台市の七夕祭りは，青森市のねぶた祭と秋田市の竿燈《かんとう》まつりとともに，「東北三大まつり」に数えられる。　④　中部地方の南東部に位置する静岡県西部には，赤石山脈が南北にはしり，それに沿うように長野県から天竜川が流れている。また，大井川下流域に広がる牧ノ原台地は，日本有数の茶の産地として知られる。

問３　**１・２**　きゃべつの生産量は群馬県が全国で最も多く，以下愛知県・千葉県が続く。千葉県は日本なしの生産量全国第１位の県としても知られる。　**３**　米の生産量は新潟県が全国で最も多く，北海道・秋田県が続く。　**４**　福島県は日本なし・西洋なしなどの果樹栽培がさかんで，ももの生産量は山梨県についで日本で２番目に多い。

2　日本と世界についての問題

問１　(1)　サウジアラビアの生産量が世界第１位であることから，原油(石油)であることがわかる。サウジアラビアが位置する中東(西アジア)は世界有数の油田地帯として知られる。　(2)　消費量を１人当たりの消費量で割ると，人口を求めることができる。Xの人口は14億人を上回ることから，Xは世界で最も人口が多い中国(中華人民共和国)と判断できる。なお，中国の原油の生産量はそれほど多くないが，近年の急速な経済発展にともない消費量はアメリカ合衆国についで世界で２番目に多くなっている。　(3)　ア　サウジアラビアの生産量は消費量よりも多いので，正しくない。　イ　ロシアは消費量よりも生産量が多いので輸出国と考えられ，正しい。　ウ　アメリカの１人当たり消費量はサウジアラビアよりも少ないので，正しくない。　エ　Xの消費量が生産量を大きく上回っていることからXは輸入国と考えられるので，正しくない。Xの１人当たりの消費量が少ないのは，人口が多いからである。　(4)　原油や石炭・天然ガスなどの化石燃料は，燃やすと二酸化炭素を排出する。大気中の濃度が増すと地表の温度が上昇《じょうしょう》し，地球温暖化をもたらす物質を温室効果ガスといい，二酸化炭素のほかにもメタンやフロンなどがある。　(5)　中国では植林が進められた結果，現在では人工林の面積が毎年増加している。また，自然(再生可能)エネルギーの発電電力量に占める割合は日本よりも大きい。よって，イが正しくない。

問２　日本は資源が乏《とぼ》しく，原油や石炭のほか鉄鉱石も外国からの輸入に頼《たよ》っている。日本の石炭と鉄鉱石の最大の輸入先はオーストラリアである。

問３　地図中のAはサウジアラビアである。サウジアラビアにはイスラム教の聖地メッカがあり，イスラム教の戒律《かいりつ》に特に厳《きび》しい。乾燥《かんそう》した砂漠気候で気温が高いため，その気候に合わせて男性はトーブとよばれる白い衣装《いしょう》を着ているが，女性はアバーヤという黒い衣装に頭を隠《かく》すヒジャブやブルカなどを身に着けなくてはならない。よって，イがあてはまる。なお，アはアンデス山脈(地図中のD)，ウはベトナム(地図中のB)，エはカナダ北部(地図中のC)に居住する少数民族の生活について述べている。

3 各時代の歴史的な事がらについての問題

問１　律令制度の下，農民は口分田を支給され，租・庸《よう》・調などの税や労役・兵役を負担した。税のうち，収穫量の約３％の稲を地方の役所に納める税を租という。なお，庸は布または都での労役，調は各地の特産物を都に納める税である。

問２　聖武天皇は仏教を厚《あつ》く信仰《しんこう》し，仏教の力で国家の安泰《あんたい》と皇室の繁栄《はんえい》を願い，国ごとに国分寺・国分尼《に》寺を建立させ，都の平城京には東大寺大仏を造立《ぞうりゅう》した。

問３　承久の乱(1221年)は，後鳥羽上皇が政治の実権を鎌倉幕府から朝廷に取りもどそうとして起こした乱である。幕府を開いた源頼朝の妻で「尼将軍」とよばれた北条政子の活躍《かつやく》などで朝廷側が敗北し，後鳥羽上皇は隠岐島(島根県)に流された。

問４　尾張国(愛知県西部)の戦国大名である織田信長は，1573年に室町幕府の第15代将軍足利義昭を京都から追放して室町幕府を滅《ほろ》ぼした。

問５　蘭学者で医師でもあった杉田玄白・前野良沢らは，オランダ語の解剖《かいぼう》医学書『ターヘルアナトミア』を翻訳《ほんやく》し，1774年に『解体新書』として刊行した。

問６　弥生時代には，大陸から稲作の技術のほか鉄器や青銅器などの金属器が伝来した。よって，アが正しい。なお，イは「漢委奴国王」ではなく，「親魏倭王」が正しい。「漢委奴国王」と刻まれた金印は，１世紀に奴国王が漢の皇帝から授けられたものである。ウ・エについて，弓矢の使用や竪穴住居での定住は，縄文時代から始まっている。

問７　藤原道長が摂政に就任したのは平安時代中期(1016年)，中大兄《なかのおおえの》皇子(後の天智天皇)が中臣《なかとみの》鎌足《かまたり》らとともに蘇我氏を滅ぼした乙巳《いっし》の変(大化の改新)は飛鳥時代(645年)，鑑真が来日をはたしたのは奈良時代(753年)，保元の乱は平安時代後期(1156年)のできごとである。よって，年代の古い順に並べ変えるとイ→ウ→ア→エとなる。

問８　ア・ウ　北条氏がついた役職は，将軍を補佐《ほさ》する執権なので，正しくない。管領は室町時代に将軍を補佐した役職，関白は朝廷で天皇を補佐して政治を行う役職である。　イ　武家諸法度ではなく，御成敗式目(貞永式目)が正しい。武家諸法度は江戸時代の大名が守るべき決まりである。　エ　元寇(元軍の襲来)の後，恩賞を十分に与えられず幕府に不満を持った御家人を救済するために，御家人の借金を帳消しにする永仁の徳政令(1297年)が出されたので，正しい。

問９　Ｘは足利義政ではなく室町幕府の第３代将軍を務めた足利義満について，Ｙは和同開珎ではなく永楽通宝について説明しているので，ともに正しくない。なお，永楽通宝は日明貿易によって明から輸入された銅銭，和同開珎は708年に日本で鋳造《ちゅうぞう》された貨幣《かへい》である。

問10　(1)　江戸時代の大名は親藩(徳川一族)・譜代・外様の三つに分類され，関ヶ原の戦い(1600年)以前から徳川氏に仕《つか》えていた家臣は譜代大名，関ヶ原の戦い後に仕えたものは外様大名とされた。　(2)　彦根藩(現在の滋賀県)の藩主であった井伊直弼《なおすけ》は，1858年に大老に就任すると，アメリカ領事ハリスとの間で日米修好通商条約を結んだ。しかし，条約締結反対派の人々を安政の大獄《たいごく》で厳しく処罰《しょばつ》したため反感を買い，1860年に水戸藩(現在の茨城県)の浪士らによって暗殺された(桜田門外の変)。

問11　(1)　白河藩(現在の福島県)藩主の松平定信は老中に就任すると，祖父である江戸幕府の第８代将軍徳川吉宗が行った享保の改革にならい，寛政の改革を行った。　(2)　江戸時代，【資料１】のように新田開発が行われたり，新しい農具が発明されたりしたことで，農業生産力が上昇した。結果，【資料２】のように，飢饉《ききん》の時を除くと米が余り，米価は下がるようになったと考えられる。したがって，年貢米を売ることで必要な経費を得ていた幕府や藩の財政は，米価の下落によって収入が減少し，苦しくなった。

4 幣原喜重郎の業績をもとにした問題

問１　明治政府は1872年に学制を発布し，義務教育制度を整備した。しかし，当時は授業料が必要であったことや，農家にとって子どもも重要な働き手であったこと，また女子教育を否定する人も多かったことから，就学率が低かった。よって，イが正しい。なお，６・３・３・４制の教育システムが確立したのは，戦後の民主化政策の中で学校教育法が制定された1947年のこと。

問２　1932年，海軍青年将校らが首相官邸《かんてい》を襲い，犬養毅《いぬかいつよし》首相が暗殺された。この事件は，５月15日に起きたことから五・一五事件とよばれる。

問３　Ｘについて，小村寿太郎は日英同盟の締結(1902年)や日露戦争の講和条約であるポーツマス条約の調印(1905年)をはたし，1911年には関税自主権の回復にも成功した。関税自主権は「撤廃《てっぱい》」ではなく「回復」されたものである。Ｙについて，大日本帝国憲法は天皇が臣民である国民に与える形で発布された欽定《きんてい》憲法(君主が制定した憲法)であって，民定憲法ではない。また，第一回帝国議会が開かれたのは大日本帝国憲法発布の翌年の1890年のことである。よって，Ｘ・Ｙともに正しくない。

問４　日本は，日英同盟を理由に第一次世界大戦に参戦し，中華民国(中国)にあるドイツ軍基地を占領《せんりょう》した。また，1915年には中国に対して二十一か条の要求を突《つ》き付けた。よって，イが正しい。なお，日本が宣戦布告したのはドイツなので，アは誤り。1940年に日独伊三国軍事同盟が締結され，その翌年に日本がハワイの真珠湾を奇襲して太平洋戦争が始まったので，エも正しくない。

問５　沖縄県の日本復帰は1972年のことなので，ウが誤っている。なお，1950年の朝鮮戦争の始まりを受けて翌51年にサンフランシスコ平和条約が結ばれ，日本は独立をはたし，国際社会に復帰した。

5 「多様性と調和」についての問題

問１　北海道の先住民族をアイヌという。明治時代に北海道の本格的な開発が始まるとアイヌの土地は奪《うば》われ，同化政策によって固有の文化も失われていったため，アイヌの文化振興《しんこう》をふくめたさまざまな課題を解決することを目的に2019年，アイヌ新法が施行された。

問２　Ｘ　日本は死刑制度を存続させており，死刑が最も重い刑罰なので，正しい。　Ｙ　日本に住む在留外国人にも日本の教育を受ける権利があるので，正しくない。

問３　(1)　オーストラリアの先住民族をアボリジニーという。オーストラリアはかつてイギリスの植民地であり，アボリジニーは白人の入植によって，日本のアイヌと同じように迫害《はくがい》された。

(2)　香港もかつてイギリスの植民地であったが，1997年に中国に返還された。中国に返還された香港では，高度な自治を認める「一国二制度」が約束されていたが，2020年に香港国家安全維持法が施行されたことで，言論・集会・報道などの自由が大幅《おおはば》に制限されるようになった。

問４　Ｘについて，民法では「夫婦同姓」を原則としている。Ｙについて，歴代内閣総理大臣に女性はいない。よって，Ｘ・Ｙともに正しい。

問５　性別に関係なく能力を発揮《はっき》できる社会の実現を目指し，男女共同参画社会基本法が1999年に定められた。

問６　SDGs(持続可能な開発目標)の17の目標のうち，５番目に「ジェンダー平等を実現しよう」が掲《かか》げられている。ジェンダーとは，男女の生物学的な性別ではなく，社会的・文化的に形成された性別を意味する。

問７　**A**　2021年の東京オリンピックでメダル獲得《かくとく》数が１位であった国は，経済規模(GDP)が世界第１位，人口が世界第３位なのでアメリカとわかる。アメリカの人口は，中国・インドについで世界で３番目に多い。　**B**　メダル獲得数２位の国は，人口が世界で最も多いので中国である。　**C**　経済規模が３位，人口が11位であることから日本とわかる。日本の人口は2019年にメキシコに抜《ぬ》かれて11位となり，統計をとり始めた1950年以降初めて10位以内に入らなかった。

理　科　＜第１回試験＞（30分）＜満点：50点＞

解　答

1 (1)　ア，エ　(2)　ウ　(3)　ウ　(4)　ア　(5)　ヘモグロビン　2 (1)　B　(2)　イ　(3)　350mA　(4)　b　(5)　キ　(6)　a　3 (1)　オ　(2)　7.5L　(3)　①　3.0ｇ　②　80cm³　(4)　ウ　(5)　イ　4 (1)　①　ウ，エ　②　はいにゅう　③　でんぷん　(2)　①　AとC　②　ア，ウ，エ　(3)　ウ　5 (1)　ア　(2)　E　(3)　ウ　(4)　エ　(5)　ウ

解　説

1 小問集合

(1)　支点が力点と作用点の間にあるものとして，はさみとくぎぬきが選べる。せんぬきはふつう作用点が力点と支点の間にあるてこ，ピンセットは力点が支点と作用点の間にあるてことして用いられる。

(2)　アでは酸素，ウでは水素，エでは二酸化炭素が発生する。このうち，空気より軽いのは水素である。なお，イでは気体は発生しない。

(3)　花こう岩は，マグマが地下深くでゆっくり冷え固まってできる深成岩の一種で，岩石をつくる結晶《けっしょう》のつぶが大きく成長し，ウのように，結晶がすきまなく組み合わさったつくりをしている。

(4)　2021年に大阪で見つかったオスとメスの両方の特ちょうをもつクマゼミには，オスだけがもつ鳴くための器官が片側に見られ，メスがもっているはずの産卵管も見られた。

(5)　血液の固形成分であるXは赤血球で，酸素を運ぶはたらきをしている。赤血球中のヘモグロビンは，酸素の多いところでは酸素と結びつき，酸素の少ないところでは酸素をはなす性質をもっている。

2 電流と発熱についての問題

(1)　電流計は，Bのようにはかりたいところに直列につなぎ，電圧計は，Aのようにはかりたいところに並列につなぐ。

(2)　流れる電流の大きさが予測できない場合は，大きな電流が流れて針がふり切れてこわれてしまうのをふせぐために，－端子《たんし》は大きな値《あたい》のものからつなぐ。そして，針のふれが小さい場合には小さな値のものに順につなぎかえていく。

⑶　電流計の針は，上の目もりで3.5をさしている。500mＡの－端子につないでいる場合，上の目もりの５をさしているときが500mAを表すから，ここでは350mAと読み取れる。

⑷　図３では，ａ，ｂ，ｃは並列につながれている。このとき，ａ，ｂ，ｃ全体に流れる電流が大きいほど電流による発熱が大きくなり，上《じょう》昇《しょう》する水の温度が大きくなる。ここで，全体に流れる電流の大きさの関係は，ｂ＞ｃ＞ａとなるから，ｂの組み合わせのときに水の温度が最も上昇する。

⑸　図４では，ａ，ｂ，ｃは直列につながれている。直列につながれた回路では電流の大きさは等しくなり，ａ～ｃのどの組み合わせにも同じ大きさの電流が流れる。

⑹　流れる電流の大きさが同じとき，電流が流れるのをさまたげようとするはたらきが大きいほど発熱し，上昇する水の温度が大きくなる。ここで，電流が流れるのをさまたげようとするはたらきの大きさの関係は，ａ＞ｃ＞ｂとなるので，ａの組み合わせのときに水の温度が最も上昇する。

3 塩酸とアルミニウムの反応についての問題

⑴　うすい塩酸にアルミニウムを入れると，水素が発生する。水素は水にとけにくい，無色無《む》臭《しゅう》，気体の中で最も軽いという性質をもっている。また，水素は燃える気体で，燃やしても二酸化炭素が発生しないことから，ガソリンに代わる新しい燃料として利用され始めている。

⑵　表より，発生する水素の最大の体積は7.5Ｌである。うすい塩酸50cm^3と過不足なく反応するアルミニウムの重さは，$1.0\times\frac{7.5}{1.5}=5.0$(g)なので，アルミニウムの重さを5.0ｇにしたとき，発生する水素の体積は7.5Ｌとわかる。

⑶　①　⑵より，アルミニウムの重さが8.0ｇのとき，とけずに残っていたアルミニウムは，8.0－5.0＝3.0(g)である。　②　アルミニウム8.0ｇをすべてとかすのに必要な塩酸の体積は，$50\times\frac{8.0}{5.0}=80$($cm^3$)となる。

⑷　うすい塩酸の体積を変えずに，こさを２倍にしたものは，もとの塩酸，50×２＝100(cm^3)と同じだけアルミニウムと反応する。よって，過不足なく反応するアルミニウムの重さは，$5.0\times\frac{100}{50}=10.0$(g)，このとき発生する気体の体積は，$7.5\times\frac{100}{50}=15.0$(L)と求められ，グラフはウのようになる。

⑸　鉄にうすい塩酸を加えると水素が発生する。なお，アでは酸素，ウでは二酸化炭素，エでは加熱するとアンモニアが発生する。

4 種子の発芽についての問題

⑴　ヨウ素液はでんぷんがあると，青むらさき色に変化する。でんぷんをたくわえている部分は，インゲンマメではウの子葉，イネではエのはいにゅうである。

⑵　①　発芽したＡやＤと水の条件だけが異なるものを比べる。ここでは，Ａと水の条件だけが異なるのはＣになる。　②　インゲンマメの種子が発芽するためには，①より，水が必要だとわかる。さらに，ＡとＢを比べることで空気，ＤとＥを比べることで適当な温度が必要とわかる。なお，ＡとＤより光は必要ない。

⑶　子葉が２枚である植物のなかまをそう子葉類といい，ここではヘチマがあてはまる。

5 月の動きと見え方についての問題

⑴　Ａの位置にある月は，地球をはさんで太陽と反対の位置にあるので満月である。満月は夕方に東の空からのぼり，真夜中ごろに南中して，明け方，西の地平線に沈《しず》む。

⑵　日食は，地球―月―太陽がこの順に一直線にならんだときに見られることのある現象である。

(3)　月は自転と公転の向きが同じで，自転と公転の周期も同じであるため，月は地球にいつも同じ面を向けていて，地球上からは月の裏側を見ることができない。

(4)　月は地球にいつも同じ面を向けているから，月の１日の長さは満ち欠けの周期と同じ約29.5日になる。月の日の出から日の入りまではおよそ29.5日の半分にあたるので，その時間は，$29.5\times\frac{1}{2}\times24=354$(時間)より，エが選べる。

(5)　月が地球にいつも同じ面を向けているから，月面で地球が南中して見える位置からはずっと地球が南中して見え，月から見た地球は空の一点に止まったまま，ほとんど動かない。

英　語　＜第１回試験＞（60分）＜満点：100点＞

※　編集上の都合により，英語の解説は省略させていただきました。

解　答

【読解】 Ⅰ　A　(1)　Friday　(2)　green　(3)　ant　(4)　neck　B　(1)　6　(2)　38　(3)　10　(4)　12　Ⅱ　ア　Ben　イ　teacher　ウ　window　エ　Charlie　Ⅲ　A　①　カ　②　エ　③　オ　④　ア　B　エ→ウ→イ→オ→ア(→最後の文)　Ⅳ　A　X　ウ　Y　イ　Z　オ　B　(1)　E　(2)　イ　(3)　Keiko's brother　C　(1)　a　ウ　b　カ　c　イ　d　ア　e　エ　(2)　birthday　**【リスニング】** Ⅰ　A　(1)　(例)　I like English.　(2)　(例)　It is Friday.　(3)　(例)　I am twelve years old.　B　(1)　(b)l(ack)　(2)　(h)ou(se)　(3)　(b)o(x)　(4)　(fl)ow(er)　C　(1)　イ　(2)　イ　(3)　ア　(4)　ア　(5)　イ　Ⅱ　A　(1)　ア　(2)　エ　(3)　ア　(4)　イ　B　(1)　カ　(2)　エ　Ⅲ　(1)　rainy　(2)　25(℃)　(3)　sunny　(4)　36(℃)　(5)　8(月)19(日)　Ⅳ　(例)　右の図

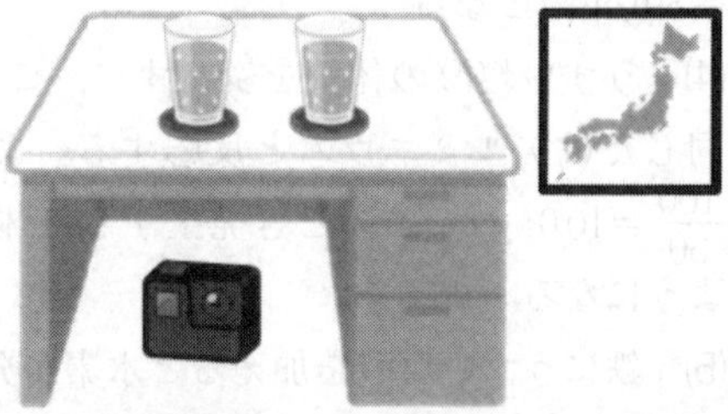

国　語　＜第１回試験＞（50分）＜満点：100点＞

解　答

一　①～⑧　下記を参照のこと。　⑨　画　⑩　路　二　**問１**　①　ウ　②　イ　**問２**　(例)　多様なことを学んでどんな気候にも対応できる判断力や技を身につけたうえで，自分を育てた村や家，自然にお返しをする　**問３**　エ　**問４**　ウ　**問５**　Ⅰ　エ　Ⅱ　ア　**問６**　オ　**問７**　①　a　村の暮らしを守る関係の世界の一員　b　かけがえのない　②　イ　三　**問１**　①　イ　②　ア　**問２**　オ　**問３**　つまらない　**問４**　a　大事　b　不満　**問５**　エ　**問６**　①　a　桜の花びら　b　級長　②　エ　**問７**　(例)　重い意味を持っており，守るのが当然で，破る可能性があるなら軽々しく交わしてはいけないもの。

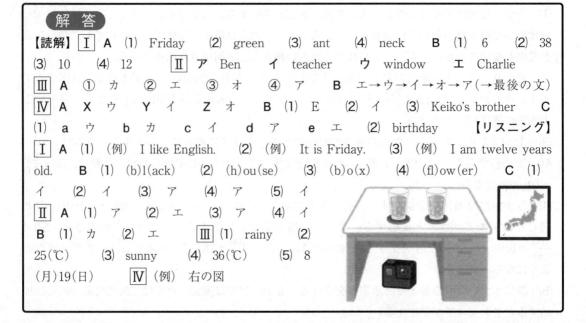

●漢字の書き取り

㊀① 照(らす)　② 吉報　③ 資源　④ 車窓　⑤ 講演　⑥ 故郷
⑦ 聖火　⑧ 専門

解　説

㊀ 漢字の読みと書き取り，漢字のパズル

①　音読みは「ショウ」で，「照明」などの熟語がある。　②　喜ばしく，めでたい知らせのこと。　③　ものを生産するための材料。　④　電車や自動車など乗り物の窓。　⑤　大勢の人の前で知的な話をすること。　⑥　生まれ育った土地。ふるさと。　⑦　儀式《ぎしき》のためにともす神聖な火。　⑧　ひとつのことがらに深く心を注ぐこと。その学問や分野。　⑨　「画」を入れると，上から時計まわりに「画家」「計画」「録画」「映画」という熟語ができる。　⑩「路」を入れると，上から時計まわりに「路面」「旅路」「進路」「路地」という熟語ができる。

㊁ 【文章Ａ】の出典は『考える人』2014年冬号所収の「よみがえる日本的労働観（内山《うちやま》 節《たかし》 著）」，【文章Ｂ】の出典は内山節の『子どもたちの時間』による。かつての日本では，労働における修業《しゅぎょう》や貢献《こうけん》が重視されていたこと，労働は単なる収入源ではなく，自分たちが生きる共同体から切り離《はな》せないものだったことなどを説明している。

問１　①「内在化」とは，ある考え方を自分のものとして取り入れることを指すため，ウがふさわしい。　②「風土」とは，その土地ならではの思想や文化，風習などを形成するもととなる環境《かんきょう》を表すため，イがふさわしい。

問２　傍線《ぼうせん》部Ａの前の部分では，「気象変動の激しい日本」で「一人前の農民になる」ためには「さまざまな判断力や技《わざ》」を身につける必要があり，結果として「農業は修業の連続」となったこと，またこうして技を身につけた後は，「自分を一人前に育ててくれた」「村」や「自分の家」，「自然」に「貢献」し，「お礼」をするべきだという価値観があったことが書かれている。この部分をまとめればよい。

問３　傍線部Ｂに続く部分で筆者は，「日本の伝統的な労働観」には，「労働」を「独立」したものではなく，自分の「生き方や暮らし方」，自分が生きている「社会」や「共同体」とも一体のものとしてとらえるという性格があったと説明している。エがこのことを適切に言い表している。

問４　続く部分で，「『仕事』は自分たちの生きる世界と結ばれた質としておこなわれているが，『稼《かせ》ぎ』は金銭的な量が目的」だと述べられていることをおさえる。つまり，「生活や文化，コミュニティなどとともにある労働」が「仕事」，「収入を目的とした労働」が「稼ぎ」にあたるので，ウがよい。

問５　Ⅰ　筆者は「労働の概念《がいねん》」とは「労働のとらえ方」にすぎず，「概念がつくられる前から労働はおこなわれていた」ことをふまえ，「どんなふうに労働をとらえようとも自由」だとまとめている。したがって，前に述べた内容を“要するに”とまとめて言いかえる時に用いる「つまり」が選べる。　Ⅱ　空欄《くうらん》Ⅱの前後で筆者は，「今日の労働」は従来のような「修業」と「貢献」を重んじた労働から様変わりして「利益追求の道具」になってしまったうえに，「若者」の間では「安定的雇用《こよう》や金銭的な面からも見放された労働」が広がっていると述べている。したがって，前のことがらを受けて，さらに別のことを加えるときに使う「しかも」が合う。

問6　ア　筆者は「今日の労働」は働き手に「心身」を「消耗《しょうもう》」させ，「誇《ほこ》りや幸福感」を感じさせないものだと述べているが，若者が生産性の低迷や日本の勢いのおとろえを心配しているとは述べていないので正しくない。　　イ　筆者は本文中で，日本の伝統的な労働観には「収入の確保」を目的とした「稼ぎ」と呼ばれる労働も含《ふく》まれていたと説明しており，利益をいっさい求めなかったとは述べていないため，ふさわしくない。　　ウ　若い人たちが労働のための技術をろくに学ばないまま働かされる状況《じょうきょう》に限界を感じているかは本文でふれられておらず，あくまで「劣悪《れつあく》な労働条件」や「ノルマ」のもとで「心身の消耗しかないような労働」や，「安定的雇用や金銭的な面からも見放された労働」が広がっていると書かれているにとどまっているため，合わない。　　エ　筆者は日本の伝統的な労働の軸《じく》になっていたのは「自分たちの生きる世界をつくりだす働き」であり，「個人の自己実現」のような「皮相(表面)的なもの」などではなかったと説明しているため，誤り。

問7　①　**a**　子どもたちが「自分の仕事」を持ち，「村の暮らし」にとって「必要な人間」となることについて，【文章２】の最後の部分では「村の暮らしを守る関係の世界の一員」になることだと言いかえられている。　　**b**　【文章２】の中ほどで筆者は，「村の暮らしを守るうえで必要な仕事」をすることで，誰《だれ》もが「かけがえのない」存在になると述べている。　　②　【文章１】の四つ目の段落で筆者は，「戦後の日本」の「アメリカ化」された労働から，「若い人たち」は「伝統的な労働観に戻《もど》ってきている」と述べているものの，その「伝統的な労働観」については，収入確保を動機とする労働と，コミュニティのための労働を「分けながらとらえ」ていたと説明している。したがって，この二種類の労働を統一してとらえようとする動きが生まれているとするＢさんの発言は正しくない。

三　**出典は三浦綾子《みうらあやこ》の『塩狩峠《しおかりとうげ》』による。**夜の学校におばけが出るといううわさの真相を確かめるという約束を同級生たちと交わした小学四年生の永野信夫《ながののぶお》は，父・貞行《さだゆき》や待ち合わせ場所に現れたただ一人の同級生・吉川《よしかわ》との会話を通じて，約束することの意味をあらためて考える。

問1　①「断乎《だんこ》(断固)として」は，何を言われてもゆずらない，心を決めた態度を表すため，イがふさわしい。　　②「勝手がちがう」は，普段《ふだん》知っているさまとは異なることを表すため，アが合う。

問2　本文の最初で信夫はおばけなど「いない」と断言しており，松井《まつい》はその発言を受け，それなら「今夜八時に」集合して確かめようと提案している。松井が「永野はくるだろうな」と言ってまず信夫に参加を表明させたのも，信夫の立場では「こわいから」という理由で提案を断ることはできないと確信していたからだと読み取れるため，オが選べる。

問3　空欄《くうらん》Ｘに続く部分で，父親の貞行から「約束したが，やめるのかね」と問われた信夫は，自分が「行かなくてもいい」理由として，「おばけがいるかどうかなんて，つまらないから」と答えている。また，傍線部②の直後では，「つまらない約束をするんじゃなかった」と後悔《こうかい》している。こうした部分から，信夫が同級生たちとの約束を「つまらない」ものととらえていることがわかる。

問4　**a**　貞行から約束を守らないのかとたずねられた信夫は，内心「こんな雨の中を出ていかなければならないほど，大事なことではない」と考えている。　　**b**　信夫は，どんな理由があろうと一度した約束は破ってはいけないと貞行からさとされ，「大した約束でもないのに」と「不満そうに口をとがらせ」ている。また，学校に向かう道中も貞行の「仕打ち」に対して「不満」を感じている。

問５　家を出た信夫はたちまち雨でずぶぬれになり，ぬかるみに足を取られうんざりしている。また，同級生と約束したことを「後悔」しており，約束を必ず守るようきびしく言った父に「不満」をおぼえているが，道中，同級生たちに直接腹を立てているという記述はないため，エはふさわしくない。

問６　①　**a**　本文のはじめで，集まっている「男の子供たちの上」に「桜の花びらが降りしき」る場面があり，季節は春であることが読み取れる。　**b**　傍線部Ａの直後に，信夫は「級長らしい落ちつき」をみせたとあることから，信夫が学校で級長を務めていることがわかる。　②　当たり前のように集合場所で待ち，「約束だからな」と淡々《たんたん》と話す吉川を見た信夫は，父に「行けといわれたから，仕方なくきた」自分が「急にはずかしくなっ」ている。また，信夫がそんな自分をたなにあげて，「約束したのに」結局みんなは「こないじゃないか」と言うと，吉川は同級生たちを責めることなく，「俺《おれ》は約束を守ったぞ」ともいばらず，「雨降りだから，仕方がないよ」と同級生たちを思いやっている。以上のことをふまえると，エがふさわしい。

問７　本文では，同級生との約束どおり学校へ行くかためらう信夫に対し，貞行は「どんな約束をしたんだ」，「約束したが，やめるのかね」，「雨が降ったら行かなくてもいいという約束だったのか」とくりかえし確認《かくにん》し，約束を簡単に破ろうとする信夫に対して「守らなくてもいい約束なら，はじめからしないことだ」ときびしく伝えている。また，雨でずぶぬれになりながら学校へ向かう信夫は，「約束というものは，こんなにまでして守らなければならないものだろうか」と泣きそうになりながら考えているが，同級生の中でただ一人約束を守った吉川は，約束は守って当然のものとしてふるまっており，信夫は吉川のようすから，「約束」という言葉が持つ「ずしりとした重さ」をおぼろげながら実感している。以上のことから，本文中で約束は，一度交《か》わしたらどんな困難があっても守ることが当然で，守れないならば交わすべきではない，重い意味を持つものとしてえがかれていることがわかる。

Dr.福井の

入試に勝つ! 脳とからだのウルトラ科学

試験場でアガらない秘けつ

キミたちの多くは，今まで何度か模擬試験（たとえば合不合判定テストや首都圏模試）を受けていて，大勢のライバルに囲まれながらテストを受ける雰囲気を味わっているだろう。しかし，模擬試験と本番とでは雰囲気がまったくちがう。そういうところでも緊張しない性格ならば問題ないが，入試独特の雰囲気に飲みこまれてアガってしまうと，実力を出せなくなってしまう。

試験場でアガらないためには，試験を突破するぞという意気ごみを持つこと。つまり，気合いを入れることだ。たとえば，中学の校門前にはあちこちの塾の先生が激励《げきれい》のために立っている。もし，キミが通った塾の先生を見つけたら，「がんばります！」とあいさつをしよう。そうすれば先生は必ずはげましてくれる。これだけでもかなり気合いが入るはずだ。ちなみに，ヤル気が出るのは，TRHホルモンという物質の作用によるもので，十分な睡眠をとる，運動する（特に歩く），ガムをかむことなどで出されやすい。

試験開始の直前になってもアガっているときは，腹式呼吸が効果的だ。目を閉じ，おなかをふくらませるようにしながら，ゆっくりと大きく息を吸う。ここでは「ゆっくり」「大きく」がポイントだ。そして，ゆっくりと息をはく。これをくり返し何回も行うと，ノルアドレナリンという悪いホルモンが減っていくので，アガりを解消することができる。

よく「手のひらに“人”の字を書いて飲みこむことを3回行う」とアガらないというが，そのようなおまじないを信じて実行し，自分に暗示をかけてもいいだろう。要は，入試に対するさまざまな不安な気持ちを消し去って，試験に集中できるようなくふうをこらせばいいのだ。

Dr.福井（福井《ふくい》一成《かずしげ》）…医学博士。開成中・高から東大・文Ⅱに入学後，再受験して翌年東大・理Ⅲに合格。同大医学部卒。さまざまな勉強法や脳科学に関する著書多数。

2022年度　麗 澤 中 学 校

〔電　話〕　04(7173)3700
〔所在地〕　〒277－8686　千葉県柏市光ヶ丘２－１－１
〔交　通〕　JR常磐線・地下鉄千代田線―南柏駅よりバス

【算　数】〈第３回試験〉（50分）〈満点：100点〉

1　次の計算をしなさい。

（１）　$30-27+26-22+21-16+15-9+8-1$

（２）　$15+6\times6-8\times4$

（３）　$(72-7\times8)\div6\times9$

（４）　$2.78+4.84-3.72$

（５）　$4.2-2.5\times0.2+(3.6+1.2)\times0.25$

（６）　$3\frac{1}{2}+\frac{2}{3}-1\frac{5}{7}$

（７）　$\left(2\frac{5}{9}-1\frac{2}{3}\right)\div\frac{16}{27}\times2\frac{1}{3}$

（８）　$\left\{2.4-\left(1-0.36\times1\frac{2}{3}\right)+\frac{1}{3}\right\}\times\frac{3}{7}$

2　次の □ にあてはまる数を答えなさい。

（１）下の数字の列は，ある規則にしたがって並んでいます。

$$1,\ 2,\ \frac{3}{2},\ \square,\ \frac{8}{5},\ \frac{13}{8},\ \cdots$$

（２）濃《のう》度４%の食塩水200gと濃度 ８%の食塩水300gを混ぜ，さらに □ gの食塩を混ぜると，濃度10%の食塩水ができました。

（３）Ａさんは家から □ m先にある駅に向かって分速60mで歩いていましたが，道のり全体のちょうど半分の地点で雨が降ってきたので，そこから分速 100mで走りました。その結果，全部の道のりを歩くよりも６分早く駅に着きました。

（４）１個600円で300個仕入れた品物に25%の利益を見込んで定価をつけました。□ 個より多く売れたので利益が出ました。

（５）下の図の正方形の内部にある斜線《しゃせん》部分の面積は □ cm² です。ただし，円周率は 3.14 とします。

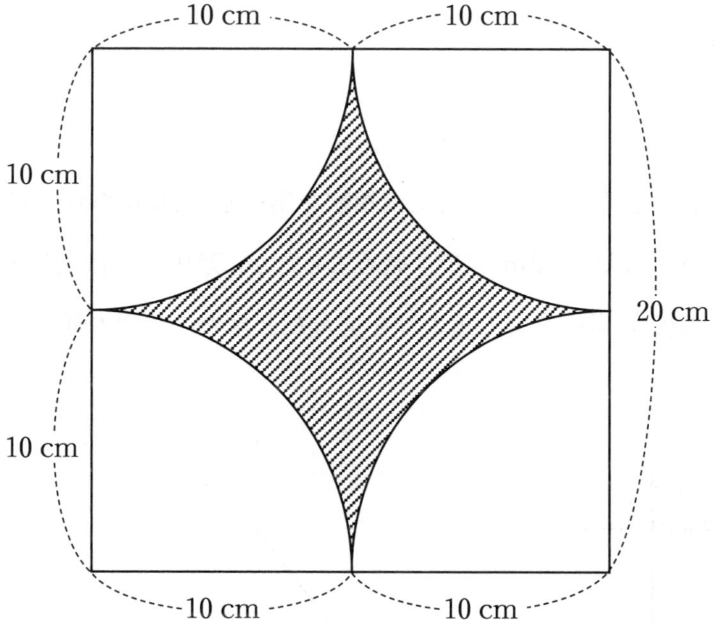

（６）高さが 25cm の円柱があります。この円柱の側面の面積は 706.5cm² です。このとき，円柱の底面の円の直径は □ cm です。ただし，円周率は 3.14 とします。

3 図ア，図イのような２つの三角形があります。DE と AC は平行です。また，DB＝5cm，DC＝3cm，FG＝8cm，FH＝6cm，GH＝7cm です。同じ記号の角度は同じ大きさです。このとき，次のページの問いに答えなさい。

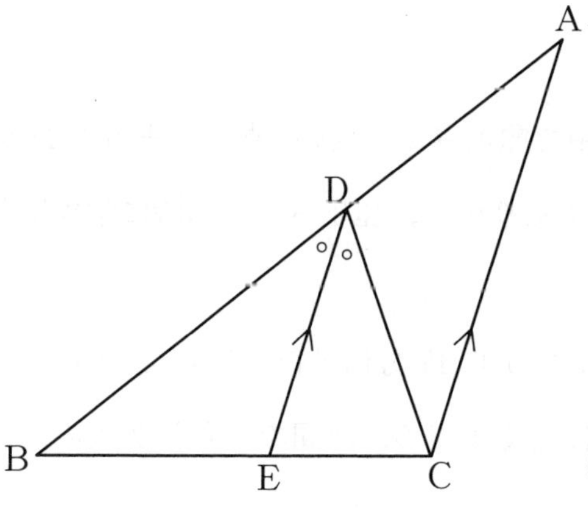

図ア

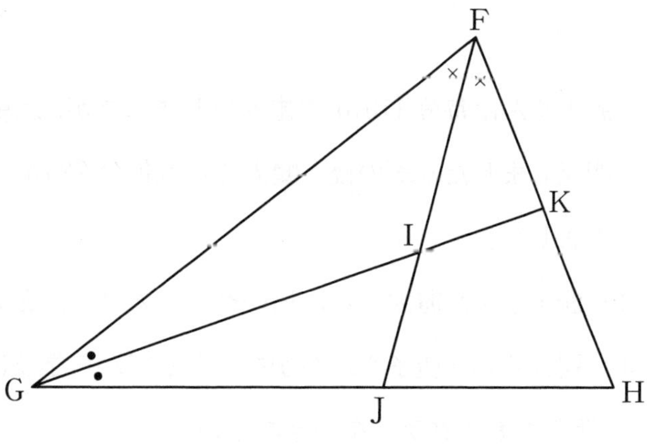

図イ

（1）図アのDAの長さを求めなさい。

（2）図アのBE : ECを求めなさい。

（3）図イのFI : IJを求めなさい。

4 ある日，麗太くんと麗子さんは同時に南柏駅を出発し，2km離れた麗澤中学校へ向かいました。麗子さんは毎分50mで歩き始めましたが，途中からは走りました。次のグラフは麗子さんが駅から学校までの道のりを進んだときの，時間の経過と駅からの距離を表しています。

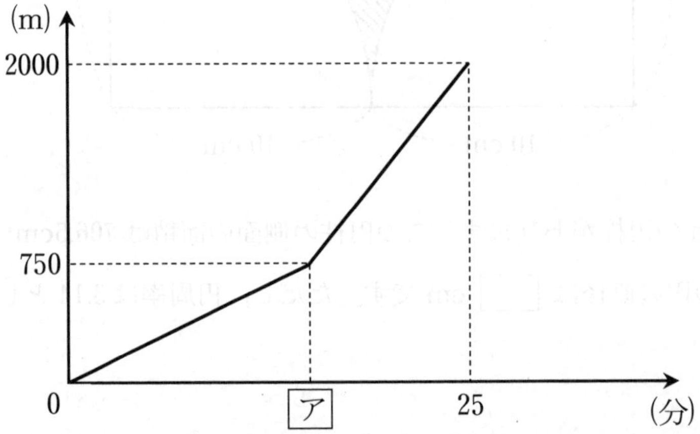

（1）ア に入る数値を答えなさい。

（2）麗子さんが走ったときの速さを求めなさい。

麗太くんは毎分110mで走り出しましたが，途《と》中で麗美さんに会い，立ち止まって11分間話しました。その後，麗太くんは毎分225mで走り出し，麗子さんと同時に学校に着きました。

（3）麗子さんが麗太くんに追いついたのは，出発してから17分何秒後か答えなさい。

（4）麗太くんと麗子さんが駅を出発してから学校に着くまでの，時間の経過と2人の間の距離を表すグラフをかきなさい。

問三　空欄《くうらん》Ｃに当てはまるセリフとして最も適当なものを次の中から一つ選び、記号で答えなさい。

ア　本当は家へ入れ、そのこごえた手足をだきしめてやりたいのだよ…

イ　勉強をすることなどより、もっと大切なことがあるのではないか…

ウ　おまえに冷たく接することしかできないおかあさんを許しておくれ…

エ　せっかく持ってきた薬を断ったのはさすがに厳しくしすぎただろうか…

オ　厳しいことを言ってしまったが、本当はおまえを大切に思っているよ…

問四　次は、この漫画と［二］の本文を読んだＡさんとＢさんが話し合ったものです。これを読んで、空欄［　1　］に当てはまる言葉を五字以内で答えなさい。また、空欄［　2　］に当てはまる言葉を［二］の本文中から二十字以上、二十五字以内で抜《ぬ》き出して答えなさい（句読点等も字数に含《ふく》む）。

Ａ　この漫画を読んでみて、どうだった？

Ｂ　とても感動したよ。特に、おかあさんが心を鬼《おに》にして与右衛門に厳しい言葉をかける姿には、胸が痛くなるよ。

Ａ　そうだね。厳しい言葉と態度の中にこそ、本当の愛情がこもっているんだね。

Ｂ　そういえば、この漫画を読むと『代表的日本人』（［二］の本文）についても納得がいくところがあるね。

Ａ　どういうこと？

Ｂ　藤樹は、本文中で大切な決断をするときに、［　1　］の言い分を聞いているよね。その背景には、漫画で描かれているように、少年時代の藤樹に、［　1　］が正しい道を示してくれたことがあるのではないかな。

Ａ　確かに。［　2　］という言葉にその気持ちが込《こ》められているね。藤樹が日本の大恩人となった背景には、藤樹を想い、影《かげ》で支えた［　1　］の存在があったんだね。

問一　Aのコマで、「おかあさま」が桶《おけ》を隠《かく》すような動作をしているのはなぜですか。説明として最も適当なものを次の中から一つ選び、記号で答えなさい。

ア　突然《とつぜん》帰ってきた息子の姿に驚《おどろ》くとともに、久々の再会が照れくさく感じられ、素直になれなかったから。

イ　連絡《れんらく》もなく突然帰ってきたうえに、その理由を説明しようとしない息子の無礼な態度に腹が立ったから。

ウ　息子にとって大切なことは勉強に集中することであり、家の手伝いなどには全く意味がないと思ったから。

エ　ここで息子の思いに甘《あま》えてしまっては、勉強の途中《とちゅう》で帰ってきた息子を教え諭《さと》すことが難しくなるから。

オ　勉強から逃《に》げてきたことを、手伝いをすることでごまかそうとする息子を許してはならないと思ったから。

問二　Bのコマでの「おかあさま」の様子の説明として最も適当なものを次の中から一つ選び、記号で答えなさい。

ア　勉強に集中できるようにわざわざ親元を離れて生活することを選んだのは与右衛門自身であるのに、自分からその誓《ちか》いを破って家に帰ってきたことに驚きとまどっている。

イ　自分が欲しがっていた薬をお土産《みやげ》として持ってくることで、勉強から逃げて帰ってきたことを帳消しにしてもらおうとする与右衛門の態度に、呆《あき》れている。

ウ　勉強の途中で帰ってきてしまったことを咎《とが》める自分の問いかけの意図を理解せずに、能天気に薬の説明を始めた与右衛門の理解度の低さに不安を抱《いだ》いている。

エ　勝手に家に帰ってきたことを厳しく叱《しか》ろうとしたが、与右衛門が自分を気づかい薬を持ってきてくれたという事実を知って、一瞬《いっしゅん》叱ることをためらっている。

オ　大切な勉強を志《こころざし》半《なか》ばで諦《あきら》めてまで自分のために薬を届けてくれた与右衛門の優しさを感じ、ありがたく薬を受け取ろうかと迷いが生じている。

ソッ
……
ううう…

（さいわい徹　脚本・画『中江藤樹』による）

それからの与右衛門はおかあさまによろこんでむかえられるような人にはやくなろうといっそう熱心《ねっしん》に勉強をしました

けれども
それでは
気がゆるむ
……
あまやかしては
いけない……
強い心を
持たせなけ
れば…
さあ
すぐお帰り！
そんなに
いくじのない
ことで
どうしますか！
今、
おまえには
なにより大事《だいじ》な
勉強が
あるのです
さあ、お帰り！
ヒュー
はい……
……
……
……

それなのに とちゅうで かってに家へ もどるなんて ……！
おまえが おかあさんを 思ってくれる ことは よくわかります
でも薬をもってきて くれるよりも そのひまにしっかり 勉強してくれる ほうがうれしいのです
かわいそうに…… この雪の中を…… どんなに つらかったろうか ……
C

あ！わたしがくみます
A
何しに帰ってきましたか
これこの薬を持って帰ったのです
ひびやあかぎれによくきくのですよ！おかあさんがどんなにおこまりかと……
B
……
……
……
これ与右衛門よくおきき！
おまえは今大切な勉強をしに行ってるのですよ！

三 次の漫画《まんが》資料は、**二**に登場する「中江藤樹（与右衛門《よえもん》）」の幼少期を描《えが》いたものです。与右衛門は勉強に集中するために親元を離《はな》れ、遠い祖父の家で暮らしていましたが、母を心配し勉強を一時中断して家に帰りました。これを読んで、後の問いに答えなさい。

問六　傍線部Eに「この人物」とありますが、これは誰《だれ》のことですか。最も適当な人物を次の中から一人選び、記号で答えなさい。

ア　主君　　イ　馬方　　ウ　侍　　エ　中江藤樹　　オ　熊澤蕃山

問七　傍線部Fに「粘り強さが勝つか、謙虚さが勝つか」とありますが、ここでいう「粘り強さ」と「謙虚さ」とはどのようなものですか。説明として最も適当なものを次の中から一つ選び、記号で答えなさい。

ア　言葉を尽《つ》くして若侍に理解を求める藤樹の粘り強さと、遠国からはるばる訪ねてきて丁寧《ていねい》に弟子入りを頼む若侍の謙虚さ。

イ　弟子になりたいという若侍を説得する藤樹の粘り強さと、自分よりも身分の低い藤樹に何度でも頭を下げる若侍の謙虚さ。

ウ　なんとしてでも弟子にしてもらおうとする若侍の粘り強さと、自分は弟子をとるほどのものではないという藤樹の謙虚さ。

エ　自分の師は藤樹しかいないと思い詰《つ》める若侍の粘り強さと、身分は高いが年下である若侍に丁重に対応する藤樹の謙虚さ。

オ　何日間も門前に座り藤樹を待ち続ける若侍の粘り強さと、大人になっても母の言い分を良く聞き受け入れる藤樹の謙虚さ。

問八　傍線部Gに「唯一の目的」とありますが、これはどのようなことですか。「〜すること。」に続く形で本文中の傍線部Bより前から五字で抜き出して答えなさい（句読点等は字数に含まない）。

問九　傍線部Hに「夜闇に紛れていることを好むこの逸材に、摂理が光を当てたのです」とありますが、これはどういうことですか。説明として最も適当なものを次の中から一つ選び、記号で答えなさい。

ア　無名の教師として村で静かに暮らしていた藤樹であったが、馬方がその人格の素晴らしさを若侍に伝えたことによって世の中に広く知られることとなり、さらに蕃山という素晴らしい弟子を得て教師としての成功を収めたということ。

イ　表舞台《おもてぶたい》に立つことを嫌い、村の教師として一生を終えた藤樹であったが、のちに大藩に改革をもたらすことになる蕃山を弟子として教え育てたことによって、間接的に日本に大きな恩恵《おんけい》を与え、自然と世の中に注目されたということ。

ウ　ただ学識を高めることのみに価値を置き、村の小さな学校で教えることだけを生きがいとしていた藤樹であったが、蕃山との出会いによりその考えを改め、世の中に貢献《こうけん》する大きな改革に加わったということ。

エ　侍として手柄を得ることよりも師を見つけることを求めていた蕃山だったが、藤樹との出会いによって自分の目的を定め、侍として自分の藩のために改革を起こし、世の中から求められる存在になったということ。

オ　雨露に濡れながら弟子入りを求めて待ち続けるような謙虚さをもった蕃山だったが、藤樹に教えを受けたことによって学識を得て、のちに大藩に改革をもたらすという大きな成功を収めたことにより日の目をみることになったということ。

問三　傍線部Ｂに「釈明の道は一つしか残されていない」とありますが、これは具体的にはどのようなことですか。説明として最も適当なものを次の中から一つ選び、記号で答えなさい。

ア　自分が命をもって償《つぐな》うことで、金を使ってしまったであろう馬子の罪を許してもらうしかないということ。

イ　自分が腹を切ることによって、自分の責任ではないことを主君に示さなければならないということ。

ウ　自分が切腹することによって、金をなくしたことへの謝罪の気持ちを主君に示すしかないということ。

エ　主君と刺《さ》し違えることで、自分の不注意による失敗をなかったことにするしか道はないということ。

オ　金と引き換《か》えに馬子の命を主君に差し出すことで、主君の自分への疑いを晴らす以外にないということ。

問四　傍線部Ｃに「馬方は微動だにしない」とありますが、馬方がこのような様子であったのはなぜですか。理由として最も適当なものを次の中から一つ選び、記号で答えなさい。

ア　自分の利益を得ることよりも誠実であることの方が大切であるという「先生」の教えに従って暮らしてきたので、当たり前のことをしただけで礼金を受け取るなどという気持ちにならなかったから。

イ　自分の利益を得ることよりも誠実であることの方が大切であるという「先生」の教えに従って暮らすことを使命としてきたので、ここで誘惑《ゆうわく》に負けてはこれまでの努力が水の泡になると考えたから。

ウ　自分の利益を得ることよりも誠実であることの方が大切であるという「先生」の教えに従って暮らしてきたため、今自分の信頼《しんらい》をおとしめるのは今後のために良い選択ではないと思ったから。

エ　自分の利益を得ることよりも誠実であることの方が大切であるという「先生」の教えに従って、自分の仕事ぶりのすばらしさを侍に印象づけ、さらに良い仕事をもらうことを期待したから。

オ　自分の利益を得ることよりも誠実であることの方が大切であるという「先生」の教えに従って行動しなければ、お世話になった「先生」の顔に泥《どろ》を塗《ぬ》ることになるかもしれないと恐《おそ》れたから。

問五　傍線部Ｄに「これほどの正直者がこの世にいるとは思いも寄らなかった」とありますが、侍がこのように思ったのはなぜですか。次の文の空欄［１］に当てはまる形で三十字以内で説明し、答を完成させなさい（句読点等も字数に含む）。

馬方はお金を使ってしまうこともできたはずなのに、［　１　］うえに、お礼のお金も結局二百文しか受け取らなかったから。

次の日、ただちに小川村へ向かった若侍は、この聖人のことを人に尋ねながら、家までやってきました。来訪の理由を告げてから、門下に入らせて（弟子にして）いただきたい、と丁重にお願いします。

藤樹はびっくりした様子で、自分は村の教師にすぎず、お侍が遠国はるばる会いに来られるような者ではない、と言って、この若侍の頼《たの》みを丁重に断りました。若侍は食い下がります。師と誓《ちか》った人のもとから一歩も動こうとしません。一方の藤樹も毅然《きぜん》とした態度です。この客人はとんだ思い違《ちが》いをされている、自分は村の子どもたちに教えているだけなのだ。こうなると、**F粘《ねば》り強さが勝つか、謙虚《けんきょ》さが勝つか**で、ふたりとも最後まで一歩も引かない決意です。

何を言っても、どれほど懇願《こんがん》しても、師のお許しが得られないため、若侍は、ひたすら粘り強くお願いすることで、この聖人の謙虚さに打ち勝とうと心を決めます。師の門のそばに羽織《はおり》を広げると、その上で姿勢を正し、大小の刀をかたわらに、両手を膝の上に置いて座りました。日にさらされ、雨露《あまつゆ》に濡《ぬ》れ、通りがかりの人から何を言われても、座り続けています。ちょうど夏でしたから、このあたりの蚊《か》も大変なものです。しかし、何があろうと、姿勢が崩《くず》れることも、**G唯一《ゆいいつ》の目的**への思いが揺《ゆ》らぐこともありません。三日三晩のあいだ、その静かな懇願の様子は、家のなかにいる藤樹まで伝わっていましたが、ひと言のお許しも引き出せないままでした。

そんなとき、藤樹にとって大きな存在である母親が、この若侍のためにとりなします。母親の言い分は、あれほど真剣《しんけん》にお願いしておられるのを、受け入れずにはねつけていいものだろうか、あの若侍を門下に入れてさしあげたほうが、そうしないより正しいことではないだろうか、というものでした。藤樹も考え直し始めます。母上が正しいとお考えなら、それが正しいに違いない。藤樹はついに折れて、この若侍を弟子にしたのです。

この若侍こそ、熊澤蕃山《くまざわばんざん》でした。のちに大藩《たいはん》岡山の財政および藩政を任され、その地にいまも残る数々の改革をもたらした人物です。弟子がたとえこの蕃山ひとりだったとしても、藤樹の名は日本の大恩人のひとりとして、やはり記憶《きおく》されていたでしょう。

H夜闇《よやみ》に紛《まぎ》れていることを好むこの逸材《いつざい》（優《すぐ》れた人物）に、摂理が光を当てたのです。

（内村鑑三《かんぞう》　著　齋藤慎子《さいとうのりこ》　現代語訳『代表的日本人』による　※設問の都合により、文章ならびに表記は一部変更《へんこう》されています）

問一　空欄《くうらん》 X ・ Y に当てはまる言葉を本文中からXは二字、Yは一字で抜《ぬ》き出して答えなさい。

問二　傍線部Aに「表に引き出される」とありますが、これとほぼ同じ内容を示す部分を本文中の傍線部Aより前から十字で抜き出して答えなさい（句読点等も字数に含《ふく》む）。

たため終えると、最期《さいご》を迎《むか》える決意を固めた。

こうして、言いようのない苦悩《くのう》に打ちひしがれていたとき、もう真夜中近かったが、宿の戸をだれかが力いっぱい叩《たた》いている音が聞こえる。するとまもなく、人がやってきて、人夫（労働者）姿の男がわたしに目通りを乞《こ》うている（会いたいとお願いしている）と言う。その男はなんと、午後にわたしを乗せていたあの馬方にほかならなかった。

「お侍様、鞍に大事なものをお忘れのようです。家に帰るまで気づきませんで、お返しするために戻《もど》ってまいりました。さあ、お収めください」

そう言って、金袋《きんぶくろ》を目の前に置いてくれるではないか。喜びに我を忘れてしまったが、ふと我に返ってこう伝えた。

「お前は命の恩人である。命を救ってくれた礼に、この金の四分の一を受け取ってもらいたい。この新たな命の親も同然なのだから」

C馬方は微動《びどう》だにしない。

「そのようなものをいただく資格はございません。これはお侍様のものですから、このままお持ちになるのがしごく当然でございます」

目の前に置いた金に頑《がん》として触《ふ》れようとしない。では、十両だけでも、せめて五両、二両、しまいには一両だけでも何とか受け取ってもらおうとしたが、だめだった。馬方がついに口を開いた。

「それでは、貧乏《びんぼう》暮らしをしておりますため、わらじ代として四文《もん》（約百円）だけお願いいたします。このために家から四里（約十六キロ）を歩いてまいりましたので」

結局、何とか受け取ってもらえたのは二百文（約五千円）だけだった。男が喜んで立ち去ろうとするのを引き留めて尋《たず》ねてみた。

「なぜ、それほどまでに無欲で正直で誠実なのか、どうかわけを聞かせてもらいたい。このような時代に**Dこれほどの正直者がこの世にいるとは思いも寄らなかった**」

「わたしが住んでおります小川村に、中江藤樹という方がおられます。この先生が、わたしどもにこうしたことを教えてくださるのです。先生は、利を得ることが人生の目的ではなく、誠実、正義、人の道が目的である、とおっしゃっておられます。わたしどもはみな、この先生のお話をよく聞き、日々その教えに従って暮らしているだけでございます」

若侍はふすま越《ご》しにこの話を漏《も》れ聞いて、膝《ひざ》を打って心のなかで叫《さけ》びます。

「**Eこの人物**こそ、探し求めていた聖人だ。明朝早速訪ねていって、弟子にしていただくのだ」

りませんが、小さな善行の機会はいくらでもあります。大きな善行は［　X　］をもたらしますが、小さな善行は［　Y　］をもたらすのです。世の人々が大きな善を進んで行おうとするのは、名声が欲《ほ》しくてたまらないからです。しかし、名声のために行えば、たとえ大善でも、とるに足りないものになります。君子は小さな善行をたくさん重ねて、徳をなします。実際、徳に勝《まさ》る善はありません。徳こそ、あらゆる大きな善行の源なのです」

藤樹の教えには、一種独特な点がひとつありました。生徒に関して、徳と品格を最重要視し、学問や学識はほとんど問題にしなかったのです。藤樹の考える真の学者とは、次のようなものでした。

「『学者』とは、その徳によって与《あた》えられる呼称《こしょう》であって、学識による呼称ではありません。学問のたしなみは教養のひとつであり、生まれつき才能がある人なら難なく文人《ぶんじん》（文を書くことを職業とする人）になれます。ただし、学問にいくら秀《ひい》でていても、徳に欠けていれば学者とは呼べません。学識のある、ただの人です。一方、学問を修めていなくても、徳がそなわっている人は、ただの人ではありません。学識はないけれど、学者と言えます」

藤樹は数年間、「無名の人生を淡々《たんたん》と」送ります。その名は周囲のごく限られた範囲《はんい》だけで知られていましたが、やがて摂理《せつり》（神の導き）によって、その無名状態からＡ**表に引き出される**ことになります。

ある若侍《わかざむらい》が岡山を発ち、この国の聖人（高い学識・人徳を持つ人）を探し求める旅に出ました。聖人に師事（弟子入り）できれば、と考えたのです。旅の途中《とちゅう》、近江《おうみ》（現在の滋賀県）の宿屋で一夜を過ごします。ふすま一枚で隔《へだ》てられただけの隣部屋《となりべや》に、旅の者がふたり泊《と》まっていました。どうやら知り合ったばかりのようですが、その会話が若侍の注意を引きます。ひとりは侍で、次のような体験を語っていました。

主君の命《めい》で江戸へ上り、金数百両（一両は現在の数万円）を託《たく》されて帰る途中のこと。それまで肌身離《はだみはな》さず持ち歩いていたこの金を、この村に着いた日だけはなぜか、午後から借りていた馬の鞍《くら》にくくりつけておいた。宿に着き、鞍の大事なもののことをすっかり忘れて、馬方《うまかた》（馬に荷を引かせて運ぶ職業の人）と馬を帰らせてしまった。大変なことをしてしまった、と気づいたのは、しばらくたってからだった。どれほどの窮地《きゅうち》に陥《おちい》ったかはご想像いただけよう。馬方の名もわからず、捜《さが》し出すのはとても無理。たとえ捜し出せたところで、その馬方があの金を使ってしまっていたらどうにもならない。申し開き（そうせざるをえなかった理由を説明すること）のできない不注意であり、主君に対するＢ**釈明《しゃくめい》の道は一つしか残されていない**。（当時の人命はいまより軽いものでした。）ご家老と家の者宛《あ》ての書状をし

問　次の⑯～⑳について、二つの慣用句の空欄《くうらん》に共通して入る、生き物の名前を書きなさい（ひらがなでもよい）。

⑯【　】の涙《なみだ》　【　】百まで踊《おど》り忘れず
⑰【　】の額　【　】をかぶる
⑱張り子の【　】　前門の【　】後門の狼《おおかみ》
⑲【　】の一声　掃《は》きだめに【　】
⑳【　】が合う　生き【　】の目を抜《ぬ》く

二　次の文章を読み、後の問いに答えなさい。

二十八歳《さい》の時、中江藤樹《なかえとうじゅ》は行商（商品を運び販売《はんばい》すること）をやめて、村に私塾《しじゅく》を開きます。自宅を生徒たちの寝起《ねお》きの場とし、礼拝も講義もそこで行ったのです。生徒を伴《ともな》い、師である藤樹が、孔子《こうし》像を正面に掲《かか》げ、香を焚《た》いて敬意を丁重《ていちょう》に表します。教科に科学や数学はありません。中国の古典、歴史、詩歌、書道が、当時教えられていた全てです。地味で目立たない仕事ですが、学校教育とはそうしたものです。その効果は非常にゆるやかにしか現れません。天使にはうらやまれ、世の目立ちたがり屋には敬遠される仕事でした。

田舎《いなか》の村に落ち着いてからは、終生、穏《おだ》やかな暮らしを送りました。思いがけずその名が広く知られるようになりましたが、それはあとで述べましょう。名が知れるということを、藤樹は何よりも嫌《きら》っていました。心こそ自分にとっての全世界であり、内なる世界に自分のすべて、いや、それを超《こ》えるものがあったのです。

村の出来事にいつも関心を持ち、裁きの場に引き出されたある村人のためにとりなし（話をうまくまとめ）ました。自分を乗せた駕籠《かご》かき（駕籠を担《かつ》いで人を運ぶのを職業とする人）にまで「人の道」を説いていた、といった藤樹の話が、近隣《きんりん》の村人の間で語り継《つ》がれています。いずれにも藤樹の人生観がよく表れています。積善について藤樹がこう語っています。

「だれでも悪名はごめんですが、名声は得たがるものです。ちょっとした善行は、積もり積もらなければ名声につながりませんが、小人《しょうじん》（器が小さい人）には、ちょっとした善行を日々積むことなど思いもよりません。一方、君子（立派な人）は、ちょっとした善行を日々積むことを疎《おろそ》かにしません。機会があれば大きな善行も行いますが、自ら求めて行うことはありません。大きな善行の機会はそうそうあ

二〇二二年度　麗澤中学校

【国語】〈第三回試験〉（五〇分）〈満点：一〇〇点〉

一　次のそれぞれの問いに答えなさい。

問　次の①～⑩の各文について、傍線部《ぼうせんぶ》のカタカナを漢字に直して書きなさい。

①　国家のトウチは、法によって行われている。

②　ヨブンに収穫《しゅうかく》した食物をも無駄《むだ》にしないよう流通させる。

③　同世代の人たちはルイジした価値観を共有しやすい。

④　ホウフな情報をいかに有効に活用するかが重要である。

⑤　コッキが掲揚《けいよう》される様子を万感の思いで眺《なが》める。

⑥　ものづくりでは知識と技術のデンショウが重んじられる。

⑦　良い君主はシンカの厳しい意見にも耳を傾《かたむ》ける。

⑧　国民の総意をハンエイさせた政治を目指す。

⑨　ユウボクによる土地の持続可能な利用を目指す。

⑩　成功する人は、他の人をセめず自らの行いを反省する。

問　次の⑪～⑮の、各文中の漢字の間違《まちが》いをそれぞれ一字ずつ見つけ、正しい漢字に直して書きなさい。

⑪　優勝候補の強豪《ごう》校が複数出場する今回の大会は、混戦が必死の情勢だと予想される。

⑫　長い受験期間でも、最後までやり抜《ぬ》く気持ちが覚めないよう奮起を重ねる。

⑬　中央官庁に努める公務員として社会に貢献《こうけん》するために、国家試験に臨《のぞ》む。

⑭　伝統ある能の世界では、多様な流波が互いの芸を深め発展させてきた。

⑮　犯罪を見事に暴《あば》き、通快に事件を解決していく小説が人気を博した。

2022年度

麗澤中学校　▶解説と解答

算数　＜第３回試験＞（50分）＜満点：100点＞

解答

1 (1)　25　(2)　19　(3)　24　(4)　3.9　(5)　4.9　(6)　$2\frac{19}{42}$　(7)　$3\frac{1}{2}$　(8)　1

2 (1)　$\frac{5}{3}$　(2)　20　(3)　1800　(4)　240　(5)　86　(6)　9　**3** (1)　3 cm

(2)　5：3　(3)　2：1　**4** (1)　15　(2)　毎分125m　(3)　17分48秒後　(4)　解説の図３を参照のこと。

解説

1 **四則計算，計算のくふう**

(1)　$30-27+26-22+21-16+15-9+8-1=(30-27)+(26-22)+(21-16)+(15-9)+(8-1)=3+4+5+6+7=25$

(2)　$15+6\times6-8\times4=15+36-32=19$

(3)　$(72-7\times8)\div6\times9=(72-56)\div6\times9=16\div6\times9=16\times9\div6=144\div6=24$

(4)　$2.78+4.84-3.72=7.62-3.72=3.9$

(5)　$4.2-2.5\times0.2+(3.6+1.2)\times0.25=4.2-0.5+4.8\times0.25=3.7+1.2=4.9$

(6)　$3\frac{1}{2}+\frac{2}{3}-1\frac{5}{7}=3\frac{21}{42}+\frac{28}{42}-1\frac{30}{42}=2\frac{19}{42}$

(7)　$\left(2\frac{5}{9}-1\frac{2}{3}\right)\div\frac{16}{27}\times2\frac{1}{3}=\left(1\frac{14}{9}-1\frac{6}{9}\right)\div\frac{16}{27}\times\frac{7}{3}=\frac{8}{9}\times\frac{27}{16}\times\frac{7}{3}=\frac{7}{2}=3\frac{1}{2}$

(8)　$\left\{2.4-\left(1-0.36\times1\frac{2}{3}\right)+\frac{1}{3}\right\}\times\frac{3}{7}=\left\{\frac{12}{5}-\left(1-\frac{9}{25}\times\frac{5}{3}\right)+\frac{1}{3}\right\}\times\frac{3}{7}=\left\{\frac{12}{5}-\left(1-\frac{3}{5}\right)+\frac{1}{3}\right\}\times\frac{3}{7}$
$=\left\{\frac{12}{5}-\left(\frac{5}{5}-\frac{3}{5}\right)+\frac{1}{3}\right\}\times\frac{3}{7}=\left(\frac{12}{5}-\frac{2}{5}+\frac{1}{3}\right)\times\frac{3}{7}=\left(\frac{10}{5}+\frac{1}{3}\right)\times\frac{3}{7}=2\frac{1}{3}\times\frac{3}{7}=\frac{7}{3}\times\frac{3}{7}=1$

2 **数列，濃度《のうど》，速さと比，売買損益，面積，表面積**

(1)　$1=\frac{1}{1}$，$2=\frac{2}{1}$と考えると，前の分数の分子が次の分数の分母になり，前の分数の分母と分子の和が次の分数の分子になっている。つまり，$\frac{B}{A}$の次の分数は$\frac{A+B}{B}$となる。よって，$\frac{3}{2}$の次の分数は，$\frac{2+3}{3}=\frac{5}{3}$である。

(2)　食塩水に食塩を加えても，水の重さは変わらないことを利用する。4％の食塩水に含《ふく》まれる水の割合は，100－4＝96(％)だから，4％の食塩水200gに含まれる水の重さは，200×0.96＝192(g)とわかる。同様に考えると，8％の食塩水300gに含まれる水の重さは，300×(1－0.08)＝276(g)となる。よって，最後にできた食塩水に含まれる水の重さは，192＋276＝468(g)である。また，最後にできた食塩水に含まれる水の割合は，100－10＝90(％)なので，最後にできた食塩水の重さを□gとすると，□×0.9＝468(g)と表すことができる。したがって，□＝468÷0.9＝520(g)なので，加えた食塩の重さは，520－(200＋300)＝20(g)と求められる。

(3)　歩く速さと走る速さの比は，60：100＝3：5だから，全体の半分の道のりを進むとき，歩いて行くときにかかる時間と走って行くときにかかる時間の比は，$\frac{1}{3}$：$\frac{1}{5}$＝５：３となる。この差が６分なので，比の１にあたる時間は，６÷(５－３)＝３(分)となり，全体の半分の道のりを歩いて行くときにかかる時間は，３×５＝15(分)とわかる。よって，全体の半分の道のりは，60×15＝900(m)だから，全体の道のりは，900×２＝1800(m)と求められる。

(4)　仕入れ値の合計は，600×300＝180000(円)である。また，１個の定価は，600×(１＋0.25)＝750(円)なので，180000÷750＝240(個)売れたときに，ちょうど仕入れ値の合計と売り上げの合計が等しくなる。よって，利益が出るのは240個より多く売れたときである。

(5)　４つのおうぎ形を集めると１つの円になるから，斜線《しゃせん》部分の面積は，１辺が20cmの正方形の面積から，半径が10cmの円の面積をひいて求めることができる。正方形の面積は，20×20＝400(cm^2)，円の面積は，10×10×3.14＝314(cm^2)なので，斜線部分の面積は，400－314＝86(cm^2)とわかる。

(6)　この円柱の側面を展開図に表すと，右の図のような長方形になる。この長方形の横の長さは，706.5÷25＝28.26(cm)であり，これは底面の円周の長さと等しいから，底面の円の直径を□cmとすると，□×3.14＝28.26(cm)と表すことができる。よって，□＝28.26÷3.14＝９(cm)と求められる。

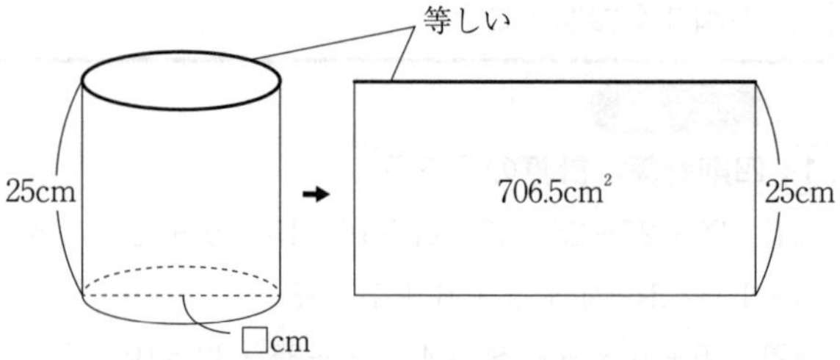

3　平面図形―長さ，相似

(1)　右の図１のように，DEとACは平行だから，角BDEと角BACの大きさは等しくなり，角BACも○とわかる。また，角EDCと角DCAの大きさも等しいので，角DCAも○になる。よって，三角形DCAは二等辺三角形だから，DAの長さは３cmとわかる。

図１

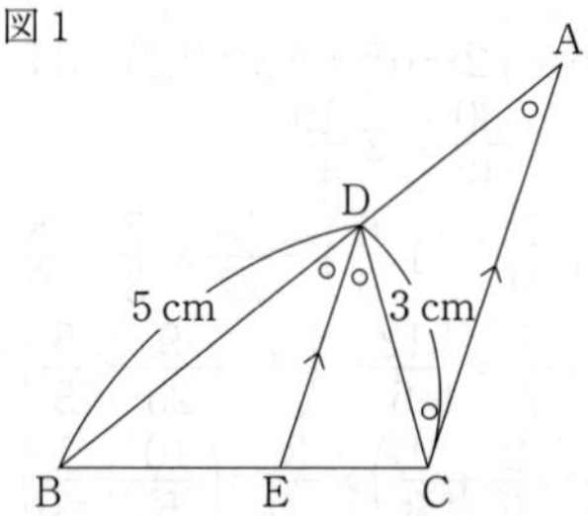

図２

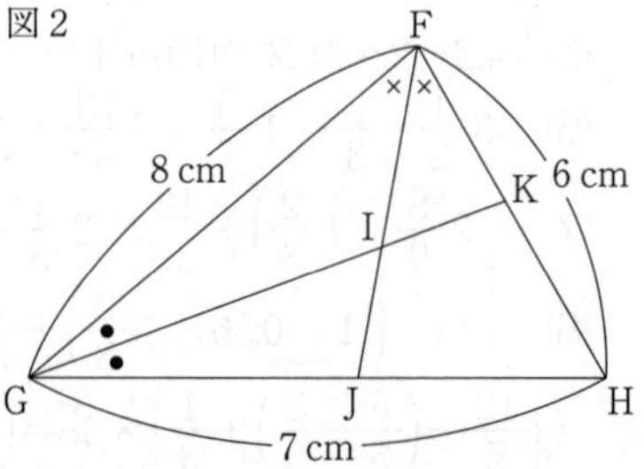

(2)　DEとACは平行なので，三角形BDEと三角形BACは相似である。よって，BD：BA＝BE：BCだから，BD：DA＝BE：ECとなる。したがって，BE：EC＝５：３である。

(3)　図１の三角形DBCに注目すると，角BDCを２等分する直線DEを引いたとき，BE：EC＝DB：DCになることがわかる。これを右上の図２の三角形FGHに利用すると，角GFHを２等分する直線FJを引いたとき，GJ：JH＝FG：FH＝８：６＝４：３になるので，GJ＝$7\times\frac{4}{4+3}$＝４(cm)と求められる。さらに，三角形GJFに利用すると，角JGFを２等分する直線GIを引いたとき，JI：IF＝GJ：GF＝４：８＝１：２になる。よって，FI：IJ＝２：１である。

4　グラフ―速さ，つるかめ算，旅人算

(1)　問題文中のグラフのアは，毎分50mの速さで750m歩くのにかかる時間だから，750÷50＝15(分)とわかる。

(2)　(1)より，麗子さんは，25－15＝10(分)で，2000－750＝1250(m)走ったので，麗子さんが走っ

たときの速さは毎分，1250÷10＝125(m)である。

図１

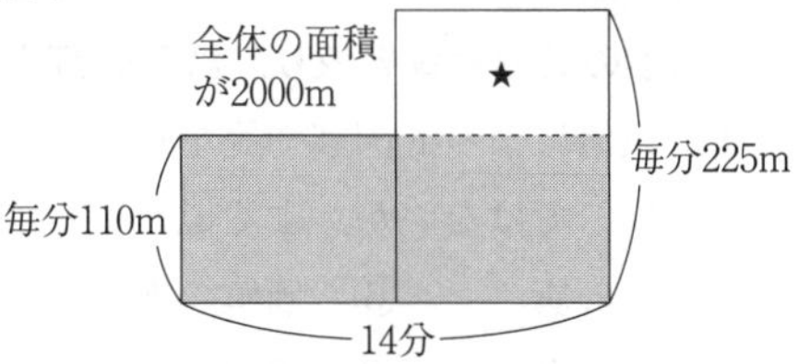

(3)　麗太くんが走った時間の合計は，25−11＝14(分)，走った道のりの合計は，２km＝2000mだから，右の図１のように表すことができる。図１で，かげの部分の面積は，110×14＝1540(m)にあたるから，★印の部分の面積は，2000−1540＝460(m)となる。また，★印の部分のたての長さは毎分，225−110＝115(m)なので，横の長さは，460÷115＝４(分)とわかる。よって，麗太くんが毎分110mの速さで走った時間は，14−４＝10(分)であり，その間に走った道のりは，110×10＝1100(m)だから，グラフに麗太くんが走ったようすをかき入れると，下の図２のようになる。麗子さんが麗太くんに追いついたのは，麗子さんが毎分125mの速さで，1100−750＝350(m)走ったときなので，麗子さんが走り始めてから，350÷125＝2.8(分後)と求められる。60×0.8＝48(秒)より，これは２分48秒後となるから，出発してから，15分＋２分48秒＝17分48秒後である。

(4)　図２のイの距離《きょり》は，(110−50)×10＝600(m)，ウの距離は350mであり，エの時間は，15＋2.8＝17.8(分)となる。また，25分後からさかのぼると，オの距離は，(225−125)×(25−21)＝400(m)と求められる。よって，２人の間の距離を表すグラフは下の図３のようになる。

図２

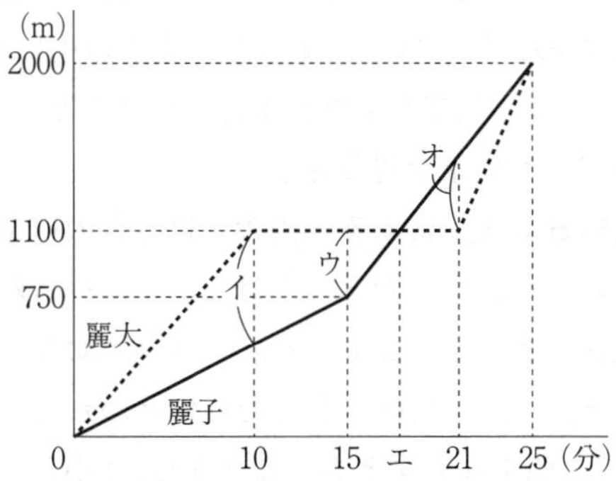

図３

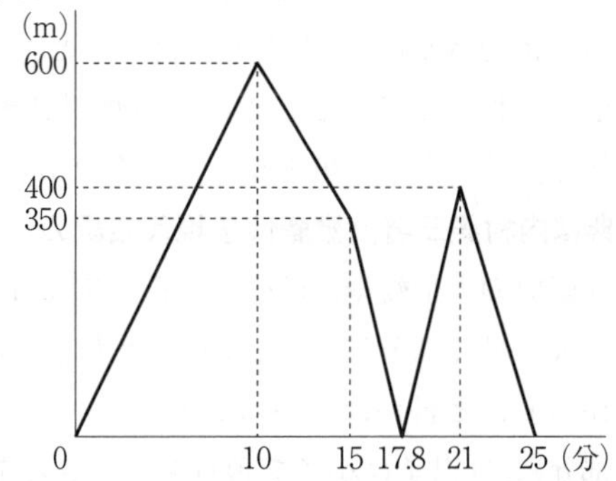

国　語　＜第３回試験＞（50分）＜満点：100点＞

解　答

一　①〜⑩　下記を参照のこと。　⑪　死→至　⑫　覚→冷　⑬　努→勤　⑭　波→派　⑮　通→痛　⑯　すずめ　⑰　ねこ　⑱　とら　⑲　つる　⑳　馬　二　**問１**　X　名声　Y　徳　**問２**　その名が広く知られる　**問３**　ウ　**問４**　ア　**問５**　(例)　数百両もの大事な忘れ物を返すために四里の道を夜中に戻ってきた　**問６**　エ　**問７**　ウ　**問８**　聖人に師事　**問９**　イ　三　**問１**　エ　**問２**　エ　**問３**　ア　**問４**　１　おかあさま　２　母上が正しいとお考えなら，それが正しいに違いない

●漢字の書き取り

一　①　統治　②　余分　③　類似　④　豊富　⑤　国旗　⑥　伝承　⑦　臣下　⑧　反映　⑨　遊牧　⑩　責(め)

解 説

一 漢字の読みと書き取り，誤字の訂正，慣用句・ことわざの完成

① 政治によって国家や民を導くこと。 ② 必要な分よりも量が多いこと。 ③ 外見や性質が同じではないが，よく似ていること。 ④ たくさんあり，十分であるさま。 ⑤ 国のしるしの旗。 ⑥ 価値のある情報や知識を後世に伝え，語りつぐこと。 ⑦ 君主に仕える家臣のこと。 ⑧ 考えなどがほかのことに影響《えいきょう》すること。 ⑨ 牛や羊などの家畜《かちく》とともに移動しながら生活すること。 ⑩ 音読みは「セキ」で，「責任」などの熟語がある。 ⑪「必死」は，死にものぐるいで全力をつくすこと。「必至」は，さけられない事態のこと。 ⑫「覚める」は，夢を見たり眠《ねむ》ったりしていた状態から，意識がはっきりとすること。「冷める」は，熱かった気持ちや物の温度が下がること。 ⑬「努める」は，努力すること。「勤める」は，会社や官庁の一員として働くこと。 ⑭「流派」は，考え方や様式の違《ちが》いから枝分かれした集団のこと。 ⑮「痛快」は，ゆかいで気持ちがすっきりとするさま。 ⑯「雀《すずめ》の涙《なみだ》」は，非常に少ないさま。「雀百まで踊《おど》り忘れず」は，子どものときに身につけた習慣は，年月がたっても変わらないということ。 ⑰「猫《ねこ》の額」は，面積が小さくてせまいさま。「猫をかぶる」は，おとなしいふりをするなどして本性《ほんしょう》をかくすこと。 ⑱「張り子の虎《とら》」は，人の言葉にただうなずいてばかりの人や，見かけだおしの人のこと。「前門の虎，後門の狼《おおかみ》」は，一つの災難を切り抜《ぬ》けても，今度は別の災難に見舞《みま》われること。 ⑲「鶴《つる》の一声」は，議論を終わらせて方針を決める，権力者や優秀《ゆうしゅう》な人の一言のこと。「掃《は》きだめに鶴」は，つまらない集団の中に輝《かがや》かしい存在がまぎれこんでいること。 ⑳「馬が合う」は，気持ちや感覚が通じ合うこと。「生き馬の目を抜く」は，素早《すばや》く事をなし，他人を出し抜いてでも成果を得るさま。

二 出典は内村鑑三《うちむらかんぞう》著，齋藤慎子《さいとうのりこ》現代語訳の『代表的日本人』による。田舎《いなか》の村で人の道を説《と》いていた中江藤樹《なかえとうじゅ》の人生観や，藤樹の名前が広く知られるようになったきっかけなどが述べられている。

問１ **X** 続く部分に，「世の人々が大きな善を進んで行おうとするのは，名声が欲《ほ》しくてたまらないから」だと書かれていることから，「大きな善行」は「名声」をもたらすとわかる。 **Y** 続く部分に，「君子は小さな善行をたくさん重ねて，徳をな」すとあることから，「小さな善行」は「徳」をもたらすことが読み取れる。

問２ 本文のはじめの部分に，「田舎の村」で「穏《おだ》やかな暮らしを送」っていた中江藤樹だが，「思いがけずその名が広く知られるように」なったと書かれている。藤樹が「無名状態」から「表に引き出され」たことを指しているため，この部分から抜き出せばよい。

問３ 傍線《ぼうせん》部Ｂに続く部分に，「当時の人命」が「いまより軽いもの」だったこと，侍《さむらい》が「最期《さいご》を迎《むか》える決意を固めた」ことなどが書かれている。自分のあやまちで大金をなくしたうえに捜《さが》し出すこともできず，侍は自らの命と引きかえに責任を取るしかないと考えたことが読み取れるため，ウが合う。

問４ 傍線部Ｃに続く部分では，馬方《うまかた》が自分にはお礼を受け取る「資格」はなく，侍が全て持って行くのが「しごく当然」だと話し，差し出された金にも「頑《がん》として触《ふ》れようとしな」かったようすがえがかれている。また，侍から「なぜ，それほどまでに無欲で正直で誠実なのか」と問われた馬方は，自分たちはただ藤樹の「教えに従って暮らしているだけ」だと答えている。こうしたことから，藤樹の教えをまじめに守って生きている馬方には，お礼を受け取るという発想そのものがなかったことが読み取れるため，アがふさわしい。

問５　馬方の話によると，馬方は「金数百両」という大金の忘れ物に気づくと「大事なもの」にちがいないと考え，侍に返すためだけに「家から四里」の道を「歩いて」戻《もど》ってきている。また，傍線部Ｂに続く部分では，馬方が侍の宿に着いた時間帯が「真夜中近かった」ことも書かれている。侍は，馬方が見返りも求めずにこのような多大な労力を自分のためにさいてくれたことにおどろいたのである。

問６　傍線部Ｅの直前では，馬方が誠実な行動をとる理由となった中江藤樹が話題にのぼっている。弟子入りするにふさわしい「聖人」を探していた若侍は，この話を「漏《も》れ聞いて」，藤樹こそが自分が師事するべき人だと確信しているため，エが正しい。

問７　傍線部Ｆに続く部分で，若侍が「ひたすら粘《ねば》り強くお願い」し，「聖人」である藤樹の「謙《けん》虚《きょ》さ」に「打ち勝とう」としたことが書かれている。若侍の望みは藤樹に弟子入りすることであるのに対し，藤樹の考えは，自分はただ「村の子どもたちに教えているだけ」にすぎず，若侍は「思い違《ちが》い」をしている，というものなので，ウがふさわしい。

問８　傍線部Ａに続く部分で，若侍は「聖人に師事」したいと考え，旅を始めたことが書かれている。

問９　第二段落には，藤樹は「名が知れる」ことを「何よりも嫌《きら》って」おり，「田舎の村に落ち着いて」いたものの，「思いがけずその名が広く知られるようにな」ったとある。このことから，「夜《よ》闇《やみ》に紛《まぎ》れていることを好」んでいたが「光を当て」られた「逸材《いつざい》」とは，藤樹を表していることが読み取れる。さらに，押《お》し問答の末に藤樹に弟子入りした若侍は，実はのちに大藩《たいはん》岡山の藩政を任され，改革をもたらした熊澤蕃山《くまざわばんざん》であり，藤樹が有名になったきっかけの一つであることが本文の最後で明かされている。こうしためぐりあわせを筆者は「摂理《せつり》(神の導き)」と表現しているため，イが選べる。

三　**出典はさいわい徹《とおる》の『中江藤樹』による。**「与右衛門《よえもん》」と呼ばれていた幼少期の中江藤樹は，母親に一目会おうと遠方の祖父の家から帰省するが，母親からは厳しい言葉をかけられる。

問１　前のコマでは，与右衛門が「わたしが」水を「くみます」，と母に話しかけているが，Ａのコマで母は険しい表情を作って桶《おけ》を隠《かく》し，水くみを手伝おうとした与右衛門に取り合わない態度を示している。続くコマで母が，「何しに帰ってきましたか」と険しい顔のまま与右衛門を諭《さと》していることから，勉強を中断して帰省した与右衛門を叱《しか》ろうとする意図が読み取れるため，エがふさわしい。

問２　前のコマでは，与右衛門が母のために「ひびやあかぎれによくきく」薬を持って帰ってきたことを話し，薬を差し出している。一度は険しい顔でなぜ帰ってきたのか問いかけた母も，自分を思う息子の気持ちを前にして一瞬《いっしゅん》説教を止め，言葉につまっていることが読み取れるため，エがふさわしい。

問３　前のコマには寒さにこごえて手が赤くなっている与右衛門の姿があり，それを見た母は涙《なみだ》をうかべ，「この雪の中を」歩いてきて「どんなにつらかったろうか」と思いやっている。また，続くコマでは「けれどもそれでは気がゆるむ」，「あまやかしてはいけない」などと考えていることから，空欄《くうらん》Ｃでは，寒いなか歩いてきた与右衛門に優《やさ》しくしたいという胸中《きょうちゅう》の言葉が入ることがわかる。したがって，アが選べる。

問４　**１**　大問三の本文で，藤樹は母親の言い分を聞いて蕃山を弟子にすると決めており，漫画《まんが》でも母親の言葉を受けて勉強にはげんでいる。こうしたことから，空欄１には母親を指す言葉が入るとわかるため，漫画で与右衛門が母親に呼びかける「おかあさま」という言葉を参考にすればよい。　**２**　本文の最後のほうで，若侍の弟子入り志願を受け入れるか迷った藤樹は，「母上が正しいとお考えなら，それが正しいに違いない」という思いから考えを改めている。

Memo

Memo

2025年度用

中学スーパー過去問

■編集人 声の教育社・編集部
■発行所 株式会社 声の教育社

〒162-0814 東京都新宿区新小川町8-15
☎03-5261-5061(代) FAX03-5261-5062
https://www.koenokyoikusha.co.jp

※本書の内容についての一切の責任は当社にあります。内容・解説・解答・その他は当社ホームページよりお問い合わせ下さい。

カコを追いかけ
ミライをつかめ

ストリーミング配信による入試問題の解説動画

2025年度用web過去問　ラインナップ

■ 男子・女子・共学（全動画）見放題
36,080円（税込）

■ 男子・共学　見放題
29,480円（税込）

■ 女子・共学　見放題
28,490円（税込）

● 中学受験「声教web過去問（過去問プラス・過去問ライブ）」（算数・社会・理科・国語）

3〜5年間 **24校**

過去問プラス

麻布中学校　桜蔭中学校　開成中学校　慶應義塾中等部　渋谷教育学園渋谷中学校
女子学院中学校　筑波大学附属駒場中学校　豊島岡女子学園中学校　広尾学園中学校　三田国際学園中学校
早稲田中学校　浅野中学校　慶應義塾普通部　聖光学院中学校　市川中学校
渋谷教育学園幕張中学校　栄東中学校

過去問ライブ

栄光学園中学校　サレジオ学院中学校　中央大学附属横浜中学校　桐蔭学園中等教育学校　東京都市大学付属中学校
フェリス女学院中学校　法政大学第二中学校

● 中学受験「オンライン過去問塾」（算数・社会・理科）

3〜5年間 **50校以上**

東京
青山学院中等部
麻布中学校
跡見学園中学校
江戸川女子中学校
桜蔭中学校
鷗友学園女子中学校
大妻中学校
海城中学校
開成中学校
開智日本橋中学校
吉祥女子中学校
共立女子中学校

東京
国学院大学久我山中学校
渋谷教育学園渋谷中学校
城北中学校
女子学院中学校
巣鴨中学校
桐朋中学校
豊島岡女子学園中学校
日本大学第三中学校
雙葉中学校
本郷中学校
三輪田学園中学校
武蔵中学校

東京
明治大学付属明治中学校
早稲田中学校
都立中高一貫校 共同作成問題
都立大泉高校附属中学校
都立白鷗高校附属中学校
都立両国高校附属中学校

神奈川
神奈川大学附属中学校
桐光学園中学校
県立相模原・平塚中等教育学校
市立南高校附属中学校

千葉
市川中学校
国府台女子学院中学部

千葉
芝浦工業大学柏中学校
渋谷教育学園幕張中学校
昭和学院秀英中学校
専修大学松戸中学校
東邦大学付属東邦中学校
千葉日本大学第一中学校
東海大学付属浦安中等部
麗澤中学校
県立千葉・東葛飾中学校
市立稲毛国際中等教育学校

埼玉
浦和明の星女子中学校
開智中学校

埼玉
栄東中学校
淑徳与野中学校
西武学園文理中学校
獨協埼玉中学校
立教新座中学校

茨城
江戸川学園取手中学校
土浦日本大学中等教育学校
茗溪学園中学校

web過去問 Q&A

過去問が動画化！
声の教育社の編集者や中高受験のプロ講師など、
過去問を知りつくしたスタッフが動画で解説します。

Q どこで購入できますか？

A 声の教育社のHPでお買い求めいただけます。

Q 受講にあたり、テキストは必要ですか？

A 基本的には過去問題集がお手元にあることを前提としたコンテンツとなっております。

Q 全問解説ですか？

A 「オンライン過去問塾」シリーズは基本的に全問解説ですが、国語の解説はございません。「声教web過去問」シリーズは合格のカギとなる問題をピックアップして解説するもので、全問解説ではございません。なお、「声教web過去問」と「オンライン過去問塾」のいずれでも取り上げられている学校がありますが、授業は別の講師によるもので、同一のコンテンツではございません。

Q 動画はいつまで視聴できますか？

A ご購入年度２月末までご視聴いただけます。
複数年視聴するためには年度が変わるたびに購入が必要となります。

よくある解答用紙のご質問

01

実物のサイズにできない

拡大率にしたがってコピーすると，「解答欄」が実物大になります。配点などを含むため，用紙は実物よりも大きくなることがあります。

02

A3用紙に収まらない

拡大率164 %以上の解答用紙は実物のサイズ（「出題傾向＆対策」をご覧ください）が大きいために，A 3に収まらない場合があります。

03

拡大率が書かれていない

複数ページにわたる解答用紙は，いずれかのページに拡大率を記載しています。どこにも表記がない場合は，正確な拡大率が不明です。

04

1ページに2つある

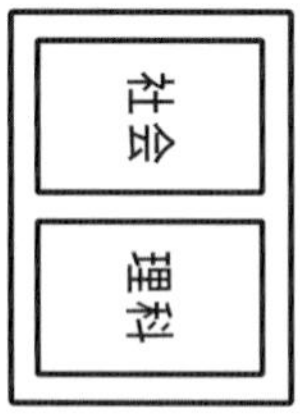

1ページに2つ解答用紙が掲載されている場合は，正確な拡大率が不明です。ほかの試験回の同じ教科をご参考になさってください。

【別冊】入試問題解答用紙編

解答用紙は本体からていねいに抜きとり、別冊としてご使用ください。

※　実際の解答欄の大きさで練習するには、指定の倍率で拡大コピーしてください。なお、ページの上下に小社作成の見出しや配点を記載しているため、コピー後の用紙サイズが実物の解答用紙と異なる場合があります。

●入試結果表

年度	回	項目		国語	算数	社会	理科	4科合計	合格者
2024	第１回	配点(満点)		120	120	50	50	340	最高点
		AE	合格者平均点	95.0	80.9	38.0	37.6	251.5	AE 301
			受験者平均点	78.1	68.4	33.1	33.0	212.6	EE 242
		配点(満点)		100	100	50	50	300	最低点
		EE	合格者平均点	70.9	60.1	36.8	34.9	202.7	AE 235
			受験者平均点	59.8	52.0	31.2	30.7	173.7	EE 193
		キミの得点							
	〔参考〕 EE コースの英語(満点：100)の受験者平均点は 80.6、合格者平均点は 86.8 です。								
	第３回	配点(満点)		100	100			200	最高点
		AE	合格者平均点	79.9	83.0			162.9	AE 180
			受験者平均点	68.9	68.3			137.2	EE 172
		EE	合格者平均点	77.0	75.8			152.8	最低点
			受験者平均点	66.3	63.5			129.8	AE 155
		キミの得点							EE 151
2023	第１回	配点(満点)		120	120	50	50	340	最高点
		AE	合格者平均点	97.0	110.9	37.3	36.7	281.9	AE 312
			受験者平均点	79.4	96.8	31.3	33.2	240.7	EE 262
		配点(満点)		100	100	50	50	300	最低点
		EE	合格者平均点	74.9	86.4	34.4	35.7	231.4	AE 270
			受験者平均点	62.9	76.9	29.6	31.8	201.2	EE 222
		キミの得点							
	〔参考〕 EE コースの英語(満点：100)の受験者平均点は 71.9、合格者平均点は 88.0 です。								
	第３回	配点(満点)		100	100			200	最高点
		AE	合格者平均点	80.4	87.4			167.8	AE 179
			受験者平均点	74.4	66.9			141.3	EE 174
		EE	合格者平均点	79.4	80.3			159.7	最低点
			受験者平均点	72.0	62.2			134.2	AE 162
		キミの得点							EE 159
2022	第１回	配点(満点)		120	120	50	50	340	最高点
		AE	合格者平均点	87.3	92.6	38.6	38.2	256.7	AE 293
			受験者平均点	71.7	76.3	33.7	31.8	213.5	EE 253
		配点(満点)		100	100	50	50	300	最低点
		EE	合格者平均点	66.4	69.5	36.3	34.6	206.8	AE 242
			受験者平均点	56.8	60.1	31.9	29.7	178.5	EE 200
		キミの得点							
	〔参考〕 EE コースの英語(満点：100)の受験者平均点は 67.4、合格者平均点は 83.5 です。								
	第３回	配点(満点)		100	100			200	最高点
		AE	合格者平均点	79.8	81.7			161.5	AE 170
			受験者平均点	67.7	67.7			135.4	EE 172
		EE	合格者平均点	76.2	75.5			151.7	最低点
			受験者平均点	63.2	63.7			126.9	AE 154
		キミの得点							EE 150

※　表中のデータは学校公表のものです。ただし、２科合計・４科合計は各教科の平均点を合計したものなので、目安としてご覧ください。なお、第１回のＡＥコースの国語・算数は、各 120 点満点に換算(×1.2)したものです。

声の教育社

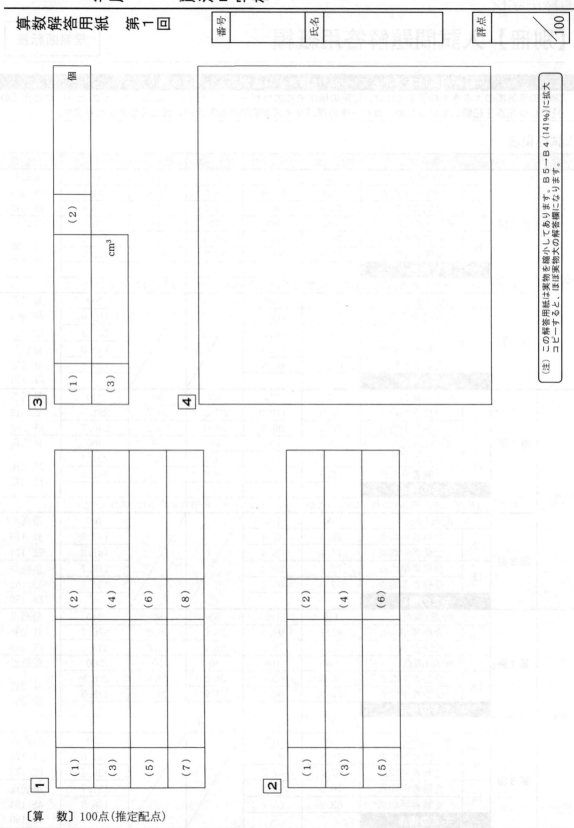

2024年度　麗澤中学校

算数解答用紙　第1回

番号		氏名		評点	/100

1

(1)		(2)	
(3)		(4)	
(5)		(6)	
(7)		(8)	

2

(1)		(2)	
(3)		(4)	
(5)		(6)	

3

(1)		(2)	個
(3)	cm³		

4

(注) この解答用紙は実物を縮小してあります。B５→B４(141%)に拡大コピーすると、ほぼ実物大の解答欄になります。

〔算　数〕100点(推定配点)

1, 2　各５点×14　3　各６点×3　4　12点

２０２４年度　麗澤中学校

社会解答用紙　第１回

番号		氏名		評点	／50

1

問1	A	B	C
問1	D		
問2	ア	イ	ウ	エ
問3		問4		問5	

2

問1		問2		問3	
問4			

3

【1】

問1		問2	
問3		問4		問5	

【2】

問6		問7		問8	
問9		問10		問11	
問12		問13		問14	
問15					

4

問1		問2		問3	
問4		問5			

5

問1				
問2				
問3	(1)	(2)	問4	D	E
問5		問6	F	G

（注）この解答用紙は実物を縮小してあります。Ｂ５→Ａ３（163%）に拡大コピーすると、ほぼ実物大の解答欄になります。

〔社　会〕50点(推定配点)

1 問1，問2　各1点×8　問3　2点　問4　1点　問5　2点　2 問1　1点　問2～問4　各2点×3　3，4　各1点×20　5 問1　1点　問2　2点　問3～問6　各1点×7

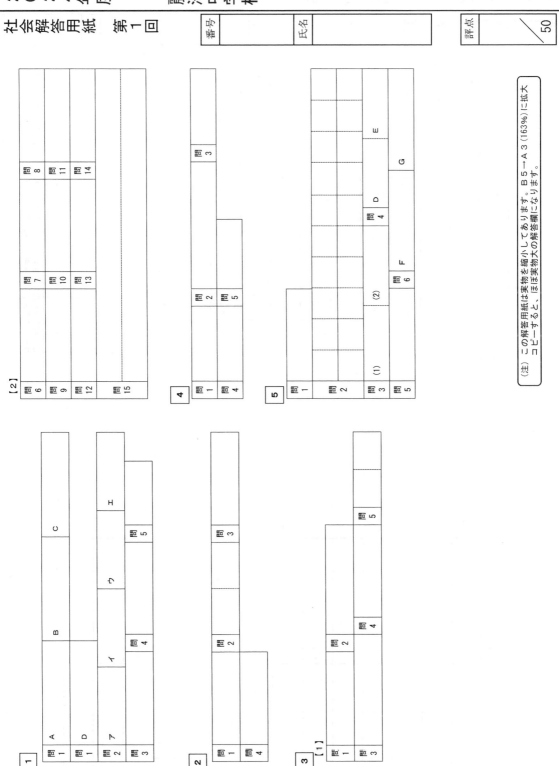

２０２４年度　麗澤中学校

理科解答用紙　第１回

番号		氏名		評点	/50

1

(1)	m	(2)	
(3)		(4)	
(5)			

2

(1)		(2)	
(3)		(4)	
(5)			

3

(1)		(2)	
(3)		(4)	
(5)			

4

(1)			
(2)	X	(3)	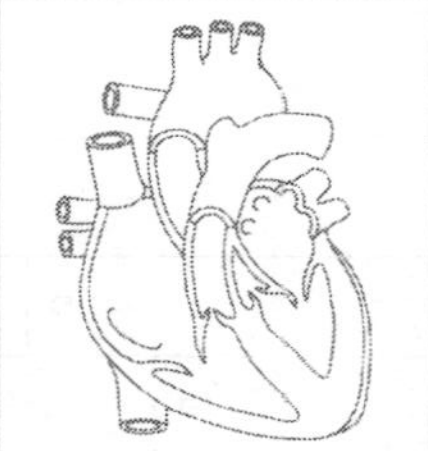
(4)			
(5)			
(6)			

5

(1)		(2)	①
(2)	② 星の名称	円運動の向き	
(2)	③		

（注）この解答用紙は実物を縮小してあります。Ｂ５→Ｂ４（141％）に拡大コピーすると、ほぼ実物大の解答欄になります。

〔理　科〕50点（推定配点）

1～5　各２点×25＜2の(2)，3の(5)，4の(4)，5の(2)の②は完答＞

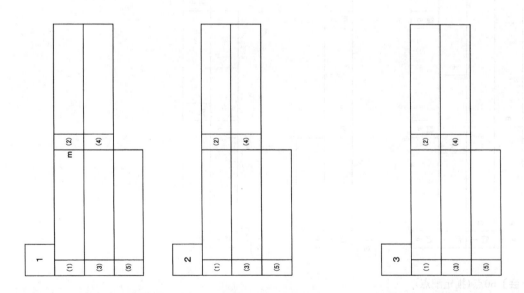

２０２４年度　麗澤中学校

英語解答用紙　第１回

番号		氏名		評点	／100

I

A	(1)						
	(2)						
	(3)						
B	(1)	p__ __nt	(2)	fif__ __	(3)	c__t	(4) f__ __k

C	(1)	ア Yes, I'm hungry.	イ No, I just ate.
	(2)	ア It's Jason's.	イ I don't know.
	(3)	ア I don't know.	イ It's behind that chair.
	(4)	ア No, she's a musician.	イ Yes, she designs airplanes.
	(5)	ア Yes, many times.	イ I've never been there.

II

A	(1)		(2)		(3)		(4)	
B	(1)		(2)					

III

(1)		(2)	(　)時(　)分	(3)		(4)		(5)	(　　)時頃

IV

V

(1)		(2)		(3)	
(4)		(5)	$	(6)	

VI

A	①		②		B	(　)→(　)→(　)→(　)→(　)			
C	a		b		c		d		e

VII

(1)		(2)	A		B		C		D		(3)	

VIII

(1)	A		B		(2)	A		B

（注）この解答用紙は実物を縮小してあります。Ｂ５→Ａ３（163%）に拡大コピーすると、ほぼ実物大の解答欄になります。

〔英　語〕100点(推定配点)

I　A　各３点×３　B　各２点×４　C　各１点×５　II，III　各２点×11　IV　４点　V〜VII　各２点×20＜VIのＢは完答＞　VIII　各３点×４

２０２４年度　麗澤中学校

国語解答用紙　第一回

番号　氏名　評点 /100

一

① フル　い
② ユウソウ
③ コクソウ
④ オウフク
⑤ ジョウシキ
⑥ ホショウ
⑦ ソンケイ
⑧ ジョセツ
⑨
⑩

二

問一 ① ②　問二
問三 Ⅰ Ⅱ
問四
問五 a b c
問六
問七 (1) a b　(2)

三

問一 ① ②
問二
問三 a b c
問四　問五　問六
問七 (1) a d　(2)　(3)

（注）この解答用紙は実物を縮小してあります。Ｂ５→Ａ３（163％）に拡大コピーすると、ほぼ実物大の解答欄になります。

〔国　語〕100点(推定配点)

一 各２点×10　二 問１　各２点×２　問２　４点　問３　各２点×２　問４　４点　問５～問７　各３点×８　三 問１，問２　各２点×３　問３～問６　各３点×６　問７　(1)　各３点×２　(2)　４点　(3)　６点

２０２４年度 麗澤中学校

算数解答用紙 第３回

番号		氏名		評点	/100

1

(1)		(2)	
(3)		(4)	
(5)		(6)	
(7)		(8)	

2

(1)		(2)	
(3)		(4)	
(5)		(6)	

3

(1)	①		②		③		④	
	⑤		⑥		⑦		⑧	
(2)					(3)	:		

4

(1)	13△5＝		13▼5＝
(2)		(3)	A＝　　，B＝

（注）この解答用紙は実物を縮小してあります。Ｂ５→Ｂ４（141％）に拡大コピーすると、ほぼ実物大の解答欄になります。

〔算　数〕100点(推定配点)

1, 2 各５点×14　3 (1) ①, ② 各１点×２　③・④ ２点　⑤・⑥ ２点　⑦・⑧ ２点　(2) ２点　(3) ５点　4 (1) 各３点×２　(2) ４点　(3) ５点

２０２４年度　麗澤中学校

国語解答用紙　第三回

番号 | 氏名 | 評点 /100

一

① リョウイキ	② エンカク	③ コウテツ	④ ジシャク	⑤ リンセキ
⑥ タクハイ	⑦ ミンシュウ	⑧ ユウショウ	⑨ ドクソウ	⑩ スイシン
⑪ アズ　　ける	⑫ オギナ　　う	⑬	⑭	⑮
⑯	⑰	⑱		

二

問一 ① ②

問二 a b

問三

問四 Ⅱ Ⅲ

問五

問六

問七 a b

問八 a b

問九

三

問一

問二

問三 (1) a b c (2) X Y (3)

(注) この解答用紙は実物を縮小してあります。B5→A3 (163%)に拡大コピーすると、ほぼ実物大の解答欄になります。

〔国　語〕100点(推定配点)

一 ①～⑫　各2点×12　⑬～⑱　各1点×6　二　問1　各2点×2　問2　各4点×2　問3, 問4　各2点×3　問5～問8　各4点×6　問9　8点　三　問1, 問2　各2点×2　問3 (1)　各2点×3　(2), (3)　各3点×2　(3)　4点

2023年度　麗澤中学校

算数解答用紙　第1回

番号		氏名		評点	/100

1

(1)		(2)	
(3)		(4)	
(5)		(6)	
(7)		(8)	

2

(1)		(2)	
(3)		(4)	
(5)		(6)	

3

(1)	cm^2	(2)	cm^2
(3)	cm	(4)	：　：

4

(注) この解答用紙は実物を縮小してあります。Ｂ５→Ｂ４(141%)に拡大コピーすると、ほぼ実物大の解答欄になります。

〔算　数〕100点(推定配点)

1～3　各5点×18　4　10点

２０２３年度　麗澤中学校

社会解答用紙　第１回

番号	
氏名	
評点	/50

1

問1	C	D	E	G
問2	①	②	③	④
問3		問4 ①	②	③

2

問1	(1) A	B	(2)
問2			
問3	(1)		
	(2)		
問4	(1)	(2)	

3

【1】

問1		問2		問3	
問4		問5			

【2】

問6		問7		問8	
問9					
問10		問11		問12	
問13		問14		問15	

4

問1		問2		問3		問4	
問5							

5

問1		問2			
問3					
問4		問5		問6	a / b
問7					
問8					

（注）この解答用紙は実物を縮小してあります。Ｂ５→Ａ３（163%）に拡大コピーすると、ほぼ実物大の解答欄になります。

〔社　会〕50点（推定配点）

1～4　各１点×40　5　問１～問６　各１点×７　問７　２点　問８　１点

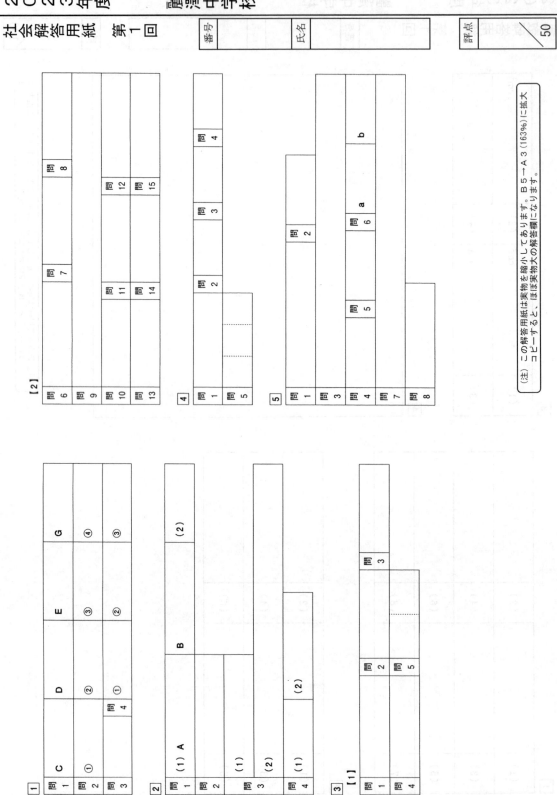

２０２３年度　麗澤中学校

理科解答用紙　第１回

番号		氏名		評点	/50

1

(1)		(2)	回目
(3)		(4)	
(5)			

2

(1)		(2)	
(3)		(4)	
(5)			

3

(1)		(2)	
(3)	cm^3	(4)	倍
(5)			

4

(1)		(2)	
(3)		(4)	
(5)			

5

(1)		(2)	
(3)	と		
(4)		(5)	

（注）この解答用紙は実物を縮小してあります。Ｂ５→Ｂ４（141%）に拡大コピーすると、ほぼ実物大の解答欄になります。

〔理　科〕50点(推定配点)

1～5　各２点×25＜2の(3)，4の(4)は完答＞

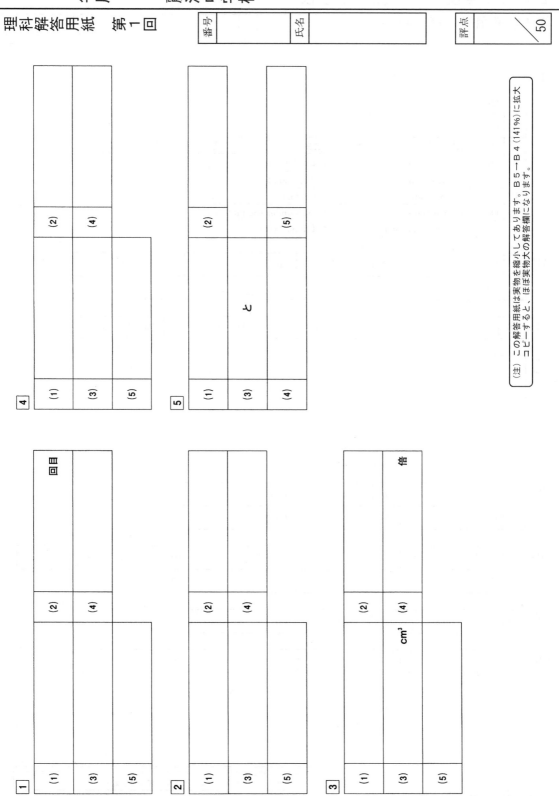

２０２３年度　麗澤中学校

英語解答用紙　第１回

番号		氏名		評点	／100

Ⅰ

A	(1)						
	(2)						
	(3)						
B	(1)	bl__ __	(2)	m__ __se	(3)	c__t	(4) bl__ __
C	(1)	ア　Yes, I am.	イ　No, I'm not.				
	(2)	ア　Yes, I do.	イ　No, I don't.				
	(3)	ア　By train.	イ　On foot.				
	(4)	ア　He's cute.	イ　He's under the table.				
	(5)	ア　She is my sister.	イ　I don't know.				

Ⅱ

A	(1)		(2)		(3)		(4)	
B	(1)		(2)					

Ⅲ

(1)		(2)	(　　　)℃	(3)		(4)	(　　　)℃	(5)	(　)月(　)日

Ⅳ

Ⅴ

A	(1)		(2)		(3)	
B	(1)		(2)		(3)	

Ⅵ

A	①		②		B	(　　)→(　　)→(　　)→(　　)→(　　)		
C	(ア)		(イ)		(ウ)		(エ)	

Ⅶ

(1)		(2)	回	(3)	回

Ⅷ

A		B		C		D	

（注）この解答用紙は実物を縮小してあります。Ｂ５→Ａ３（163%）に拡大コピーすると、ほぼ実物大の解答欄になります。

〔英　語〕100点（推定配点）

Ⅰ　A　各３点×３　B，C　各２点×９　Ⅱ，Ⅲ　各２点×11　Ⅳ　４点　Ⅴ，Ⅵ　各２点×13＜ⅥのＢは完答＞　Ⅶ，Ⅷ　各３点×７

二〇二三年度　麗澤中学校

国語解答用紙　第一回

番号		氏名	

評点	/100

一

① ケワ	② ケイトウ	③ カシ	④ ジュンエン	⑤ テンラン
しい				
⑥ カンゴ	⑦ トウヒョウ	⑧ サンラン	⑨	⑩

二

問一	①	②
問二		
問三		
問四	Ⅰ	Ⅱ
問五		
問六		
問七	(1)	
	(2) a	
	(2) b	

三

問一		
問二	①	②
問三		
問四	a	b
問五		
問六	① a	
	① b	
	②	
	③	こと

（注）この解答用紙は実物を縮小してあります。Ｂ５→Ａ３（163％）に拡大コピーすると、ほぼ実物大の解答欄になります。

〔国　語〕100点(推定配点)

一　各２点×10　二　問１　各２点×２　問２，問３　各４点×２　問４　各２点×２　問５～問７　各４点×６　三　問１　４点　問２　各２点×２　問３　４点　問４　各３点×２　問５　４点　問６　①，②　各４点×３　③　６点

2023年度 麗澤中学校

算数解答用紙 第3回

番号		氏名		評点	/100

3

(1)	：	(2)	cm
(3)	：	(4)	：

4

(1)	個数	個	和		
(2)			(3)		

（注）この解答用紙は実物を縮小してあります。Ｂ５→Ｂ４(141%)に拡大コピーすると、ほぼ実物大の解答欄になります。

1

(1)		(2)	
(3)		(4)	
(5)		(6)	
(7)		(8)	

2

(1)		(2)	
(3)		(4)	
(5)		(6)	

〔算　数〕100点(推定配点)

1, 2　各5点×14　3　各4点×4　4　(1)　各3点×2　(2), (3)　各4点×2

２０２３年度　麗澤中学校

国語解答用紙　第三回

番号		氏名		評点	/100

一

① オンシ	② ケンショウ	③ テンネン	④ カンバン	⑤ ジョウケン
⑥ イショク	⑦ クセツ	⑧ ボウエキ	⑨ リツアン	⑩ ライレキ
⑪ シリゾ	⑫ ヤシナ	⑬	⑭	⑮
け	う			
⑯	⑰	⑱		

二

問一

問二

問三　から。

問四

問五

問六　ア　イ

問七

問八

問九

問十　から。

問十一

三

問一　(一)　(二)

問二　ア　イ　ウ　エ　オ　カ

問三　ア　イ　ウ　エ　オ

（注）この解答用紙は実物を縮小してあります。B５→A３（163%）に拡大コピーすると、ほぼ実物大の解答欄になります。

〔国　語〕100点(推定配点)

一　①～⑫　各２点×12　⑬～⑱　各１点×６　二　問１～問５　各４点×５　問６　各３点×２　問７　４点　問８　各３点×２　問９　４点　問10　６点　問11　４点　三　問１　(1)　３点　(2)　４点　問２　各１点×６　問３　ア，イ　各１点×２　ウ　２点　エ　１点　オ　２点

2022年度　麗澤中学校

算数解答用紙　第1回

番号		氏名		評点	/100

1

(1)		(2)	
(3)		(4)	
(5)		(6)	
(7)		(8)	

2

(1)		(2)	
(3)		(4)	
(5)		(6)	

3

(1)	:	(2)	cm^2
(3)	:		

4

(1)	
(2)	【選択肢《せんたくし》】
	【理由】

(注) この解答用紙は実物を縮小してあります。B５→B４(141%)に拡大コピーすると、ほぼ実物大の解答欄になります。

〔算　数〕100点(推定配点)

1～3　各５点×17　4　(1)　５点　(2)　10点

2022年度　麗澤中学校

社会解答用紙　第1回

番号 | 氏名 | 評点 /50

(注) この解答用紙は実物を縮小してあります。B5→A3(163%)に拡大コピーすると、ほぼ実物大の解答欄になります。

1
- 問1　A　C　G　K
- 問2　①　②　③　④
- 問3　(1)　(2)　(3)　(4)

2
- 問1　(1)　(2)　(3)　(4)　ガス　(5)
- 問2
- 問3

3
【1】
- 問1
- 問2　天皇
- 問3
- 問4
- 問5

【2】
- 問6
- 問7　⇒　⇒　⇒
- 問8
- 問9
- 問10　(1)　(2)
- 問11　(1)　(2)

4
- 問1
- 問2
- 問3
- 問4
- 問5

5
- 問1
- 問2
- 問3　(1)　(2)
- 問4
- 問5
- 問6
- 問7　A　B　C

〔社　会〕50点(推定配点)

1　各1点×12　2　問1　(1)　1点　(2)　2点　(3)～(5)　各1点×3　問2，問3　各1点×2　3【1】　各1点×5　【2】　問6　1点　問7　2点<完答>　問8～問10　各1点×4　問11　(1)　1点　(2)　2点　4，5　各1点×15

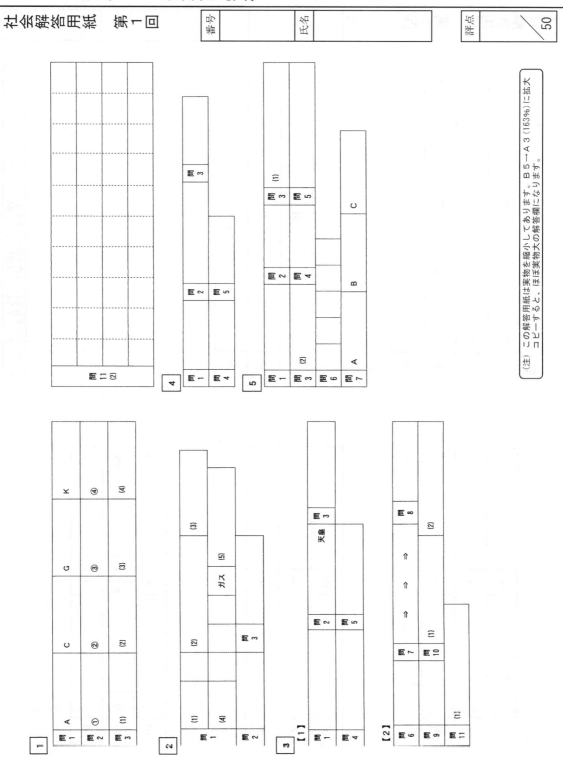

2022年度　麗澤中学校

理科解答用紙　第1回

番号　　氏名　　評点 /50

1
(1)　(2)
(3)　(4)
(5)

2
(1)　(2)
(3)　(4)
(5)　(6)

3
(1)　L　(2)
(3) ①　g　②　cm^3
(4)　(5)

4
(1) ①　②
③
(2) ①　と　②
(3)

5
(1)　(2)
(3)　(4)
(5)

（注）この解答用紙は実物を縮小してあります。B５→A３(163%)に拡大コピーすると、ほぼ実物大の解答欄になります。

〔理　科〕50点(推定配点)

1 (1)　各１点×２　(2)～(5)　各２点×４　2 (1)　１点　(2)　２点　(3)　１点　(4)～(6)　各２点×３　3 (1)　１点　(2)～(4)　各２点×４　(5)　１点　4 (1)　①，②　各１点×２＜①は完答＞　③　２点　(2)，(3)　各２点×３＜(2)は各々完答＞　5 各２点×５

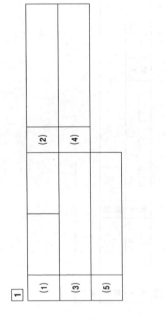

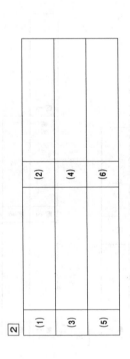

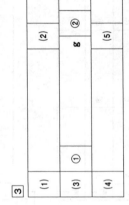

２０２２年度　　　麗澤中学校

英語解答用紙　第１回　No.１

番号		氏名		評点	／100

(読解)

Ⅰ

A	(1)		(2)		(3)		(4)	
B	(1)		(2)		(3)		(4)	

Ⅱ

ア		イ		ウ		エ	

Ⅲ

A	①		②		③		④	
B	(　　)→(　　)→(　　)→(　　)→(　　)→最後の文							

Ⅳ

A	X		Y		Z		B	(1)		(2)		(3)		
C	(1)	a		b		c		d		e		(2)		

２０２２年度　　麗澤中学校

英語解答用紙　第１回　No.２

(リスニング)

I

A	(1)	
	(2)	
	(3)	

B	(1)	b__ack	(2)	h__ __se	(3)	b__x	(4)	fl__ __er

C	(1)	ア Yes, I am.	イ No, not yet.
	(2)	ア Yes, sure.	イ No, let's not.
	(3)	ア By taxi.	イ On foot.
	(4)	ア It's on the table.	イ It's mine.
	(5)	ア He is my teacher.	イ I don't know.

II

A	(1)		(2)		(3)		(4)	
B	(1)		(2)					

III

(1)		(2)	(　　　)℃	(3)		(4)	(　　　)℃	(5)	(　)月(　)日

IV

（注）この解答用紙は実物を縮小してあります。Ｂ５→Ｂ４(141%)に拡大コピーすると、ほぼ実物大の解答欄になります。

〔英　語〕100点(推定配点)

読解　I, II　各２点×12　III　A　各２点×４　B　３点＜完答＞　IV　各２点×12　リスニング　I　A　各２点×３　B, C　各１点×９　II, III　各２点×11　IV　４点

二〇二三年度　麗澤中学校

国語解答用紙　第一回

番号		氏名		評点	/100

一

① テ　らす	② キッポウ	③ シゲン	④ シャソウ	⑤ コウエン
らす				
⑥ コキョウ	⑦ セイカ	⑧ センモン	⑨	⑩

二

問一	①	②
問二		
問三		
問四		
問五	Ⅰ	Ⅱ
問六		
問七	① a	
	① b	
	②	

三

問一	①	②
問二		
問三		
問四	a	b
問五		
問六	① a　b	②
問七		

(注) この解答用紙は実物を縮小してあります。B５→A３(163%)に拡大コピーすると、ほぼ実物大の解答欄になります。

〔国　語〕100点(推定配点)

一　各２点×10　二　問１　各２点×２　問２　８点　問３，問４　各４点×２　問５　各２点×２　問６，問７　各４点×４　三　問１　各２点×２　問２～問６　各４点×７<問４は完答>　問７　８点

2022年度　麗澤中学校

算数解答用紙　第3回

番号		氏名		評点	/100

1

(1)		(2)	
(3)		(4)	
(5)		(6)	
(7)		(8)	

2

(1)		(2)	
(3)		(4)	
(5)		(6)	

3

(1)	DA=　　　cm	(2)	：
(3)	：		

4

(1)		(2)	毎分　　　m
(3)	17分　　　秒後		
(4)			

（注）この解答用紙は実物を縮小してあります。B５→B４(141%)に拡大コピーすると、ほぼ実物大の解答欄になります。

〔算　数〕100点(推定配点)

1, 2　各5点×14　3　各4点×3　4　(1)～(3)　各4点×3　(4)　6点

２０２２年度　麗澤中学校

国語解答用紙　第三回

番号		氏名		評点	/100

一

① トウチ	② ヨブン	③ ルイジ	④ ホウフ	⑤ コッキ
⑥ デンショウ	⑦ シンカ	⑧ ハンエイ	⑨ ユウボク	⑩ セ
				め
⑪ 誤　正	⑫ 誤　正	⑬ 誤　正	⑭ 誤　正	⑮ 誤　正
→	→	→	→	→
⑯	⑰	⑱	⑲	⑳

二

問一	X			Y	

問二										

問三		問四	

問五

問六		問七	

問八						問九	

三

問一		問二		問三	

問四　1　2

（注）この解答用紙は実物を縮小してあります。B５→B４（141％）に拡大コピーすると、ほぼ実物大の解答欄になります。

〔国　語〕100点(推定配点)

一　①～⑩　各１点×10　⑪～⑮　各２点×5＜各々完答＞　⑯～⑳　各２点×5　二　問１～問４　各４点×5　問５　12点　問６　5点　問7, 問８　各４点×2　問９　5点　三　各４点×5

Memo

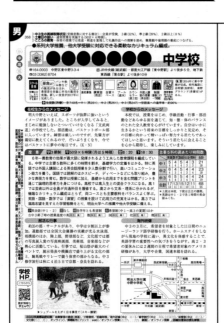

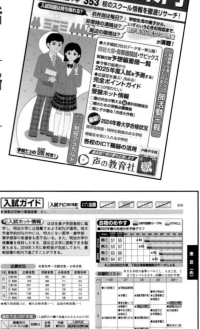